edition suhrkamp

Redaktion: Günther Busch

Bertolt Brecht, geboren am 10. Februar 1898 in Augsburg, starb am 14. August 1956 in Berlin.

Ist Brechts 1973 erschienenes *Arbeitsjournal 1938–1955* der bedeutsamste Kommentar zu seinem Werk, so hat in den frühen *Tagebüchern* das Private den Vorrang. Mit Beginn der zwanziger Jahre beginnt der zweiundzwanzigjährige Brecht seine Eintragungen: von Juni bis September 1920, von September 1921 bis Februar 1922. Der letzte Teil des Bandes faßt die *Autobiographischen Aufzeichnungen* zusammen, deren früheste um 1920 datiert sind, deren jüngste 1954 entstanden. Die frühen Jahre sind die Jahre des *Baal*, der *Trommeln in der Nacht*, der Stücke *Im Dickicht der Städte, Leben Eduards des Zweiten von England* und der Balladen und Sonette.

Bertolt Brecht
Tagebücher 1920-1922
Autobiographische Aufzeichnungen
1920-1954

Herausgegeben von Herta Ramthun

Suhrkamp Verlag

edition suhrkamp 979
Erste Auflage 1978

Inhalt

Tagebücher 1920-1922

Mitte Juni bis Ende September 1920

Juni

Dienstag, 15.
Es ist windstill um mich: ich könnte die Segel flicken. Aber es lohnt nicht, sich mit mir zu beschäftigen. Ich habe Zahnweh und mache ein schlechtes Stück (zum vierten Mal!) – und die drückende Angst um Bi und die langsamen Gedanken an Mamma!

Mittwoch, 16.
Zeiß will ›Baal‹ nicht aufführen, angeblich weil er Skandal fürchtet. (Aber er könnte eine geschlossene Vorstellung veranstalten!) Guterz bestellt mich und fertigt mich auf dem Gang ab. Es ist möglich, daß er überlastet ist, aber ich bin kein Weinreisender. Damit fällt die Sensation des Winters in sich zusammen.

Donnerstag, 17.
Cas macht Entwürfe für eine Kirche, nach einer Idee von mir. Altarbild: Engel führen einen elend aussehenden Menschen, der nur mit einer Hose bekleidet ist, in den Himmel. Deckengemälde (4-6): Große Schwärme von Menschen fliegen dem Licht zu. Was Cas bisher hat, ist ausgezeichnet, etwa im Stil Grecos, den er gerade sehr liebt. Er liest immer Plutarch, »weil man da Sinn für Eleganz bekommt«.

Freitag, 18.
Wie mich dieses Deutschland langweilt! Es ist ein gutes, mittleres Land, schön darin die blassen Farben und die Flächen, aber welche Einwohner! Ein verkommener Bauernstand, dessen Roheit aber keine fabelhaften Unwesen gebiert, sondern eine stille Vertierung, ein verfetteter Mittelstand und eine matte Intellektuelle! Bleibt: Amerika!

Sonntag, 20.
Bi magert ab und hat Stiche auf der Brust. Dr. Renner findet
einen Keim links oben, aber Banholzers nehmen das gelassen
auf und wollen nicht röntgen lassen, sondern Bi in Stellung
schicken. Was für eine Familie! Alle Sonntage seit einem Jahr
gehören Bi.

Montag, 21., bis Samstag, 26.
Ich lümmele mich herum auf dem Kanapee und zupfe die
Gitarre. Ich bin voller Gedanken, aber die Hand ist schwach,
und keiner ist stark genug, mich aufzureißen. Dazu trinke ich
Tee beir Hedda, die immer fremd bleibt, seit vielen Monaten,
und wie ein Strudel, der immer entsteht, wo ein Loch ist, eine
leere Stelle. Einmal ist die Anni Bauer da, abends, auf dem
Atelier, wir trinken Schnaps unterm Lampion, ich zupfe die
Geige, ich küsse sie, werde frech, aber sie riecht nach einem
armen Mädchen, und ich schicke sie heim. Auch habe ich
Angst vor Go[norrhoe]. Ich habe mehr Einfälle als im
Winter. Ich könnte ein Buch »Gesichte« schreiben oder himm-
lische Possen (im Stil des Greco) oder einen Schwank für
Valentin (hanebüchen), infolgedessen schreibe ich gar nichts.
Gar nichts ist immer das Beste, was einer überhaupt schreiben
kann. Dazwischen lese ich im Plutarch den ›Sulla‹ und über
den Greco von Maurice Barrès, ein Buch, wie ich sie liebe:
stark und zart. Das beeinflußt mich sehr, besonders der (linke)
Engel auf dem Bild ›Mariä Himmelfahrt‹, der ihr ernst etwas
sagt in ihrem Aufflug, es ist wunderbar schön. Ende der
Woche höre ich die F. Lasker-Schüler lesen, gute und schlechte
Gedichte, übersteigert und ungesund, aber im einzelnen wun-
derschön. Die Frau ist alt und abgelebt, schlaff und unsympathisch. Aber dann gehe ich mit Hedda in den Englischen Garten, und da sehe ich viel ein, habe Schuppen in
den Händen und erzähle ihr, daß ich sie nicht liebe, aber
Bi und George; denn es ist nichts Aktives, sondern Ruhen-
des usw. Übrigens entwarf ich eine Operette in Worten,

›Die Fleischbarke‹, und einen Aufsatz über den Komiker
K. Valentin.

Sonntag, 27.
Mitunter überfällt es mich, daß meine Arbeiten vielleicht zu
primitiv und altmodisch seien, oder plump und zu wenig kühn.
Ich suche herum nach neuen Formen und experimentiere mit
meinem Gefühl wie die Jüngsten. Aber dann komme ich doch
immer wieder drauf, daß das Wesen der Kunst Einfachheit,
Größe und Empfindung ist und das Wesen ihrer Form Kühle.
Das ist mangelhaft ausgedrückt, ich weiß es.

Wir sind nachmittags und abends bei Otto, ein fremdes
Mädchen (namens Hilde Münch), Bi und ich. Bi kocht Pfan-
nenkuchen und wird im Kimono fotografiert. Dann sitzen wir
noch eine kleine Weile am Domplatz, sie ist sehr müd und hat
Fieber; ich bitte sie fast flehend, ihre Fortreise in Stellung auf
Montag zu verlegen, bis die Befunde über ihre Lunge da sind.
Sie verspricht, es zu wollen, und wir nehmen Abschied.

Im Sommer kann ich nie gut arbeiten. Ich habe kein Sitzleder.
Auch bin ich zu ausschließlich positiv. So hindert mich jetzt
an der Ausführung des ›Galgei‹ und der ›Hanne‹ die in erster
Instanz negative Tendenz. Solang im ›Galgei‹ Ligarch und
sein Klamauk der Haupttrumpf war, ging es mir besser.

Montag, 28., und Dienstag, 29.
Mit Cas, Hedda, Edith Blass am Starnberger See (Pöcking).
Den ganzen Tag im Wasser, vom Boot aus. Hedda schwimmt
wie eine Otter, und Cas wackelt vor Wonne über den See,
wiewohl er ihn zuerst unter Regen sieht. Am Abend des
zweiten Tages reisen wir hundsmüde heim, mit gewaltigen
Sonnenbränden und sehr fidel. Wasser und Sonne intus und
einigen Geruch.

Mittwoch, 30.
Nachmittags in Augsburg, da Bi reisen will. Ich sehe die X-
Platte: Tatsächlich fehlt was an der Lunge. Auch hat sie jetzt
Fieber. Ich erreiche, daß sie daheim bleibt. Abends müde
herüber.

Juli

Donnerstag, 1.
Langsam arbeite ich wieder am ›Galgei‹. Ich habe viele Ideen.
Zu einem Stück über Jesus, zu einem Stück über Bi. Dazu viel
Erkenntnisse, wie man Romane schreiben könnte, die dadurch
packen, daß die Tradition, die durch (alle andern) Romane
schon da ist, darin hingerichtet wird. Schon kommt man zu
keiner ergreifenden Darstellung des Todes mehr, weil alle
»Todesarten« schon einstudiert sind und höchstens noch aus-
geliehen werden. Wenn eine Handlung in einem bestimmten
Stil dargestellt wird, entsteht dadurch eine bestimmte Stimmung, die es fertigbringt, die Gemütsregungen des Lesers aus-
zugleichen; auch scheint dann alles Dargestellte (nicht nur)
unter einem einzigen Gesichtspunkt (gesehen oder dargestellt,
sondern auch) geschehen und erlebt worden zu sein. Aber wo
ist die stilistische Möglichkeit, aus dieser Erkenntnis Nutzen
zu ziehen? Soll man z. B. den Tod der Hauptfigur in einem
neuen Stil schildern, etwa im Zeitungsjargon? Das ist zu pein-
lich... Noch eines: Es gibt drei Wege, zu einer großen Ansicht
zu gelangen. 1. Man macht den Zwiespalt zwischen dem einfachen inneren Leben und den äußeren Zufälligkeiten (der »Politik«) zum Hauptkonflikt. 2. Man stellt nur das innere Leben
dar, losgelöst und einsam, hart, stimmungslos, aufrührerisch
und doch zustimmend. 3. Man beweist, daß es das innere
Leben (und die großen Konflikte) nicht gibt, und gibt das
äußere. – No 1 ist Journalistenarbeit. Es ist schwer, Ten-
denzen hier zu unterdrücken. Gelänge es, den Helden selbst
als *nicht* fordernd darzustellen – so bliebe immer noch
der Schein, als hielte man den Menschen für etwas übertrieben
Wertvolles, das nur durch Ungunst der Verhältnisse etc.
beengt wird. Aber er schafft doch seine Verhältnisse selber
oder erleidet nur einen Zufallstod, wird von den andern
ermordet. No 2 ist die härteste Nuß. Läßt man alles Äußere

weg, arbeitet man in Nacktheit, dann muß ungeheure Gliederung oder unmenschliche Kraft herein! Hier droht am meisten Gefahr von seiten des Sprachlichen her, nämlich vor der Routine und dem sprachlichen Götzendienst!

Sonntag, 4.
Bi. Orchideengarten. Sie sagt wundervolle Sachen: »Ich kann doch schwimmen! Aber nur zweimal. Dann werd ich so müd, daß ich sterb.«

Orge, heiser, transparent, strebt auf sein Examen. Otto hat sein Abs [olutorium] gemacht, er macht alles, ohne was zu tun. Sein Leben ist ein Sport, und er tut nichts als »sich herausziehen«.

Dienstag, 6.
Immer wieder kommen mir Eingebungen über das wahre Wesen großer Kunst. Darin war ich schon einmal weiter. Aber jetzt komme ich wieder dort hin. Am ›Galgei‹ muß das Ewige, Einfache ans Licht: Anno domini... fiel der Bürger Joseph Galgei in die Hände böser Menschen, die ihn gar übel zurichteten, ihm seinen Namen abnahmen und ohne Haut liegen ließen. So möge jeder achtgeben auf seine Haut!

Oft im Kino. Besonders in Detektivdramen. Hier liebe ich das Gymnastische. (Die einzige Eleganz, die Er hat...) Abends mit E. Blass im Englischen [Garten]. Ich erzähle zwischen Lindengeruch von den Saufereien 1919. (Aber mit dem linken Aug sehe ich immer den Galgei. Er tritt aus dem Kreis der – bunten, fetten – Viecher hervor, in der Mitte, wie gerufen von weit her, etwas dumpf.) Feuchtwanger hat sich seine Brille ins Aug gestoßen und hockt im Kimono mit verquollenem Kindergesicht in verdunkelten Zimmern. Der schmerzhafte Makkabäer. Sein achtungsvolles Interesse am ›Galgei‹ tut mir wohl. Es ist ein guter und starker Mensch, sehr klug und vornehm.

Mittwoch, 7.

Alles, was ich in diesen Tagen schreibe, ist schlecht und gewöhnlich, Kartoffeln für arme Leute, obgleich ich sonst nichts tue als dies schreiben. Aber vielleicht ist dies ein Hauptgrund. Die Tage sind heiß und sonnig, Asphalt ist nichts für mich, ich habe einen immerwährenden Druck im Hinterkopf. Dabei geht viel Zeit vorüber, ich nütze sie nicht, sondern bin noch froh, wenn sie weg ist wie die Haut nach dem Sonnenbrand. Ich gebe allem die Schuld, auch dem großen Fenster, das mit seinem vielen Licht blendet und einen falschen Himmel zeigt, trüb vom Glas. Zum »Galgei« fehlt mir nur Impuls, in der Vorstellung ist alles allright. Jetzt mag ich nimmer schreiben, das Kopfweh nimmt zu. Ich glaube nicht, daß in der Hölle schreckliches passiert. Es wird dort *gar* nichts passieren. Sauve qui peut!

Wäre ich ein Maler! Die sind wie die Frauen: Sie können immer. Und sich in Arbeit kasteien! Der Geruch der Farben, der Widerstand des Materials und die ewige Bereitschaft des Gegenstands stachelt auf und sättigt.

Es ist so still! Wenn man sich beruhigen könnte an dem einfachen großen Rhythmus des Lebens, dem Fressen von Kartoffeln, dem Tanzen in kleinen, bretterverschalten Zimmerchen, den traurigen Sonnenuntergängen, in denen die Luft sich ausdehnt, den ewigen gleichen Konflikten ohne Unterschied und Finesse. Man verflucht die Einförmigkeit allen Lebens, die stumpfsinnige stumme Weigerung aller Lebewesen, in neuen Formen ihre alten Bedürfnisse zu verrichten – weil man selber arm und ohne starke Bedürfnisse ist!

Nachts, als ich einen Schluck Feuerwasser im Magen habe, kommt über mich die große Lust, andere Arbeit zu tun, das einfache, dunkle Leben zu gestalten, hart und knechtisch, realistisch und grausam, mit der *Liebe* zum Leben. Noch müssen

›Galgei‹ und die ›Sommersinfonie‹ aus der Hand, aber dann hat der Expressionismus abgewirtschaftet, und der »Ausdruck« wird auf den Mist geworfen! Diese Bewegung war eine (kleine deutsche) Revolution, aber als etwas Freiheit erlaubt war, zeigte es sich, daß keine Freien da waren; als man glaubte, sagen zu dürfen, was man wollte, war es das, was die *neuen* Tyrannen wollten, und die hatten nichts zu sagen. Diese Jünglinge, reicher an Worten und Gesten als die vorherigen Generationen, zeigten ganz den spielerischen Unernst jeder Jeunesse d'orée, ihren Überdruß, den sie mit Pessimismus, ihren Mangel an Verantwortlichkeitsgefühl, den sie mit Kühnheit, und ihre impotente Unzuverlässigkeit, die sie mit Freiheit und Tatendrang verwechselt.

Noch ist der Himmel weit, aber die Raben fliegen schon über ihnen.

Donnerstag, 8.
Ich lese aufmerksam die Briefe van Goghs an Theo. Das sind erschütternde Dokumente der Armut und der rasenden Arbeit. Statt zu essen, malt er, und er berechnet, wieviel Farbe ihm die Schwindsucht beschert! Er hat keinen Erfolg und arbeitet wie ein Stier und sieht fast immer die Zukunft schwärzer als die Gegenwart, die schon zu schwarz ist. Davon kann man einen Haufen lernen, nicht nur im Menschlichen. Vielleicht täte es mir recht gut, wenn ich so arbeitete, finster und stiernackig, ohne auf Inspirationen Gewicht zu legen und indem ich auf effektvolle Einfälle spuckte. Aber das bringt man nur zustand in der Beschreibung, man muß viel wissen, einiges erlebt haben und einen bestimmten Stil haben, den man auf alle Dinge »anwenden« kann. Jedenfalls muß man ein scharfes Auge auf den »Geist« haben, auf die Rosinen, die geschmackvollen Arrangements und die Glätte. Ausschlag gibt der große Wurf, die finstere, aufgeworfene Masse, das erschütterte Licht über allem und die Unerschrockenheit des menschlichen Herzens, das die Dinge zeigt, wie sie sind, und sie so liebt.

Nachmittags mit E. Weiß in Possenhofen. Abends ein bis
sieben Gewitter. Grüne Wiesen im Schwefellicht, dunkelblaue
Bäume, Wasserlachen wie Löcher in der Erde, die aufbrach.
Irgendwie hängt man elektrisch mit den Entladungen zusammen, die Blitze machen einem Mut und ziehen die Gesichts-
haut straff: so entsteht Klarheit. Ich liebe Gewitter.

Freitag, 9.
bei Johst. Er sieht faltig aus. Hatte mit ›König‹ in Dresden
einen Erfolg. »Gefiel Ihnen das Stück?« Er: »Ja. Es war herrlich aufgeführt. Natürlich ganz anders, als ich gedacht hatte.
Das Gegenteil. Gartenlaube. Anstatt jung, aufwühlend: glatt
und rührselig. Aber gerade deshalb ein Erfolg.« Es sitzt ein
junger, dünnlippiger, kühl-ironisch blickender Herr herum,
Suhrkamp, der, wie J[ohst] sagt: sauber ist im Dichterischen.
»Sie mögen ihn nicht.«

Sonntag, 11.
Bi geht es besser. Orge hustet wie zwei Spitaler, er fliegt nur so
in seinem Zimmerchen herum davon, er hat bald Bauchweh,
bald Kopfweh und immer heiße Hände. Aber er ist ein großer
Philosoph. Daheim ist es still. Ich gehe immer auf den Fried-
hof, und ich bin gerne dort.

Montag, 12.
»Die das Viele behalten, sollen damit beladen werden. Die
aber das Wenige nicht geben, denen sollen die Hände abdor-
ren.«

Daß ich diese Frauen wie Hedda und Edith nicht erzählen
hören kann! Es ist alles falsch und geschminkt und stillos, die
Sätze sind wie Karfunkel oder Abszesse, geschwollen und
ungesund farbig. Und dann stimmt auch nichts, und ich mag
Urteile nicht. Habe auch einen Widerwillen gegen Lebens-
beichten, mag keine Geschichten, sitze wie auf Kohlen: es ist

alles falsch! Bi dagegen höre ich gern: Ich weiß, wie sie ist, und sie tut nichts zu den Dingen hinzu.

Donnerstag, 15.

Ich sitze abends im Atelier. Etwas Sonne fällt herein. Vor dem großen Fenster weht ein weißer Vorhang und vor diesem ein roter Lampion. Ich bin in Hemdsärmeln, im Strohhut, Tee im Leib, gesättigt. Jetzt ist die Drucklegung ›Baals‹ beendet, ich habe die Fahnen alle. In den menschlichen Verhältnissen läuft eine kleine Verwirrung, ich bin nicht so stark wie zu Zeiten, es ist Ebbe, aber jetzt, abends, bin ich froh. Vielleicht kann ich im Herbst wieder starke Kunst machen.

Gestern vier Stunden bei Feuchtwanger, der mir seine italienische Komödie vorlas. Sie gefiel mir, weil *er* mir gefällt, und sie ist auch technisch interessant genug und hat schöne Bilder. Es ist wieder viel Brecht drin. Der Amerikaner ist Kragler, das steht fest. Der erste Akt ist daraufhin gebaut, daß am Schluß dieser Herr erscheint, plötzlich, überraschend, während alle beisammen sind und die Rechnung ohne den Wirt gemacht haben, und er steht unter der Tür und sagt nur: Guten Abend. (Mein Name ist Kragler.) Schluß: Er schmeißt wegen einer Frau ein ungeheures (technisches) Werk um und geht frisch an die Arbeit. Übrigens fehlt dem Stück Größe und Belang. Es hat Witz (aber nicht zuviel), Geschmack (aber zuwenig), Technik (aber keine gute, nur eine gerissene).

Freitag, 16.

Na [chmittags] mit Cas in Possenhofen. Es ist besser mit einem Freund als mit einem Mädchen. Wir liegen im Wasser (20° R) und im Wald und dann im Boot, und da schwimmen wir noch einmal, wie es schon Nacht ist. Liegt man auf dem Rücken, dann gehen die Sterne mit, oben, und die Flut läuft durch einen durch. Nachts fällt man ins Bett wie eine reife Frucht: mit Wollust.

Sonntag, 18.
Samstagabend im Lechkanal. Leuchtkäfer unter Lattichwäldern, in die man sich hinaufzieht aus dem Wasser. Sonntagnachmittag wieder dort. Orge spaziert den Kanal herunter, Cas malt unter einem grauen Sonnenschirm, dann laufen wir zum Tee heim, den Bi mit uns nimmt. Nachts im Orchideengarten Eis gegessen, dann einen Psalm (›Ich weiß, ihr Herz ist schlecht‹) gemacht auf dem Weg, dann bei Gabler Heidelbeerwein getrunken und Psalmen gelesen, dann mit Orge heim.

Montag, 19., bis Samstag, 24.
München. Gegen Mitte der Woche die ›Ballade auf vielen Schiffen‹ gemacht, dann einen vierten Akt zu den ›Trommeln in der Nacht‹, einen abschließenden. Noch Samstagmorgen, dazu den vierten Akt neu durchgearbeitet, diesmal ganz anders als bei ›Baal‹, den ich gründlich verpfuscht habe, wie ich jetzt einsehe. Er ist zu Papier geworden, verakademisiert, glatt, rasiert und mit Badehosen usw. Anstatt erdiger, unbedenklicher, frecher, einfältiger! Jetzt mache ich nur mehr feurige Dreckklöße!

Sonntag, 25.
Im Lech gebadet. Bi sah zu.

Montag, 26.
›Königin Tamara‹ von Hamsun ist ein merkwürdiges Buch. Es ist wie für Kinder geschrieben (das wird am deutlichsten da, wo die schlimmen Sachen sind, die ausschweifenden Reden, um den Abt herum etwa, das ist eine herrliche Renommage, ganz kindlich!), und drin ist, was Kindern Spaß macht. Ich glaube nicht, daß H[amsun] zeigen wollte, wie kindlich die fabelhaftesten Potpourris aus dem Heldenleben im Grund sind, es kommt nicht heraus, daß es komisch ist, etwas sein zu wollen durch eine Tat, das ist nicht gemeint, hierin ist es ihm mißglückt, wenngleich große Schönheit in dieser Einfalt ist,

aber da ist die Gestalt der Königin, die herrlich ist, voll und kindlich, Damaszenerstahl, biegsam, unzerbrechlich, edel. Der Prinz ist sehr komisch, er muß mit der Mütze in der Hand dastehen, weil er nur der Prinzgemahl ist, und das will er nicht. Darum setzt er die Mütze auf, seht ihr, und da, meint er, kommt was, geschieht einiges, von Belang, wovon man sprechen wird, sie, die Königin, wird in den Boden sinken oder aufflammen. Aber dergleichen geschieht nun nichts. Er hat die Mütze auf, und ihr ist es recht, und sie nimmt ihn in weiche Arme, und wer hat im Bett eine Mütze auf? Dann darf er auch wieder Prinzgemahl werden. Von dem Hamsun kann man viel lernen, momentan das Entscheidende.

Dienstag, 27.
Mit Zarek zusammen, Bazarek. Er ist nicht so klug, als ich mir vorgestellt hatte, im Schöpferischen ist er ganz begriffsstutzig. Außerdem hat er einen verflucht unplastischen Stil. Ich singe meine Lieder, und er erzählt eine Szene aus seinem ›David‹ (David vor Saul). Sie sei ihm blutsauer geworden, er habe sie durch eine Intrige möglich gemacht. Ich sagte, stehenden Fußes, es muß ohne Intrige gehen. Und dann zeigte ich es ohne. Er klappte den Mund auf. Es flog hinein und er klappte zu, würgte mit dem Adamsapfel und schluckte hinunter. Er glaubte, nun hätte er Lust, das Ganze nochmals zu schreiben. »So«, sagt er.

Abends sind Hedda und ich im Kino. Szenen auf dem Meer. Warum gibt es keine Piratenfilme? Ich schreibe einmal welche. Auch muß man neue Moden (für Kleider usw.) vom Theater aus in Schwung bringen (und sich dafür von den Modegeschäften bezahlen lassen). Und Dramen (Bücher?) auf Zeitungspapier drucken mit Annoncen, die das Geschäft rentieren. Man muß versuchen, sich einzurichten in Deutschland!

Mittwoch, 28.
Die Szene Saul-David geschrieben. Es ist Gutes drinnen. Es
geht ohne Intrige. Saul schwatzt sein Potpourri und durchläuft alle Höhen und Tiefen, und bei der ganzen Berg-und-
Tal-Bahn sitzt David da und schneidet sich die Nägel.

Gestern machte ich die ›Ballade von der Freundschaft‹, die gut
ist. (Ich werde sie für den Kino bearbeiten.)

Freitag, 30.
Vormittags sehe ich Klabund, der schlecht aussieht und in
Unolds Atelier wohnt, mit einem hochblonden Mädchen: Er
fährt mit ihr aufs Land. Nachmittags kommen Feuchtwanger
und Zarek zum Tee.

Die erste Szene zu einem Stück ›Saul und David‹ geschrieben,
das ich nebenher und ohne Plan machen will, obwohl es ein
gutes Material verarbeitet.

August

Dienstag, 3.
Ich habe den Anfang des 3. Aktes der ›Trommeln‹ neu gemacht und den zweiten Schluß (ad libitum) des 4. Aktes. Jetzt ist das Ganze fertig und, wiewohl ohne Anläufe in die kühleren Höhen der Kunst, durch seinen Impetus und seine Menschlichkeit nicht ganz verlorene Arbeit. Den 4. Akt habe ich viermal, den 5ten dreimal gemacht. Jetzt habe ich zwei Schlüsse: komisch und tragisch.

Mittwoch, 4.
Sonntagabend wollte ich ein frisches Hemd anziehen. Es war, Bi am Montagmorgen auf die Bahn zu bringen und Hedda beir Durchreise zu begrüßen. Dann konnte ich an den Lech gehen und über mich nachdenken. (Ich war früher mehr Lucki, sagt Orge.) Aber die Hedda stieg aus, weil sie meinte, sie könne abends weiter, was irrig war. So blieb sie da, sie sah mein Gesicht nicht, das nimmer geduldig war, und blieb da. Ich ging fremd neben ihr her in meinem frischen Hemd, tief enttäuscht. Ich wollte allein im Bett liegen, quer drüber hin, mit einer Zeitung und einem Spiegel. Sie ging gestern weg, und es ist ihr Elend, daß sie schlecht aussieht, wenn sie keinen Erfolg hat, und Tränen stehen ihr nicht. Da sieht sie alt aus: Es rinnt Wasser aus einer Ruine. – Aber jetzt erst habe ich frei und kann mich bessern.

Ich bin nachmittags mit Lud an den Lech gegangen, bis über den Ablaß hinauf, und wir schwammen im Reißenden und legten uns in das Sonnige. Da konnte ich auf dem Heimweg abends das ›Kinderlied vom Brot‹ und einige andere Kinderlieder machen. Das ist ein guter Anfang.

Donnerstag, 5.
Ich gehe hamstern in der heißen Sonne. Da fällt mir was zur
›Sinfonie‹ ein. (›Im roten Sommer, die unzüchtigen Falter . . .‹)
Rote, brandige Bilder, Lehm und Haufen, hingewühlt, auf
kleiner Bühne, heiß und frech.

Samstag, 7.
Früh mit Cas in Ziemetshausen die Bi besucht. Sie sieht nicht
allzugut aus, sie läuft auch zuviel herum, sie wohnt mit einer
Turnlehrerin, einem pappigen Gewächs, und die schleift sie
mit. Wir liegen im Gehölz und üben Kino. Es ist schön, zu
sehen, wie die Bi spielt: ganz menschlich, ganz einfach. Eine
Königin, das ist eine Königin, ein Erschrecken, das ist ein
Erschrecken, und die Bi, das ist die Bi. Sie hat Stil, aber sie
erreicht nie die Wirkungen der Natur. (Wenn sie aufs
Gesträuch deutet, mit zwei Händen, und ganz entzückt ruft:
»Da, sieh, der Falter!«) Sie imitiert nicht die Natur: sie spielt!
(Ich entwerfe einen Film im Lendecke-Stil.)

Dienstag, 9., bis Samstag, 15.
Mit Cas und Otto in Württemberg. Ehingen. Untermarchtal.
Beuren. Möhringen. Donnerstag fällt Cas ab und segelt heim.
Wir baden täglich und laufen nicht zuviel. Pfarrer schenken
uns Brot oder 5 Mark, Bauern Most. Die Kartoffeln stehlen
wir.

Dienstag, 17.
Ich habe Shakespeares ›Antonius und Kleopatra‹ gelesen, ein
prachtvolles Drama, das mich sogar ergriff. Je mehr die
Handlung im Mittelpunkt scheint, desto reicher und kräftiger
können sich die Träger entwickeln. Sie haben kein Gesicht, sie
haben nur Stimme, sie reden nicht immer, sie antworten nur,
sie haben die Handlung nicht wie eine Gummihaut, sondern
wie ein weites faltiges Gewand um sich. Wo die Handlung
kräftig ist, da müssen diese Männer nicht wandelnde Museen

sein, man muß sich nicht an *ihnen* satt fressen können, es ist auch noch das Stück da. Das Medium zwischen Zuschauer und Bühne ist: die Sehnsucht zu sehen. Je deutlicher eine Gestalt in den Einzelheiten, desto geringer die Verbindung mit dem Sehenden. Ich liebe dieses Stück und seine Menschen.

Abends blättre ich in Hebbels Gedichten. Es gibt prächtige Stücke darunter (und auch läppische!). Wie tief die Empfindung und wie rein und kühn der poetische Wille! Es ist drin viel Deutsches (Herbstliches, Kühles, Tiefes und Flaches!).

Mittwoch, 18.
Ein Brief von He. Ich habe sie das letzte Mal nicht gut behandelt, als ich das frische Hemd anhatte, und auch früher oft nicht; sie machte es mir verteufelt schwer, und ich kämpfte mit dem Teufel, und oft unterlag ich. Aber jetzt hebt sie an, mich zu zerfleischen, mit starker Hand. Sie tut mir leid, sie bellt den Mond an, ich höre ihren Vorwurf nicht, ich bin gerade in Hinterindien, habe den Dolmetsch vergessen, sie wird heiser, der Mond scheint. Es ging zwei Jahre, seit sie den ersten Tee machte, sie hatte viel Freude, sie hatte viel Leids; sie hätte weggehen können, mit Haut und Haar, sie hätte sich wehren können mit Fäusten und Füßen, sie hatte viel Kummer, sie hatte viel Lust, sie hatte Nägel an den Händen, und sie hätte weggehen können noch im Hemd! Aber jetzt tötet sie mich, ich soll Hackfleisch werden. Hackfleisch mag sie nicht. Und ich, der ich ihrer müde war, als sie faul in meinem Bett lag und weinte (»ich kann es nicht hören, weine nicht!«); jetzt fühle ich frischen Wind und bläst Wind; er bringt das Schiff vorwärts, er bringt es nicht fort, ich setze mich hin und schreibe ihr; denn sie ist elend, und ich habe nicht fein an ihr gehandelt, und sie klagt mich endlich an, und ich verteidige mich, solang ich kann, und besinne mich, was ich bereuen kann, und bin zu ihr wie in ihrer besten Zeit und verteidige mich. Das war gestern, und der Brief ging gleich

abends ab, und heut kommt ihr zweiter, der Zwilling, ein
böses Papierchen. »Warum hatte ich nicht die Kraft, mich
schon damals loszureißen von einem Menschen, der mich nicht
liebhatte und dazu roh und taktlos war?« Warum hatte sie
nicht? Warum hat sie nur die Kraft, Papier zu bespeien und
Eilande zu bombardieren? Ich habe es verdient, ich verbeuge
mich in den Sturm, mich wäscht Lauge noch rein, ich habe
gelogen, reißt mir die Zunge aus! Sie ist tobsüchtig geworden,
sie geht an den Wänden hinauf (– in den Himmel?), das
Hackfleisch wird vor die Hunde geworfen... Ich bin schlechter als gar nichts, hätte sie mich nie gesehen, sie steckt sich den
Finger in den Mund. Die Hunde verrecken an dem Hackfleisch...
Der Himmel hätte die Pflicht, mir für meinen Hang zur Lüge
und Eitelkeit von Zeit zu Zeit die Schaufel hinaufzuschlagen.
Wenn ich den kleinsten Zweifel über Bis Unschuld habe, fährt
es mir in die Gedärme, und ich beneide den Hiob, so quält
mich die Stechfliege. Aber wenn die He sich in Berg und Tal
windet, weil ich sie aus ihrer Schale hervorgelockt und bloß
liegengelassen habe, bleibe ich kalt wie ein Viehhändler. Sie
hat sich oft geilhaft benommen, wie Orge sagt, ich aber habe
mich roh benommen und hart wie ein Stierbeutel. Man muß
mir die Schaufel hinaufhauen.

Der Cas hat die Schwindsucht, seit er nimmer auf Feldpostpa-
pier lebt. Er war drei Jahre im Feld und ist zu feig, einen alten
Mann um Most zu bitten, und zu feig, dies einzugestehen, und
so verlogen, als hätten wir Stöcke parat für ehrliche Kindlein.
Er verlor seine Uhr und sagte gleich: »Ich fahre gleich wieder
heim.« Ich lache einen herunter und sage: »Es ist gut, daß du
sie nicht in Argentinien verloren hast.« Er: »Dort verliert man
eben nichts mehr.« Ich: »Das kann jedem Mann passieren,
sogar mir.« Er: »So ein Mann paßt eben dann nicht nach
Argentinien. Dann bleib ich daheim.« Otto und ich weinen
fast ins Binsengras. Oder wir stehen vor einer Pfarrei auf

einem Friedhöfchen. Wir wollen zu Abend essen, und Cas soll dafür porträtieren. Ich will hinein, da sagt Cas: »Also ein Nachtquartier muß noch herausschauen. Sonst fang ich gar nicht an.« Da sag ich: »Geh selber hinein, Cas!« Und er sagt: »Ja, warum nicht?!« und geht in der Richtung auf die Tür zu. Geht robust und schwenkt rechtsum und läuft wie ein Stier in die Kirche. Wir finden dort einen Riesenhaufen Elend im hintersten Gestühl. Usw. Usw. Zuletzt haben wir ihn satt, weil er drückt auf uns, und sagen: »Wir wollen das Geld hinausschmeißen und uns trennen und heimbetteln.« Da läuft er davon. Er ißt und trinkt Erbetteltes, aber betteln mag er nicht. Da ist er zu fein dazu. Manchmal sieht er aus wie ein Arschfikker.

Donnerstag, 19.
Sie wandte mir den Rücken
Da kroch ein großer Wurm heraus
(Der wollte mich beglücken
Er wollt die Hand mir drücken . . .)
Doch war er mir ein Graus . . .

George macht im September seine Prüfung. Er sitzt immer in seinem kleinen Zimmer vor einem gelben Store, den er zugezogen hat, und wühlt in Gemeindeordnungen. Liegt hustend und fluchend auf seinem Bett. Das Fannerl ist fort, in seiner Heimat, langsam wird es besser mit George. Sie hat ihn bös zugerichtet. Er hat, um sie nicht zu verlieren, Monde lang die Infamien des B. T. ertragen, mit freundlichem Gesicht, und jetzt wollte er sich rächen. Früher verbeugte er sich vor keinem Schwein, des Speckes wegen, und tötete es nicht, weil es kein Hengst war. Jetzt aber will er geniale Katapulte bauen, um diesen Sandfloh von ferne aus zu zerschmettern! Er hat sich in Kimratshofen schlecht gegen Bi benommen, schlechter als ich mich je gegen das Fannerl, und ist so eitel, daß er dies der Bi nie vergißt, auch nicht, daß sie einmal übersah, ihn zu grüßen, als das Fannerl dabei war, und einmal lachte. Und oft scheint es, als wolle er nichts mehr als Sekretär werden und das Fannerl heimführen, wo er früher doch nichts werden wollte, und es war besser so. Auch macht er den Beschützer und Seelsorger junger Geschöpfchen, die der Heilgei durchzogen hat, und schimpft dort auf ihn anscheinend wie ein Neger. (Vögelt aber nicht!)

Freitag, 20.
Ich kann einmal zwischenhinein den jungen David machen (›David bei den Adlern‹) und wie eine Historie, ohne Beziehung, ohne Pointe in der Fabel, ohne »Idee«, einfach den jungen David und ein Stück aus seinem Leben. Dann gibt es statt einer Deutung hundert, und ich brauche nichts umzubiegen. Dazu bin ich überzeugt, daß bei starker Leibhaftigkeit der Visionen wenn nicht Verstand, so doch Seele hineinkommt ohne mein Zutun.

Ich schreibe die erste Szene zu End und beginne die zweite. Zum Ganzen mache ich kaum eine Szenenübersicht. Am Abend ist die Gefahr die, daß ich ins Groteske abgleite. Ich muß mehr ballen und Dreck und Blut geben, statt Geist.

Abends mit Orge im Kino. Ihm gefallen vier Räder an einem Wagen, wie sie so laufen, oder: wenn ein Wasser um eine Ecke fließt... Er will (einmal) Monogramme machen. Die Vokale mit Wasserfarben. Die Konsonanten kann man nur linear darstellen, das ist ganz klar. Er macht wenige kleine Zeichnungen wie ›Regentag‹ oder ›Der Mißtrauische‹. Sie sind dadaistisch, mit kleinen, starken Momenten. Die großen Dinge sind immer anrüchig. Sie sind gefühlsmäßig nicht zu überblicken. Man wittert die großen Dinge nicht. Er liebt die kleinen Sätze, die da Augen haben. Und sie bluten, wenn man sie sticht. Sein Gesicht ist starkknochig und bleich, die Stirn merkwürdig verbreitert, fast brutal und etwas abgeplattet, etwas Zähes, Bös-

artiges ist drinnen; die Lippen sind schön und voll,
geschmäcklerisch, etwas wollüstig, der Hals stark und kurz.
Er sieht aus wie ein Prälat. Er sagt mir, daß ich eitel werde,
und das ist nicht falsch, so etwas sieht er. Aber ich muß meine
Gedärme umstülpen und die Haut. Sie sollen mich sehen, wie
ich innen bin. Meine Gedanken denkt immer noch der Kopf
allein. Ich muß meine Hände dazu verwenden. Ein Salonluk-
kitum stinkt, aber es ist besser als Treuherzigkeit. Ich werde
mich aber bessern.

Samstag, 21.
Ich lese in Hebbels Tagebüchern, es ist immer fesselnde
Lektüre, wenn auch viel Dekoration und die Gefühle überin-
szeniert. Das Pflichtgefühl drin ist mir widerlich, auch die
Ordnung, die einer ungeheuren Einbildung gleichkommt: im
Grund ist Hebbel eben Sammler. Er hat eine beschränkte
Teleologie in allen Gedankengängen, es scheint, er ist eitel
darauf, überall da noch einen Sinn zu entdecken, wo die
Dümmeren keinen mehr entdecken, und Leute, die es weit
gebracht haben, sind selten dazu zu bringen, es noch weiter
bringen zu wollen. Aber es gibt nicht viele Dinge, die nun
wirklich einen Sinn haben, wie Hebbel meint. Vieles ist
einfach da und in seiner Wirkung so oder soweit unterstützt
oder beeinträchtigt. Dies geht bis in die Beziehungen seiner
Menschen hinein. Er kommt vermittels einer scholastischen
Dialektik fast immer bis zur äußersten Formulierung der bei-
derseitigen Rechte und Pflichten. Aber es ist dann noch ein
ungeheurer Schritt zu jener eiskühlen und unbewegten Umluft
höchster Geistigkeit – wo Recht und Pflicht aufhören und das
Individuum einsam wird und die Welt ausfüllt und Beziehungen unmöglich und unnötig werden. Immer mehr scheint mir
jener Weg, den Hebbel einschlug, eine Sackgasse. Nicht die
Großartigkeit der Geste, mit der das Schicksal den großen
Menschen zerschmettert, ergreift uns, sondern allein der
Mensch, dessen Schicksal ihn nur zeigt. Sein Schicksal ist seine

Chance. Es gilt also nicht, große, ideelle Prinzipiendramen zu schaffen, die das Getriebe der Welt und die Gewohnheiten des Schicksals darstellen, sondern einfache Stücke, die die Schicksale von Menschen schildern, Menschen, die die Gewinne der Stücke sein sollen. Beispiel: Daß Burschen von einer gewissen, eigentümlichen Struktur die Schaufel aufs Genick kriegen, ist nicht das, was das Stück zeigen soll. Sondern: wie sie sich dabei benehmen, was sie dazu sagen und was für ein Gesicht sie dabei machen.

Ich bin abends auf dem Plärrer und fahre mit der Schiffschaukel. Das gewährt mir volle Befriedigung. Es ist einer der schönsten Sporte, damit wendet man einen Abend nutzbringend an, man geht anders nach Hause als sonst, nach den vielen verlorenen, leeren Abenden, wo man nichts tat und nichts gewann.

Sonntag, 22.
Nachmittags ist Bi da, sie kocht Tee, den wir im schönen Zimmer nehmen, auf der Chaiselongue, bequem vom Rauchtischchen. Das ist sehr angenehm, Teetrinken ist ein seelenvoller Sport. Bi hat so hübsche, weiße Beine, die etwas Aufmerksamkeit unbedingt beanspruchen können. Sie ist gerade Hausfrau und muß ihren kleinen Bruder erziehen. Wenn sie schimpft, dreht sie sich schnell um und läuft hinaus, weil sie lachen muß.

Vorher bin ich mit der Rosmarie gespaziert, sie ist aufgegangen und verblüht, ich verlasse sie ganz, Gott behüte sie! Sie ist noch immer kindisch, infantil, lacht viel und auf bestürzende Art, ihr Lachen ist nicht weniger beunruhigend als ein Blutbrechen.

Ich lese H. Hesses ›Klingsors letzter Sommer‹. Diese Novelle ist sehr schön, es ist etwas Edschmid drinnen, aber viel besser.

Wenngleich der ›Camenzind‹ nimmer erreicht scheint, den ich
fern in Erinnerung habe als etwas Kühles, mit Herbbuntheit
und Herbheit gefülltes Papier. Es ist einer darin, der am
Schluß nurmehr roten Wein trinkt und verkommt und die
Jahreszeiten anschaut und den Mond aufgehen läßt, das ist
seine Beschäftigung!

Montag, 23.
Ich diktiere die ›Trommeln in der Nacht‹. Der dritte Akt ist
gut bis auf einzelnes. Der vierte ein Bastard, ein Kropf, eine
verkuhwedelte Pflanze. Abends schiffgeschaukelt. Den ›David‹ im Schädel.

Dienstag, 24.
München. Feuchtwanger meint, ich soll die letzte Szene lassen, aber das Ganze (›Baal‹) habe sich halt im Manuskript viel
besser gelesen. Das ist richtig, es stinket mir. Es sollte einem
»gleicher« sein! Man soll es machen mit Gedärmen, Herz und
Blut drin und Lungen und es laufen lassen, mit Fußtritt! Ich
pfeife auf den Bogen.

Ich glaube nicht, daß ich jemals eine so ausgewachsene Philosophie haben kann wie Goethe oder Hebbel, die die Gedächt-
nisse von Trambahnschaffnern gehabt haben müssen, was ihre
Ideen betrifft. Ich vergesse meine Anschauungen immer wieder, kann mich nicht entschließen, sie auswendig zu lernen.
Auch Städte, Abenteuer, Gesichter versinken in den Falten
meines Gehirns schneller, als Gras lebt. Was werde ich tun,
wenn ich alt sein werde, wie kümmerlich werde ich dahinleben
mit meiner dezimierten Vergangenheit und zusammen mit
meinen ramponierten Ideen, die nichts mehr sein werden als
arrogante Krüppel!

Immer streune ich abends übern Plärrer, der einem seine
Negermusiken mit Keulenschlägen eintreibt: Man bringt sie

nachts nimmer aus den Hautfalten! Der Mond, wo wir die
Hallelujahsinger im Laub spielen, verfällt langsam, es regnet
häufig, wir müssen uns nach neuen Beschäftigungen umschau-
en. Mit Film und Bänkelsang werden wir uns noch einen
halben Mond über Wasser halten, aber dann muß neuer Flug
angehen; im Oktober noch als Kriechechse durch das bunte
Laub, aber dann, schwarze Riesenvögel über die Winter-
Himalajaberge!

Mittwoch, 25.
Der Regen wäscht einem die letzten Gedanken aus dem Kopf.
Gedanken sind Unreinlichkeiten. Darum setzen sie sich im
Winter an. Das Papier reizt mich nimmer, ich hänge mich wie
eine Fledermaus in die Turmgiebel der Faulheit: mit dem
Halsabschluß nach unten!

Donnerstag, 26.
Es gibt Tage, das sind Rattenkönige von lauter Montagen,
früh um 7 Uhr. Jede Stunde geht ein neuer Montag an, früh
um 7 Uhr. Der Montag hat eine Stimme: Das ist das Knattern
des Weckers, wie wenn man eiserne Kugeln in Blech schüttelt,
wie wenn der Zahntechniker bohrt. Man hat die Stimme
immer im Hals an solchen Tagen, und dazu regnet es einem in
den Leib, durch die Haut durch, sie ist solch ein Schund, sie ist
durchlässig, man ist hereingelegt worden mit ihr, und das
Schlimmste ist, daß man keinen Fluch findet, der Fluch hat
sich versteckt, man angelt nach ihm mit der Zunge, aber er ist
in einen hohlen Zahn gekrochen und macht eine kleine Stän-
kerei. An diesen Montagen schläft die Epidermis dick und
schnarchend. Wenn man das alles anfühlen könnte, den
Geruch davon in der Nase, den Geschmack auf der Zunge
hätte, dann ginge es noch, es ließen sich Witze draus machen.
Aber nichts verdickt sich, man fühlt es, statt es anzufühlen,
und da tut es weh. An diesen Tagen läuft einem das Blut nicht
bis in die Fingerspitzen, sondern nur bis zum Handgelenk,

und man möchte seine eigene Zunge fressen: man muß sie nur
herumschleppen. An diesen Tagen sind die Leute immer so,
daß man ihnen ihr Wasser herauslassen möchte. Aber ohne
Wasser können sie nicht leben. Gott hat sie verdünnt, da ist
nichts zu machen!

Abends eine liebliche Dämmergeschichte.
Ich hatte die Rosl bestellt. Sie latscht langsam heran, um
sieben Uhr, es dämmert erst. Sie drückt sich zierlich ein, sie ist
ohne Hut, ihre schmale, feine Stirn war immer hohes C bei
ihr. Sie wirkt besser als Sonntag. Wir laufen in die Birkenau.
Wir rutschen auf einer Bank herum, sie ist bleich, kindlich,
schleckig. Der Himmel ist bewölkt, er schwimmt über uns
weg, und in den Gebüschen rumort der Wind: er langt ihnen
leider unters Laub. Ich küsse ihr weiches Visägechen ab und
zerdrücke sie etwas. Im übrigen sieht sie auf guten Ton in allen
Lebenslagen und muß [um] 9 daheim sein. Aber es ist viel
Anmut in ihr drin, und sie ist nimmer so spuckselig; Gottsei-
dank, immer noch ein Kindskopf!

Nachts wie kaltes Getier durch wimmelndes Gesträuch tra-
bend – die Wolken fallen einem fast auf das Genick – wieder
an den ›Galgei‹ herangetreten. Die harte Notwendigkeit, die
dem Ligarch den Hut in den Kopf treibt und dem Galgei die
Haut abzieht, das Schwankende und Einmalige, die böse
Handlung und die großen Viecher um das Nachtlichtlein, das
lockt doch, wenn nur die dichterische Idee noch jungfräulich
wäre, wenn die Sauarbeit der Entjungferung überstanden ist!

Ich fange auch an, Balladen für die Jungens zu entwerfen. ›Die
Schlacht bei den Baumwurzeln‹ und ›Goger Gog, der Zinnsol-
dat‹. Auch wieder einiges in der zynischen Art der ersten
Klampfenlieder, da das Repertoire abgeleiert ist und Strophe für
Strophe so ausgelutscht, daß man am Kiefer lutscht, wenn man
sie ins Maul kriegt. Ich hungere wieder nach Strolchenliedern,

die kalt, plastisch und unentwegt sein müssen und wie hart-
schalige Früchte dem Zuhörer erst einige Zähne aushauen,
wenn sie ihm ins Gebiß fallen.

Wenn George und Buschiri und ihr Freund am Bummel gehn
Ihre Flossen in der Tasche, dritte Sorte in dem Maul
Sehn sie öfters alte Leute in den losen Türen stehn
Und nicht blinde und nicht taube und nicht faul.
Sondern diese Greise sprechen
Von Buschir als Kleiderrechen
Von Georges Billardspiel
Und von ihrem Freunde viel!

Wenn George und Buschiri und ihr Freund im Busche sind
Ihre Hand in einem Mädchen, ihren Geist wohl im Exil
Sehn sie öfters hinterm Busche ein verloren, altes Kind
Ohne Äpfel, ohne Laubwerk, ohne Stiel...
Und sie schwatzen dennoch morgen
Von Buschiris Kindersorgen
Von Georges Rückenzehr
Und von seinem Freund – noch mehr!

Wenn George und Buschiri und ihr Freund besoffen sind
Dann umarmen sie sich lässig, schwärmerisch, still unterm
        Tisch.
Waschen sich sodann im Flusse, trocknen sich sodann im
        Wind
Sind sie spätestens im Bette wieder frisch.
Aber diese Greise dulden
Nicht Buschiris Trinkerschulden
Und nicht daß George streunt
Und schon gar nicht: seinen Freund!

Wenn George und Buschiri und ihr Freund einst Greise sind
Treibt den Hut ein Stiefelzieher nur auf den geschwollnen

Kopf
Sind sie taub gen schnapsige Hymnen, gegen hübsche Kleider
    blind
Gegen Mädchenbrüste, Nacht und Weiberschopf.
Und man hört sie zahnlos sprechen:
Billardspiel und Kleiderrechen
Schulden, Kinder, Rückenzehr
Bummelei und vieles mehr.

Freitag, 27.
Meine gewachsenen Werke unterscheiden sich von den
gemachten durch ihren tierischen Ernst. Sonst habe ich zuviel
Ironie drinnen, und dadurch werden die Menschen zu gutmütig: Ich traue ihnen nichts Böses zu. Ich unterschätze sie. Das
ist der Weg zu Schauspiel und Operette. Es tut nichts, wenn
Leute im höchsten Sinne komisch sind, aber ernsthaft, tüchtig
oder abstoßend in der Nähe, und sie dürfen auch komische
Züge haben, aber dann müssen sie wichtig sein! Oder es muß
auch Landschaft, Sprache und Philosophie des Dichters komi-
schen Gehalt haben.

Es beschäftigt mich stark das Schicksal eines Mannes, der in
den Vierzigern nach Südamerika flieht, um etwas für sich zu
tun, und dem dann die Schaufel hinaufgehauen wird: Es ist
ein Mann. Er ist hart und bösartig, er kämpft um seinen
Vorteil noch mit den Füßen, er haßt die Familie und nützt sie
doch aus, er ist faul trotz der Langenweile. Alles wird »ein-
gangs« gezeigt, mit dickem Finger, mitleidlos: So ein Mann ist
es! Aber dann fällt er unter die Räder, in den zähen,
schwarzen Schlamm, der ihm in den Mund gequetscht wird,
den Hals hinunter, er lernt kriechen und leiden, das Maul zu –
und man läßt ihn trotz alledem verrecken, man sieht [sich]
nicht um nach ihm. Es ist keine Frau geboren, auf die er sich
verlassen kann, und es ist kein Mann geboren (ihn selber
eingeschlossen). Er wird blind am Schluß, er rutscht auf den

Knien, er kriegt Wasserknie, niemand wäscht ihn, es steht ein
Bottich Schnaps da für ihn, er wird weggenommen, wieder
hergestellt, man sagt ihm: »Einer hat hineingeschifft.« Er
heult wie ein Hund, ein Hund in der Finsternis, der nicht
einmal mehr geschlagen wird. Das alles hat den Sinn, daß er
sich erkennt und weiß, was ihm gehört (was weh tut, gehört
ihm), wenn es auch gegen Schluß wieder anders wird und er
allein sterben muß, verlassen von sich selbst. Er beschwört
alle, die herumstehen: »Lernt fluchen, lauft in die Seemanns-
kaschemmen, lauft euch die Füße weg, schreibt alles auf
Papier, lernt die Flüche auswendig, daß ihr sie habt, wenn
euch die Haut abgezogen werden soll, daß ihr Namen habt für
alles und Fäuste, draufloszutrommeln!«

»Oh, jetzt kenne ich mich, geh hinaus, Par Chem, starker
Regen, ich weiß, daß ich von Gott eingesetzt bin, und dann
konnte er sich hinlegen und einschlafen. (Er streckt die Hände
vor.) Ich habe Musik unter meiner Haut wie Walroßschnar-
chen, ich verzweifle nicht mehr. 10 000 Teufel trommeln auf
mich los, vorhin waren es noch 9999, vorher verzweifelte ich,
jetzt freue ich mich. Ich habe ein Gerippe unter dem Fleisch,
ich spüre es am Eiswind, der durchdringt, ich habe es nie
gewußt, ich bekenne mich zu ihm, geh hinaus, Par Chem! Ist
nicht alles ruhig, wie die Steine sind, und die Bäume merken
nichts, und du lachst wohl jetzt. Mich aber reißt es fast aus
dem Boden, so sehr spüre ich den Sturmwind, den du nicht
fühlst, dickhäutige Negermutter, geh fort, ich spucke in der
Richtung, wo du herstinkst nach vollem Magen und faulen
Schenkeln und 700 Bälgen, die Erde fressen und nichts fühlen!
Braucht Gott immer einen solchen Sturm für mich? Oh, ich
merke daran, daß ich etwas bin, ein kleines Korn, eine Trom-
mel, ein Flohstaub! Alles ist still und dickflüssig, und die Luft
um mich ist wie Brackwasser. Ich bin das Körnlein Salz, das
dies mehr bitter macht. Geht nur weg!«

Samstag, 28.

In aller Frühe eine kleine Tragikomödie im Stiegenhaus. Weiber schreien, ein Hund weint. Dann pfeift mein Vater im Nachthemd. Ich stürze ans Fenster. Das erste, was ich sehe, sind Gesichter an den Fenstern vis-à-vis. Das zweite: zwei Hunde mitten auf der Straße, die Hinterteile aneinandergekoppelt. Sie wollen gern auseinander, sie gäben viel darum, Ina, die Frau davon, weint. Fräulein Marie setzt Vater erregt auseinander, warum sie in der Sache nichts tun kann, nicht hinunter kann, Vater brüllt, sie solle dann wenigstens das Maul halten. Inzwischen läuft Peppi, die Achtzehnjährige, hinunter und haut auf die Hinterteile los, was nur weh tut. Ein Mann sagt ihr ruhig im Vorbeigehn: »Da hilft nur ein Kübel Wasser. Da hilft Hauen nichts.« Sie holt ihn. Sie hat einen kurzen, roten Rock, ist schmal und stolz gehalten, sie hat Heldenmut und Humor. Ina hat plötzlich ein Gesicht bekommen, ein leidendes, hilfloses, sie schaut entsetzt von unten herauf, sie weiß nicht, was man mit ihr gemacht hat. Sie ist seit einiger Zeit läufig, hat aber alle Angriffe tugendhaft abgeschlagen. Wie das Wasser auf ihre Hinterteile klatscht, vollzieht sich auf geheimnisvolle Art ihre Befreiung.

Wie tragikomisch der himmlisch duldende Drang dieses Viehs, seine Pflicht zu erfüllen, ihre Hingegebenheit an die Vergewaltigung, ihr jungfräuliches Weinen, während sie immer wieder stillhält, dem großen, schwerhaarigen, schwarzen Wolf!

Ich merke, daß ich schwach im Zeitwort bin. Auf dem Zeitwort baut sich aber das Drama auf. Ich lege ein Vokabularium an, schaue drauf wie auf rollende Kugeln beir [!] Roulette. Ich muß mich bessern darin.

Keine Metaphysik in den ›Galgei‹ hineinarbeiten: man muß sie nur herausarbeiten. Einfach die Geschichte eines Mannes, den sie kaputtmachen (aus Notwendigkeit) und das einzige

Problem: wie lange er's aushält. Was sind seine Reserven, was unterscheidet ihn, was greift ihm an den Hals? Man stützt ihm die Füße, man kegelt die Arme aus, man sägt ihm ein Loch in den Kopf, daß der gesamte Sternenhimmel hineinscheint; ist er noch Galgei? Es ist ein Lustmordspiel!

Abends, auf den Kirchhof laufend, die ›Ballade von den Geheimnissen‹ geschrieben. Und nachts, zwischen Kino und Schiffschaukel, die von meiner Mutter.

Sonntag, 29.

In Deutschland hat nicht etwa der Krieg, sondern der ungünstige Ausgang des Krieges einigen Leuten gezeigt, was von den Pflichten gegen den Staat zu halten sei. Sie verlangen jetzt mehr als vorhin für den Staat. Dabei ertragen die Menschen doch keine Herrschaft schwerer als die des Verstandes. Sie sind bereit, für schwindelhafte Phrasen großen Klangs alles zu opfern, sie sterben wonnevoll in Schweineverschlägen, wenn sie nur in großer Oper »mitwirken« dürfen. Aber für vernünftige Zwecke will niemand sterben, und auch das Fechten dafür wird durch die Möglichkeit des Todes verhindert, denn das Vernünftigste dünkt ihnen: zu leben, und man kann für »nichts« sterben, nicht aber für etwas; denn es wäre nichts, wenn man gestorben ist, und man käme um die große Wollust des Verzichts. In Triumphzeiten des Rationalismus schämten sich die Nationen nicht, ihren Mitgliedern das Leben abzuverlangen.

Über die Literatur:
Onanieren passiert. Mit Parisern vögeln passiert.
Aber diese Leute onanieren mit Parisern.

Nachmittags ist Bi da, Otto und Hartmann, das Huhn Biribinki. Es lehrt uns schafkopfen, wir schwitzen über den Karten, Bi macht Tee, Otto Witze. Abends spiele ich Billard mit Orge in den Zimmern des ersten Stocks, da Papa, wie immer, beim Fischen ist. Nachts ab ½10 im Theatercafé bei Dr. Brüstle, der über Jüdinnen spricht, da er in eine verliebt ist. Jüngst sprach er anders über Juden, aber Gespräch ist Gespräch.

Montag, 30.
›Ballade von den Mitmenschen‹ entworfen. Billard. (Es ist ein kleines Tischbillard, das wir einst von Pa zu Weihnachten kriegten, es schluckte Staub unter Bettstätten, wir hatten es vergessen, jetzt lebt es wieder auf, spuckt Staub und schüttelt sich auf krummen Beinen.)

Um einen Roman zu schreiben, bin ich noch zu unreif. Dazu gehört vor allem Reife des Steißes: ein Sitzleder. Und dann müssen gewaltige Freßfeste aller Sinne veranstaltet werden, die Augen, die Finger, die Nase müssen gespeist werden. Hauptstützpunkte sind die einfachen Schilderungen von Vorgängen und Zuständen, die das Innerste davon auskramt, die Freude am Gegenständlichen (nicht am Problematischen!). Das ist nichts für ungeduldige Leckermäuler und Handlungsreisende!

In der Frühe fährt Bi nach Kimratshofen.

Dienstag, 31.
Es ist jetzt gerade was in mir drin. Ich bin dick voll. Vielleicht sollte ich doch die Lautenbibel hinausschmeißen, auf Zeitungspapier groß gedruckt, fett gedruckt auf Makulationspapier, das zerfällt in drei, vier Jahren, daß die Bände auf den Mist wandern, nachdem man sie sich einverleibt hat. Es stehen merkwürdige Sachen drinnen, etwa: »Freßt Oetkers Backpulver!« oder: »Come to Jesus now!« oder »Brechts Endreime sind die besten!« Aber das alles zerfällt, mag sein Ruhm klein sein, sein Leben ist kleiner, es bleibt eine Mythologie von den

Bänden: Es sind mystische Dokumente! Voraus ein Gedicht: ›Die Neger singen Choräle über dem Himalajagebirge!‹ . . .

Die Hedda schreibt gestillte Briefe, der Aufstand ist aus Mangel an Beteiligung von seiten des Bedrückers im Keim erstickt. Sie ist zerschmettert, sie schwärmt von der Ehe, ich habe unser Verhältnis ein Mittelding zwischen Ehe und Abenteuer geheißen, eine eigentliche Kompromißgeburt. Sie will einem »etwas sein«, sie will Hof halten in ihrer Ahnengalerie, die Jüdin von Rastatt, sie singt: Raum ist in der kleinsten Hütte . . . Sie hat den Aufstand abgebrochen, sie hat sich abgefunden, sich von nun an wieder mit stillen, häuslichen Flagellanterien zu unterhalten.

Ich lese P. Wieglers ›Figuren‹, ein ausgezeichnetes Buch mit Schattierungen und viel Stoff. Ich fische Wörter und Farben heraus, sie schwimmen in Schwärmen darin herum. Ich muß noch einmal Psalmen schreiben. Das Reimen hält so sehr auf. Man muß nicht alles zur Gitarre singen können!

Ich werde in meinem Zimmer Plakate mit Sprüchen aufhängen, lauter Papier an die Wände, teils unzüchtig, man sitzt gut darunter, und man kann niemand mehr hereinladen. Wenn man auf dem Bett liegt und verzweifelt, genießt man den Trost dieser gesalzenen Weisheitssprüche und ärgert sich darüber, über die Banalität des Daseins!

Nachts ›Der besoffene Wald singt einen Choral‹ fertiggemacht, eine letzte Strophe. Das ist gute Arbeit. Der Teufel hole das Vernünftige! Die Worte haben ihren eigenen Geist. Es gibt gefräßige, eitle, schlaue, stiernackige und ordinäre. Man muß eine Heilsarmee gründen zu ihrer »Errettung«, sie sind so verkommen. Man muß sie einzeln bekehren, vor allem Volk, und sie im Gefolge mitnehmen und allem Volk zeigen.

Man braucht sie nicht eitel zu machen, das ist der Anfang vom Ende, war es schon einmal; man muß sie nur verantwortlich machen und Lasten auf sie hinaufwälzen, dann finden sie ihre vier Füße und leben auf. Sie sind keine spanischen Wände um die Betten, worin das Leben gezeugt wird. Es sind nicht die Lakaien der Ideen, sondern ihre Liebhaber, ihre ironischen Liebhaber. Etliche sind auch nur Impresarios. Einige sollte man erschießen, standrechtlich, sie vogelfrei machen, niederknallen, wo man sie stellt: besonders die, die Mischehen eingehen oder in schlechter Gesellschaft leben oder sich weigern, begraben zu werden, solang sie noch Zulauf haben. Gerichtshöfe her für die Worte!

Billard. Berliner Tageblatt, letzte zwei Wochen, Wiegler, Kampf mit der Hure Ina, abends Spaziergang mit Orge. Er liebt den Katholizismus. Aber die Kirche ist ein Zirkus für die Masse, mit Plakaten außen, auf denen Dinge sind, die es innen nicht gibt. (Wie auf den Jahrmärkten: außen ›Die Enthauptung Louis Capets‹ – innen zwei Jongleure und eine Pferdeschinderei.) Das Plakat heißt: ›Der Hungerkünstler‹ oder: ›Das königliche Skelett‹ oder: ›Jedermann wird selig für 11 Groschen‹ oder: ›Da ich jetzt nicht komme, muß ich nachher kommen‹ usw. usw. Sie haben nichts als ein Buch überliefert, das haben sie verkritzelt und Kochrezepte und Medizinen über die Weisheit geschmiert. So stark war die Idee, daß sie auch nicht gleich kaputtging, als sie organisiert wurde, sondern langsam hinsiechte. Es mußte etwas sein, das alle hören konnten, auch die Tauben, auch die weit weg, die auf den schlechten Plätzen, auch die, die man anbinden mußte, daß sie nicht fortliefen... Das für die paar Fischer, das verging mit dem faulen Galiläer, der Gelegenheitsreden hielt unter Feigenbäumen, wenn er in stilles Wasser sah und an sie und die Fische dachte. Das war eine Handvoll Datteln für die Zunge, kaum für den Hals, und da waren tausend Mägen. Der Galiläer hatte kein Dach über dem Kopf gehabt, sie bauten Häuser für seine Gläubigen, während sie, in der Hand die Kelle, immerfort predigten, daß die Leute sich nicht verliefen. Der Galiläer war für sich gestorben, sie riefen ihn wieder ins Leben zurück, brauchten ihn, zitierten ihn nicht bloß, schickten ihn wieder in den Tod, immer wieder, stellten ihn bereit im Tabernakel, pfiffen ihm, wenn jemand da war, für den er sterben sollte, und ließen ihn für Totschläger und Widerwillige sterben, in ununterbrochenen Cinémas. Es war eine »heilige Handlung«, besser eine heilige Feilschung. Der Galiläer war hochmütig gewesen, ziellos, er hatte den Statthalter ewig verdammen lassen, ohne ihn aufzuklären, er starb mitten in Mißverständnissen, zwischen Schächern, die mit ihm ins Paradies kamen, er sagte nicht, was Wahrheit sei, er schätzte die Dinge nicht ein, unterschätzte sie nicht, sie waren da, also gut, er küßte den Judas, weil er handelte, wie er war, und so liebte er ihn. Der Katholizismus ist ein Ausbeutersystem, ein amerikanisches Unternehmen, mit Gleichheit für alle, mit Stufenleitern, mit Lohntarifen. Das Positive und der Verantwortungssinn daran werfen einen Stier nieder. Die Entdeckung des Kopernikus, die den Menschen dem Vieh näher bringt, indem sie ihn von den Gestirnen entfernt, die dem Menschen befiehlt, mit seinem Globus die Sonne zu umkreisen, und die ihn aus dem Mittelpunkt in die Statisterie schmeißt, wird zunächst niedergeknallt, dann für richtig und völlig unwichtig erklärt. »Das sind ungeheure Dinge, geschaffen, daß ihr Gott bewundert, aber ihr könnt ohne sie leben. Die Heilspunkte sind andere: sie zu entdecken, brauchen wir keine Wissenschaft.« Das ist eine Frechheit, der es an Erfolg nicht fehlen kann. Und in dieser Kirche sind unabsehbare Wände leer gelassen, mit Absicht, für die Phantasien, in den Speichern hat alles Platz, alle Ideen sind in den Dogmen unterzubringen. 7000 Gerichte gibt die Pflanze ab. Die Bänke sind bequem. Der Kot wird als Dünger verwertet. Das Vieh gedeiht. Gott ist sichtlich über dem Unternehmen. Der arme Mensch stirbt täglich ungezählte Male für die Mitglieder. Die Versicherung läuft bis zum Tod.

Sie wird den Überlebenden ausbezahlt. Es ist eine Lust zu sterben.

Vollmond läuft hinter den schwarzen Birken.

Es gibt wenige, die untergehen können, die mit Haut und Haaren aus den Fugen gehen, mit zerschmetterten Händen hinauskriechen. Die Mehrzahl verreckt in Vereinen. Stirbt wie eine Ratte, hört einfach auf. Bleibt eine Ratte, funktioniert nur nimmer. Der Tod als Unglück...

September

Mittwoch, 1.
Ich schreibe am ›Traum des Branntweinverkäufers‹, da kommt
der kleine Geyer im gelben Regenmantel bis zu den Zehen und
sagt, Cas kommt heut. Er ist bei der Verwandtschaft herumge-
sessen und wird wohl nichts getan haben als Rücksicht
nehmen! Ihm ist ein einverstandenes Kopfnicken lieber als sieben Sternenhimmel, er schwatzt dicke Töne und tuts auch
billiger. R. i. p.

Den ›Traum‹ habe ich fertiggemacht, auch die ›Ballade vom
Mitmenschen‹ und in aller Frühe schon ›Der Mann auf der
Hochzeit‹. Es ist eine gute Epoche, ich habe die Hände voll,
und es ist plötzlich alles gestaut nach dem dürren Sommer.
Immer wieder kommt so eine gute Zeit, man soll nicht
verzweifeln. Ich habe sonst nur etwas Billard gespielt, mit
Orge, und für Mutters Grabstein gesorgt. Aber abends will ich
ins Varieté.

Ich sehe dort mit Brüstle einen Exzentrik-Clown von gewalti-
gem Format, der mit kleinem Pistol auf Licht schießt, sich auf
den Kopf schlägt, eine Beule wachsen läßt, sie absägt und
auffrißt. Ich bin entzückt: Darin ist mehr Geist und Rasse als
im gesamten zeitgenössischen Theater.

Wenn ich ein Theater in die Kluven kriege, ich engagiere 2
Clowns. Sie treten im Zwischenakt auf und machen Publikum.
Sie tauschen ihre Ansichten über das Stück und die Zuschauer
aus. Schließen Wetten ab über den Ausgang. Alle Samstag ist
Deuxière im Theater. Der Schlager der Woche wird persifliert.
(Auch ›Hamlet‹, auch ›Faust‹.) In der Tragödie wird die
Szenerie auf offener Bühne umgebaut. Clowns gehen über die
Bühne, ordnen an: »Er geht jetzt unter, ja. Machen Sie das

Licht düsterer. Die Treppe macht einen tragischen Eindruck. Die Karyatiden erlauben nurmehr Bankerott. Er wird Fliegen fangen müssen. Er hatte eine gute Art, die Hände in die Hosentaschen zu stecken. Wie er sagte: ›Man muß faul sein wie eine Wachtel!‹ Das war gut! Hier findet die Hauptszene statt. Es wird sogar geweint. Die Heldin hat Taschentücher zugesteckt. Oh, wär es zu Ende!« (Sie sagen das alles traurig, wirklich ernsthaft, es sind grünbelichtete, traurige Burschen, die grünen Engel, die den Untergang herrichten...) Die Clowns reden über die Helden wie über Privatpersonen. Lächerlichkeiten, Anekdoten, Witze. Sie sagen von David: »Er wäscht sich zu wenig.« Und von Baal, in der letzten Zeit: »Er ist verliebt in die Schmutzfinken.« – Dadurch sollen die Dinge auf der Bühne wieder real werden. Zum Teufel, die *Dinge* sollen kritisiert werden, die Handlung, die Worte, die Gesten, nicht die Ausführung.

Mir schwebt im Arrangement meiner Verse das Beispiel Rodins vor, der seine ›Bürger von Calais‹ auf den Marktplatz stellen lassen wollte, auf einen so niederen Sockel, daß die lebendigen Bürger nicht kleiner gewesen wären. Mit unter ihnen drinnen wären die mythischen Bürger gestanden, Abschied nehmend aus ihrer Mitte. So sollen die Gedichte da stehen unter den Leuten.

Donnerstag, 2.
In die Gedichte geheftet:
Eine Seite mit Wortgeburten wie: Indianische Legenden.
Die Salons auf dem Mont Cenis. Fastnacht im Blut. Usw.
(Stoffe für Dichter...)
Ein leeres Blatt: für einen Orientierungsplan, am besten mit Buntstiften zu machen.
Ein Inhaltsverzeichnis mit vielen Titeln, von Gedichten, die in dem Buch gar nicht vorkommen.

Immer noch grüble ich über den ›Trommeln in der Nacht‹, ich bohre Gestein, die Bohrer springen. Es ist scheußlich schwer, diesen vierten Akt großzügig und einfach an die drei ersten anzuschließen, darin die äußere Steigerung des dritten, die ziemlich gelungen ist, fortzuführen und die innere Umwandlung (in 15 Minuten) stark zu gestalten. Und der starke, gesunde, untragische Ausgang, den das Stück von Anfang an gehabt hat, wegen dem es geschrieben ist, ist doch der einzige Ausgang, alles andere ist ein Ausweg, ein schwächliches Zusammenwerfen, Kapitulation vor der Romantik. Hier kehrt ein Mensch auf der scheinbaren Höhe des Gefühls plötzlich um, er schmeißt die ganze Pathetik zum alten Eisen, läßt sich von seinen Bewunderern und Jüngern am Arsch lecken und geht mit der Frau heim, wegen der er das ganze tödliche Tohuwabohu gemacht hat. Das Bett als Schlußbild. Was Idee, was Pflicht!

Freitag, 3.
Zarek wurde vom ›Jungen Deutschland‹ (es waren lauter junge Deutsche, d. h. sie waren noch nicht allzu lang deutsch, ihr Deutschtum war jung) bei Reinhardt herausgeschmissen. ›Karl V.‹ ist ein albernes Machwerk, und der »glühende« Ehrgeiz drinnen wird natürlich für Leidenschaft genommen. Der Kerl ist doch viel zu eitel, um was Gutes machen zu können! Man muß sich massakrieren, aber nicht flagellantisch! Und dieses Gemurkse mit Ideen und Idealen! Auf Parketts gehen keine Niggertänze, und gerade die sind es, die wo... Und ob man in der ersten Etage oder im Souterrain ein Kerl ist, das ist gleich. Wurst ist das.

In mir wächst ein Gefühlchen gegen die Zweiteilung (stark-schwach; groß-klein; glücklich-unglücklich; ideal-nicht ideal). Es ist doch nur, weil die Leute nicht mehr als zwei Dinge denken können. Mehr geht nicht in ein Spatzengehirn. Aber das Gesündeste ist doch einfach: lavieren. Der Kostenpunkt muß diskutiert werden. Um glücklich zu sein, gut zu operieren, faul sein zu können, hinter sich zu stehen, brauchts nur eines: Intensität. Intensiv unglücklich zu sein, das heißt nicht an die Sache glauben. Ein Unternehmen draus machen. Amor fati. Alles mit ganzer Seele und ganzem Leibe zu tun! Was, das ist gleichgültig! Klein *oder* groß! Beides! Nicht immer Politik, Hoffnung auf Zukunft, Sonnenschein! Sauft ihn, den Regen! Bei seinem Unglück dabei sein, sich ihm widmen, mit Haut und Haar! Nur die Stunden sind verloren, unter dem Preis verkitscht, Angstverkäufe, Feigheitsgewinste, wo man nichts zu sagen hätte zu sich, über die Dinge. Wo man nicht brüllte, nicht aufschrie, nicht lachte, nicht die Zähne bleckte, nicht den Finger in die Schläfe bohrte, nicht einmal schwamm oder hasenäugig schlief.

Ich suche eine Geste für all dies, sichtbar bis auf die Galerie, zu riechen und hinreißend: für ›Trommeln‹, IV. Akt. Wo einer was macht, dann was andres macht (– aber: macht). Eine ganze Stadt tumultuiert, Betrogene in die Zeitungen hetzt, Armselige besoffen macht, mit Reden füllt, mit Waffen spickt: dann heimgeht. Sie, sie sollen in die Zeitungen! Er ist nimmer betrogen, nimmer armselig. Die Hauptsache: die Geste, mit der er heimgeht, den Rock auszieht, sich die Halsbinde herabreißt, mit den Händen am Hals aufschnauft, »es ist ein Krampf« sagt und mit der Frau ins Bett abgeht.

Samstag, 4.
Ich lese heute früh den Schluß von Döblins ›Wadzeks Kampf‹ und finde darin anklingende Ideen. Der Held läßt sich nicht tragisieren. Man soll die Menschheit nicht antragöden. Und es steht Herrliches drin über die Tragödie. (Es wird Schamgefühl gefordert!) Es ist überhaupt ein starkes Buch. Es läßt den Menschen schamhaft im Halbdunkel und macht nicht Proselyten. So ist es, steht drinnen auf 300 Seiten. Ich liebe das Buch.

Manchmal juckt es mich: Meine verdammte Neigung zum
Intensiven – ist es ein Symptom für irgendeine schwache Stelle
im Apparat? (Gleichviel, es macht ja nichts!) Dann müßte
man drauf Nachdruck legen, Nährsalze dorthin schmeißen
oder die Stelle entlasten oder sie trainieren! Bei tabes dorsalis
(durch frühzeitige Ausschweifung verursacht) sieht man Leute
mit eigentümlich stampfendem Schritt, auffällige Leute, groteske Leute, Leute mit einem verderblichen Hang zum Grotes-
ken. Sie gehen dreimal so gründlich als normale Leute, sie
stampfen auf, als hätten sie Eisengewichte an den Fußsohlen,
sie merken es nicht, wenn sie unten sind. Es sind keine kraft-
vollen Leute. Es ist kein Übermut bei ihnen. Diese Leute
haben auch meistens eine bewunderungswert gerade Haltung,
es sind keine biegsamen Leute, es sind Charaktere, Entweder-
Oder-Menschen, sie schlüpfen nicht, kuschen nicht, lavieren
nicht. Sie treiben alles zum Äußersten, sie haben Haltung aus
Angst vor ihren gläsernen Herzen. Kurz: es sind *arme* Leute.

Abends in der ›Großen Deutschen Passion‹ der Brüder Faßnacht. Elender Text, geschmacklose Aufmachung. Aber
gewisse Bibelworte nicht totzukriegen. Sie gehen durch und
durch. Man sitzt unter Schauern, die einem, unter der Haut,
den Rücken lang herunterstreichen, wie bei der Liebe. Im
übrigen wäre die Jesusgestalt zu zeichnen durch Eindringlich-
keit und Lässigkeit. Ein Mensch für die Menschen, für jetzt,
für den Platz, wo er ist, schnauft, redet, leidet. Das Ganze ist
lyrisch, ungeeignet fürs Drama, weil unlogisch, ja alogisch,
eine reine Zerstörung des Folgebegriffs. Es sind mystische
Visionen, ein guter Mensch unter einem Feigenbaum, das Herz
auf der Zunge, ein lebender Eindruck, ein ganz nabelloser
Mensch, ein gelungenes Geschöpf, zwecklos, ohne Benötigung
irgendeiner Rückensteifung (Pflichterfüllung oder so). Ein
unverletzbarer Mensch, weil widerstandslos. Ganz lavierend,
biegsam, wolkengleich, voll von Sternenhimmeln, milden
Regen, Weisheiten, Fröhlichkeit, Vertrauen, Möglichkeiten.

Der gute Mensch in einem. Er kann nicht gestaltet werden im Drama: Er bietet keinen Widerstand. Er bietet keinem Ding ein eigenes Gesicht — es wäre ein Affront, ein Aufsichbeharren, ein Hochmut, ein Eingriff in den andern.

Sonntag, 5.
Immerfort Regen, die Lyrik ist wieder versiegt, ich habe aber einige meiner besten Stücke aus dem Chaos gefischt. Es schwimmt noch genug drin rum: Warum also das Zeug schon zusammenheften?
Otto macht nachmittags was mit Mädchen und hat Cas geholt, und so sehe ich ihn. Eigentlich ist es nicht Cas, sondern es ist Neher, Rudolf Neher, Sohn eines Oberlehrers.

Der dicke Cas ist gestorben.
Er war ein guter Mann.
Er konnte uns alle zeichnen.
Er soff sich herrlich an.
Er hat sich gut gestillet.
Ein dickes Loch gefüllet
Wohl in der freien Luft.

Der dicke Cas ist gegondelt
Hinab den schwarzen Pfuhl:
Er konnte wie zwei Mann liegen
In einem Schaukelstuhl
Wie zwei Mann tut er liegen
Im tiefsten Höllenpfuhl.

Es ist der Cas verblichen
Als wie das Gras verweht —
Dieweil die Sonne lang noch
Im milden Mittag steht.
Der Wind ging in sein Segel

Er ist mit Kind und Kegel
Als wie das Gras verweht.

Er hat in manchem Graben
Mit manchem Tod gerauft.
Er hat den Tod gezeichnet
Und hat ihn gut verkauft.
Mit Kugeln und Komplotten
Sie konnten ihn nicht ausrotten
Er hat zu gut geschnauft.

Er stieg in die breite Sonne
Und in das Grün hinauf
Da kam ein lauer Wind daher
Der fraß ihn schmeichelnd auf.
So ist der Cas verblichen
Mit einer schauerlichen
Staubschichte oben drauf.

Wir sind zusammengekommen:
Buschiri, Orge und ich
Und haben bekümmert vernommen
Daß unser Cas verblich.
Wir weinten dicke Zähren
Wir gaben ihm zu Ehren
Dem Leichnam manchen Stich.

Daß ihn kein Wurm nicht frisset
Lebendig in seinem Schacht
Da er ein dickes Loch auch
Der Erde voll nun macht.
Die Trommeln sind gesenket.
Die Hüte sind geschwenket:
Jetzt liegt er in der Nacht.

Mir fiel manches ein zu der Geschichte Malvis, der auf Tahiti verreckt. Ein harter Mann, ein guter Mann, der eine Leidenschaft hatte, eine teure Geliebte: geradezugehen. Sie bringt ihn an den Bettelstab. Nein, er wird krummgeschlagen, weich beerdigt. Er hält sich gut, er hält sich schlecht, er wird gehalten, er wird fallengelassen. Er war nicht gutmütig, er ist nicht wehleidig. Er setzt sich in den Regen, der ihm das Hirn ausgewaschen hat, und besieht seine Hände. Er hat Löcher in sich und viele Geheimnisse, verwegene Bretterkonstruktionen über Abgründen, schauerliche Böden über Moderabgründen, alles in sich drin. Es ist alles zu verwickelt, er löst es nicht, er löst *sich* nicht, die Dinge sind zu stark (auch dann, wie man nichts mehr mit ihnen anfangen kann . . .); er verreckt mittendrin, da, nebenher und schwachen Lichtschimmer verbreitend, die Dinge, die er (nun doch) in Ruhe läßt, sich zu beruhigen, zu ordnen scheinen.
Nein: stark und schwach, das ist nicht der Unterschied. Es ist alles dazwischen. Es sind Übertreibungen, verbrennend, verkühlend, das nur Verstimmende ist im Lauen. Herr und Knecht, das sind Negerunterschiede.

Neun Leute in Ottos Wohnung füllen sich nachmittags langsam mit Tee und Alkohol. Dann werden Witze gemacht, nicht mit dem Maul, sondern mit den Händen. Es sind vier Mädchen da, ich singe, aber dann schmeiße ich die Klampfe weg und reiße Otto ein Mädchen heraus (Hansi Haase), trage sie in das dadaistische Kabinett. Otto zerrt an mir herum, ich muß kämpfen wie ein Neger, dabei schlägt ihr Kopf an einen Stuhl, bummert an einen Schrank, haut an eine Holzwand, auf die Ottomane, wo ich die Flecken küsse, es ist dunkel, sie ist weich, warm, hübsch, wir balgen, aber sie mag nicht, es gehen Leute durch, ein Mädchen sagt: »Sie haben ein Gesicht wie ein Orang-Utan.« Ich singe wieder, ein klein wenig betrunken, im Zylinder, sehe gemein aus, es ist eine Lasterhöhle, gefilmt wurde schon, wir stehen herum, ich fange an, unter den Salven des Klaviers, einen Monolog Malvis auf ein Zeitungspapier zu schmieren, da verpatzt mir Cas die letzten Möglichkeiten, indem er, mit Vergröberung, meine Leistung nachahmt, das Mädchen orang-utanhaft umschlingt, sie biegt, daß alles kracht, an die Wand schmeißt, ihr die Knochen entzweibricht, kurz: sie erzieht. Er hat keinen Erfolg, er pfuscht nur, sieht lakaienhaft aus, trüb, gefaltet, urninghaft, stammelt künstlich, mimt Naivität, mimt Brutalität, knirscht mit den Zähnen, hörbar in fünf Meter Umkreis, mahlt mit den Backenknochen, dampft von Vitalität, ist aber nicht beir Sache. Otto liegt, halbvoll, hinter dem Schreibtisch mit einer Maid und arbeitet hart. Er hat gut gefilmt, gut gesoffen, er sieht gut aus. Die Frauen sind dumm, ohne Rasse zumeist, ein dicker, schleimiger Jude sitzt da, die Müllegger im Arm, die ich brachte, die ich nie anrede, sie soll sehen, wie sie auf die Rechnung kommt, ich bin keine Kinderfrau, hinterher tut sie mir leid. Aber ich kann nichts machen gegen meine Abneigungen. Ottos Wohnung gleicht einem Trödelladen.

Montag, 6.

Im ›David‹ ist es nötig, die eigentlichen Bewegungen des Stückes unmittelbar in die politischen Ereignisse zu koppeln, die ganze Psychologie in Handlung aufzulösen – da Politik zu interessant ist, um als Staffage verwendet werden zu können. – Der Gaumen des Zuschauers muß so bearbeitet werden, daß er alles goutiert, was geboten wird – dadurch, daß keine seiner letzten Lüste unberücksichtigt werden. Die Handlung ist viel zu klar und verständig geworden. Hebbel bedeutet eine Katastrophe. Überschwemmungen sind besser als Ablässe. Es muß einem über den Kopf gehen, man schwimmt selbst mit, man taucht, man kriegt Tang in den Hals, Fische in die Zähne, man macht die Augen auf unter Wasser. Haufen von Bildern machen die Dinge schicksalhaft und verschwistert, schnell Hinunterquirlendes wird wieder zu Muskelgefühlen. Viele Dinge sind erstarrt, die Haut hat sich ihnen verdickt, sie haben Schilde vor, das sind die Wörter. Da sind Haufen toter Häuser, einmal Steinhaufen mit Löchern, in denen abends Lichter angezündet werden und in denen Fleischpakete herumwandeln, unter Dächern gegen den Regen des Himmels und die Verlorenheit des grauenhaften Sternenhimmels, gesichert gegen dies alles und den Wind, und nachts liegen die Pakete erstarrt unter Tüchern und Kissen, mit offenem Mund, Luft aus- und einpumpend, die Augenlöcher zu. Dies alles ist totgeschlagen durch das Wort Häuser, das uns im Gehirn sitzt und uns sichert gegen den Ansturm des Dinges. Wir haben von den Dingen nichts als Zeitungsberichte in uns. Wir sehen die Geschehnisse mit den Augen von Reportern, die nur bemerken, was interessieren könnte, was verstanden wird. George schlägt sich gerade mit derlei herum; d. h., die Dinge sind zum Angriff übergegangen, sie bedrängen ihn, er steht schon an der Wand und zweifelt, ob er sein Gehirn noch beherrscht, standhalten kann. Er sieht vom Fenster aus eine alte Frau, die ihm so fremd vorkommt, wie ein Tier, unverwandt, widerlich, verbraucht und stinkend. Sie huscht durch sein Gehirn, glatt und schnell, unbehangen, in einer andern Planetenbahn sausend. Oder er blickt auf einen Randstein und denkt: Es regnet auf einen Randstein. Wie komisch! Regen. Randstein. Es regnet. Was ist eigentlich Regen? Welche Traurigkeit in dem Plätschern, es muß alles herunter, kann nicht anders, den Randstein schlägt es platt, es rinnt ihm in die Lücken, er weicht auf wie ein Kragen. Aber es freut ihn vielleicht oder besteht nichts zwischen Randstein und Regen? Kennen sie sich nicht? Warum sind diese Dinge da, wenn man nichts mit ihnen anfangen soll? Oder er läuft an ein Gitter hin, im Abend, alles im Abend, ein eisernes. Die Stäbe stehen so gerade und einer nach dem andern, eins, zwei, drei, vier, und es hört nie auf mit ihnen, so einfach! Diese Ausgerechnetheit! Diese Armut! Und er schüttelt an ihnen, sie sind naß vom Regen. Er hat nasse Hände. (Zuerst sind die Stäbe naß. Auch seine Hände sind dann naß, werden auch kalt, andere Hände, hängen an den

Handgelenken, nasse Hände...) Das Schlimmste, wenn die Dinge sich verkrusten in Wörtern, hart werden, weh tun beim Schmeißen, tot herumliegen. Sie müssen aufgestachelt werden, enthäutet, bös gemacht, man muß sie füttern und herauslokken unter der Schale, ihnen pfeifen, sie streicheln und schlagen, im Taschentuch herumtragen, abrichten. Man hat seine eigene Wäsche, man wäscht sie mitunter. Man hat nicht seine eigenen Wörter, und man wäscht sie nie. Im Anfang war nicht das Wort. Das Wort ist am Ende. Es ist die Leiche des Dinges. Was ist der Mensch für ein merkwürdiges Geschöpf! Wie er Dinge in seinen Leib tut, in Regen und Wind herumtrabt, aus Menschen junge kleine Menschlein macht, indem er mit ihnen verklebt und sie mit Flüssigkeit anfüllt, unter Wonneächzen! Lieber Gott, laß den Blick durch die Krusten gehen, sie durchschneiden!

Dienstag, 7.
Langsam befreie ich mich. Ich ziehe wieder die alten Kleider an, Ziehharmonikahose, graue, dicke Socken, zerrissene Jacke und buntes Hemd. Ich liege nimmer soviel, da die Frauen weit fort sind, und ich laufe wieder auf dem Randstein, schneide Grimassen, pfeife auf die Wirkung, grinse, daß man die faulen Zähne sieht. Ich werde den Spiegel bald kaputtmachen können. Das ist was für feine Leute. So bin ich, freut euch! Häßlich, frech, neugeboren, aus dem Ei. (Mit Eihäuten, Kot, Blut, immerhin.)

Cas kommt mit einer Armsündermiene. Er hockt trübselig da, die Brust auf die Tischkante gepreßt, auf das Schlimmste gefaßt. Wahrscheinlich kam es schlimmer. Ich puffte ihn aus seiner Haut, malte dem dünnen Gerippe auf dem Sofa einen dicken, prangenden Cas an die Wand und drängte ihn zu Aussichtspunkten hin. Glatte Säbel fuhren durch ihn durch, seine Haut schrumpelte, er wurde zusehends älter. Ich schlug und hieb, auf Leder, es troff kein Blut heraus. Seine Tränen hatte er schon vermalt, dünne Aquarelle damit ausgeführt. Es ging ihm schlecht, weil *er* schlecht ging.

Abends mit Lud Prestel am Lech, der geschwollen ist, gelbe Wellen wie dicke Leiber wälzt, aus geschwollenen Mäulern schmatzend ein Lied gröhlt, unter nahem Himmel, Sternenhimmel, in dem eine Explosion die Wolken vertrieben hat, ein Loch ist drin. Wir schwatzen über das Gefühl der Dinge. Ich glaube, während ich laufe, daß dieses Haus eine Ansicht über einen Stern hat, ein Verhältnis zu ihm, nicht feindschaftlich oder freundschaftlich, aber grünlich oder schwärzlich oder so. Viele fühlen sich nur an den Dingen, ihrem Widerstand; ihr Tätigkeitsdrang ist Sucht, an ihre Grenzen zu kommen, ihr Maß auszufüllen; sie boxen die Dinge vor sich her, sie widerlegen sich selbst, um in dem benebelnden Taumel der Debatte sekundenlang von ihrer Existenz überzeugt sein zu können. Wieder andere laufen wie Siebe herum: durch sie hindurch laufen die Dinge.

Mittwoch, 8.
Über mir hängt wie ein Schwert die Unfähigkeit, den vierten Akt zu den ›Trommeln‹ zu machen. Die Epoche ist lyrisch. Ich weiß, was not tut, habe aber keinen Schwung nicht. Auch die Kürzungen in der letzten ›Baal‹-Szene (Frühe im Wald) machen mir Qual.

Ich habe der Hansi Haase ein Insel-Büchlein geschickt: Zur Erinnerung an einige blauen Flecke, wenn sie verblassen…

In einem (echten) Stierkämpferfilm. Der Bursche (Galla [-]) gefiel mir. Er hatte soviel Eleganz im Nacken und im Arsch, und wie der Degen in die dicken Leiber glitt, schnellte, zischte: schicksalhaft. Er mimte seinen eigenen Tod. Denn so starb er einmal: zerfleischt von einem Stier. Das Land trauerte. Der König betete an der Bahre. Die Leiche wurde mit Extrazug überführt. (Vor die Matadoren in das Gefecht laufen, knien sie in der Stierkämpferkapelle nieder, beten zu Gott, er möge ihnen beistehen bei dem Zerfleischen seines Tieres, der Belustigung seiner Menge!)

Abends mit Otto Ludwigsbau. Das Orchester knödelt Smetanas ›Moldau‹, eine Blase und die kleine Haase mit dem gequetschten Gesichtchen und den üppigen Hüften genießt die Wollust davon. Ich behandle sie falsch. Ohne System. Dann mit Otto am Lech. Sternenhimmel; er dreht sich. Wind weht kühl. Otto schildert mich, am Sonntag. Der Waisenknabe, auf dessen Gesicht die Mücken herumlaufen, so sanft ist es, zählt plötzlich laut auf fünf und scheißt in den Suppentopf. Dies Kind kein Engel ist so rein – kratzt plötzlich den Leuten mit dem Fußnagel den Nabel aus. Demoliert eine Wohnung mit dem Kopf einer Dame. Sagt: »Es macht nichts.« –

Donnerstag, 9.
Frank habe rote Haare, sei frech, liebe den Unsinn. Bravo!

Ein Mann mit einer Theorie ist verloren. Er muß mehrere haben, vier, viele! Er muß sie sich in die Taschen stopfen wie Zeitungen, immer die neuesten, es lebt sich gut zwischen ihnen, man haust angenehm zwischen den Theorien. Man muß wissen, daß es viele Theorien gibt, hochzukommen, auch der Baum hat mehrere, aber er besiegt nur eine von ihnen, eine Zeitlang.

Ich laufe vormittags und nachmittags mit der H. Haase herum. Sie hat einen pompösen Arsch, den sie in Seide hüllt, aber sie ist dumm, schleckig und langweilig. Sie ist aus einer Operette und einfach zu windig für mich. Geschlechtsweibchen von der Art haben sicher einen gesunden Instinkt für alles Gesunde, sind ausgestattet mit den einfachen Bedürfnissen und kaufen nicht Katzen im Sack, sinken nicht an

Hühnerbrüste, überhören Wolkengespräche und halten sich
an solide Bizepsgenüsse, mit etwas Lockung nach dem Neger
im Blut vielleicht, allerdings lau: aber dann ist mir meine
Krankheit eben doch noch lieber. Ich will sie auf Flaschen
ziehen und konservieren und sie streicheln und mit den soliden
Wolken vorliebnehmen, mit dem Ungeraden, Verzwirnten
und Verwurzelten, will kaputtmachen, geradboxen, hinunter-
lieben und Witze mit den Schenkeln machen können. Lieber
eine hundshäuterne Jungfrau abstechen, als in so einem Aller-
weltslöchlein herumstochern! Dann ist mir Bertie mit dem
kranken Gehirn lieber!

Man könnte eine Operette schreiben. Schlußeffekt: Ein Mann,
mit roter Krawatte, Glockenhose angetan, singt mitten auf der
Bühne ein Couplet:

Es muß ja bei uns nicht geweint sein;
Uns ist es auch etwas fatal:
Wir könnten ja gar nicht gemeint sein
Es ist uns ja völlig egal!

Und haut man euch den Buckel an
So habt es nicht gleich satt:
Ach, daß man was verlieren kann
Beweist, daß man was hat!

Hierauf schlendern viele Leute auf die Bühne und singen mit,
viele, immer mehr, sie fullen die ganze Bühne, mit roten
Krawatten, und brüllen, sie könnten ja gar nicht gemeint sein!

Freitag, 10.
Sonniges Wetter, in das Gewitterregen schießen. Ich laufe
immer herum, mit gewölbtem Brustkasten, wie ein Stier, aber
im Kreis, und alle Dinge haben die Fallsucht. Gelbes Laub
wirbelt auf unsere Glatzen. Gewaltige Fürze durchdonnern

die Eingeweide wieder wie in dem ehernen Zeitalter. Aber die Schöpfung entlaubt sich schon, und wir probieren wieder das Schwanzeinziehen ein, für die Monde des Niedergangs. Ich arbeite nicht. Ich lasse nur mein Blut fließen, blähe meine Lungen und rüste den Krieg.

Es ist kein Geheimnis: Ich habe einen Akt nicht zusammengebracht, ich bin fünfmal angelaufen, zwei Jahre lang, und nie über die Hürde gekommen, ich schäme mich und bin unruhig.

Zu ›Malvi‹:
Jemand schlägt ihm solang auf den Kopf, bis er frißt: das von der ewigen Verdammnis. Sein Fuß ist ab, unter dem Knie, er kann nicht mehr schwimmen, nie mehr, mit dem Fuß kann man fußballen, wenn er an sein Schienbein haut mit dem Stock, pfeift der Stock durch, klatsch, es ist nichts da. Nie. Nie. Nie. Die Zeit verrinnt, der Regen läuft, einmal ist er aus, man sieht nicht einmal allen, man spürt nicht allen auf der Haut, einmal ist er gar.

Alle Dinge sind zu verwickelt. Niemand kommt darin vorwärts, sie hängen alle zusammen, sie laufen sich nicht zuwider, sondern in allen Luftrichtungen laufen sie und alles in Bewegung, und die Zeit, die rinnt! Wer kann diese Mißverständnisse aufhellen, wer die Fäden entwirren?

Samstag, 11.
Mittags nach München. Kino: Sumurum. Gute Regie. Stück mittel, etwas grob. Aber man wird hineingestoßen. Ich sann darüber, was mit der Holzstadt zu tun sei, sie kann nicht auf den Mist geworfen werden. Hatte Klabund getroffen. Er verdient schlecht (höchstens 1000 im Monat. Mit allen Dramen bisher 3000 M, mit ›Moreau‹ 6000). Wir wollten im Winter einen Schwank schreiben. Jetzt fiel mir ein: einen Film? Und ich entwerf ihn, noch nachts im Bett, zusammen mit Otto, wir

hatten nur ein Bett, lagen zusammengepfercht, er schnarchte, ich arbeitete am ›Mormonenpapst‹, während ich um Decke für meine armen Füße kämpfte. Auf dem Oktoberfest, beim Essen.

Sonntag, 12.
Dieser da war kein tüchtiger Mensch, nichts klappte in seiner Umgebung, er konnte sich keinesfalls auf sich verlassen. Es gab Fußtritte in seinen Appartements, Hypotheken drohten einem auf den Kopf zu fallen, die Wände waren zweimal verkauft, und der Wurm saß drin. Aber, im immerwährenden Auszug, auf Kisten und vernichteten, zusammengebrochenen Möbeln, saß er selbst heiter und gleichmütig, pfiff anmutig auf dem letzten Loch und ergetzte sich an der Zerstörung des Sinns um ihn her, weigerte sich wonnevoll, etwas zu werden (»etwas«, das ist ein Mittel; man kann nur ein Mittel werden), und trollte sich um seine Niederlagen herum, sie neugierig belinsend. Es war ein Zweck.

Otto schleift mich ins Preysing-Palais, er weidet sich dort an der Eleganz, wälzt sich wollüstig in den Ledersesseln, fühlt seinen Anzug, befiehlt den Kellnern. Ich bin deplaziert, unwürdig, ich fühle nur meine Taschen, ich bin der Schmutzfleck auf dem Zeug. Diese Dinge gestatten nicht, daß man mit ihnen spricht, sich über sie amüsiert, sie auf den Kopf stellt, schmatzt, wenn man sie verspeist, sie verbieten es sich, als Zwecke behandelt zu werden, geboxt, beaugapfelt, zerfleischt zu werden. Sie wollen lautlos und selbstverständlich genossen sein, mit halbgeschlossenen Augen, sie verbitten sich alle Zudringlichkeit, sie legen keinen Wert auf Beifall, sie sind wundervoll gezogene Diener, die ihre Herren wundervoll ziehen.

Ich sitze auch im ›Kindl‹-Keller und lausche Herrn Goldschmidt, der über die Wirtschaftslage Rußlands redet, lauter abstrahiertes Zeug von Verbänden und Kontrollsystemen. Ich laufe bald wieder fort. Mir graut nicht vor der tatsächlich erreichten Unordnung dort, sondern vor der tatsächlich angestrebten Ordnung. Ich bin jetzt sehr gegen den Bolschewismus: Allgemeine Dienstpflicht, Lebensmittelrationierung, Kontrolle, Durchstecherei, Günstlingswirtschaft. Außerdem, im günstigsten Fall: Balance, Umformierung, Kompromiß. Ich danke für Obst und bitte um ein Auto.

Nach langer Zeit erblicke ich wieder die ersten Besoffenen. Wie wenn der Mekkawanderer die Kaaba erblickt...

Montag, 13.
Der dritte Teil des Stückes ›David‹, wo der alte Mann allein durch die Kammern schlurrt und mit den Alten redet, Saul, Jonathan, Absalom, dicken Leibern in bleicher Luft, im Aquarium alle vier. David wird in die Verteidigung gedrängt, an die Wand, er redet. Horcht! Er redet von einer Wasserleitung. Sie war schwierig herzustellen. Steine gab es zu durchlöchern. Israel hatte keine Schmiede. Es war ein gerissenes, feines, starkes Werk, viel kam dazwischen, man mußte stark bleiben. David redet davon, da sieht er einen lachen. Saul lacht. »Lachst du, Saul? Es war nicht einfach.« Jonathan fragt: »Wo ist sie? Geht sie gut? Schöpfen viele Wasser daraus?« Er sagt, versunken: »Sie ist zerfallen. Man braucht sie nicht mehr. Aber das macht nichts. Das würde nichts machen.« Er ängstigt sich, weil er nicht getan hat, was recht war. Wußte er nicht, daß faul sein das Richtige war, nichts verändern wollen, menschlich sein? Warum tat er es nicht? Freilich, Saul war zu schützen. Machte große Gesten gegen David und die andern, sie waren wundervoll, David verbeugt sich gegen sie, aber sie mußten von David bezahlt werden. Saul, ein großer Mann, aber David mußte ihn schützen. Das war nicht einfach. Niemals wollte David die Dinge lassen, wie sie waren, gehen, wie sie gingen. Ging nicht Saul trotz allem unter, hätte man

ihm zugesehen! Absalom, aus Sauls Stamm, wollte auch hinunter, das war der gleiche Mensch, groß, unbeirrbar, herrisch,
durch die Wand laufend, er mußte geschützt werden. Man
hatte kaum Zeit, seinen Aufstand ernstzunehmen, es war eine
so irrsinnige Sache, sie erdrückte einen fast, aus Zufall, dann
mußte sie schnell erledigt werden, würdelos, unschön, gemein.
Und Absalom war nicht zu retten gewesen. Aber diese beiden
hatten nach ihrem Kopf gehandelt, er wollte durch die Wand,
die Wand war stärker, die Köpfe zerbrachen wie Eierschalen.
Er, nur er hatte die Wand gemacht, gegen sich gehandelt,
Politik getrieben und gemeint, man könne etwas »vorläufig«
tun. Er war unwürdig, er beweist seine Würdigkeit erst ganz
zuletzt dadurch, daß er kaputtgeht, dadurch, daß er bei sich
bleibt und doch noch ja sagt. Übrig bleibt Salomon, den er
verachtet, sein leiblicher Sohn, »dieser Mensch«! Glatt und
leer, der Händler, der Weise, der Schwätzer, der Diplomat,
der Pfaffe. Salomon, der niemand schützt, der niemand tötet,
der jedermann »benützt«, der alles umbiegt, dem alles leicht
fällt, der es im Schlaf kriegt. Salomon, der nicht kaputtgehen
kann, der Trompetenhändler, der Erbe, der Jedermannsherr!
Salomon, der Geliebte von hundert Weibern, Gottes Lustknabe, Israels Thronbeschwerer! Das Ganze: der Untergang der
starken Menschen.

Nachts, mit Cas am Lech, zwischen Sternen, fällt mir der
vierte Akt ein: Schmale Bühne, große Menschen. Nacht gegen
Morgen: Es wird schon kühl. Am Schluß geht der Mensch
heim mit der Frau, stark, ruhig, ernst. Alles *vorher* war
Krampf, Fieber, Orchestrion, Romantik. Jetzt kommt der
Ernst, die Nüchternheit, der Alltag. Ein gelber Streifen am
Horizont. Rauchiger Himmel. Es wird kühl. Die Frau hilft
ihm in die Jacke. In den Zeitungen wird es still. Einzelne Rufe.
Der Wind wächst.

Dienstag, 14.

Stürze mich auf Filmstücke, auf ›G. Parkers Erziehung‹ und
den ›Mormonenpapst‹. Es regnet in gelbendes Laub, abends
erhellt sich der Himmel. Ich war bei Aichers, bekam Tee und
Druck im Hinterkopf, las die erste Szene aus ›David‹, den er
spielen soll. Sie ist nicht fertig, in vielem zu naiv. Ich bin froh,
daß einiges im Schwung ist, aber ich bin nicht gestillt. Bi,
lieblich zwischen den Wänden verschwebend, holt mich nicht.
Auf Orge senkt sich die Prüfung. Immer mehr stört mich das
Chaos meiner Papiere: Die ›Sommersinfonie‹ ein grünes Obst,
ungenießbar. ›Hans im Glück‹ mißlungen, ein Ei, das halb
stinkt. ›Trommeln in der Nacht‹ immer am Rand der Been-
dung, weit ab von irgendwelcher Vollendung. Die Novellen
skizzenhaft hingeworfen, ungenügend ge»dichtet«. ›Baal‹
befriedigt mich nimmer, scheint mir nimmer frisch und
ursprünglich, viel zu abgeschliffen, verfeinert, verflacht. Alles
vielleicht zu wenig ernst, ich fange Fliegen, ich mache so viel,
es sind schöne Einfälle, ich verliere mich ans Interessante,
Spielerische, Elegante.

Warschauer hat mich nach Baden-Baden eingeladen, inklusive
Bahnfahrt, auf 3-5 Tage. Otto meint, ich kann nicht hin. Ich
kann dort mit Warschauer reden, auch über einen etwaigen
Aufenthalt in Berlin für diesen Winter, so wie [ich] mir über
Berlin im Sommer erzählen lassen kann. Außerdem kann ich
die Hedda besuchen und ihre Mutter sehen. Ferner beluchse
ich Baden-Baden, das Weltstädtchen, und schnuppere an Toiletten herum, schmiege mich an biegsame Glieder und schöpfe
Reserven gegen Flanell. Vielleicht lerne ich auch, wie man sich
von besseren Leuten am Arsch lecken läßt, und studiere die
Schwindsucht des Unterschieds zwischen Luft und einem
Hotelportier. (Luft ist reine, unverdorbene Luft. Ein Portier
ist keine reine, unverdorbene Luft.) Oder ich hole mir wenigstens den Ekel vor dem allem und komme ausgekotzt in meine
Holzbaracke zurück. Warschauer bezahlt die Sache. Ich fahre

Zug, er braucht nicht aufzustehen. Er kann es mit Geld abmachen, aber ich kann es ohne Geld abmachen. Es ist nett von ihm, auf jeden Fall, ich bin ihm dankbar, daß er keinen Dank will. Ich bekämpfe die bürgerliche Ansicht allerorten (auch wo sie bei mir auftreten sollte), daß Geld etwas so Wertvolles sei, daß es einen je verpflichten könnte, dafür mit Persönlichem zu bezahlen. Man kann ruhig Geld annehmen, es ist einem sonst nur vorenthalten. Ich, der ich jemand Geschenke mache, ohne was dafür zu wollen, kann auch Geschenke nehmen, ohne was dafür zu geben.

In letzter Zeit habe ich eine Abneigung in den Fingern gegen die Komparative. Sie gehen alle nach dem Satz: Eine Eidechse ist kleiner als ein Baum. Ein Vogel ist musikalischer als ein Baum. Jeder Mann ist der stärkste in seiner Haut. Die Eigenschaften sollen den Hut voreinander abtun, statt sich drauf zu spucken.

Orge sagt:
»So denken sie sich das:
Die Gescheiten leben von den Dummen und die Dummen von der Arbeit.«

Otto sagt:
»Sieben Tage lang in der Woche putzen sie dir den Arsch und heben dir den Schwanz beim Pissen, und dann ist ihnen plötzlich der Kopf so geschwollen, daß sie nurmehr mit dem Schuhlöffel die Hüte aufsetzen können und man sie an die Wand schmeißen muß, daß man sie nurmehr durch Abkratzen rein kriegt. Sie haben dir mit ihrem Gehirnschmalz die Schuhe gewichst, wenn es gar ist, hauen sie dir die Schweißfüße in den Nabel!«

Cas sagt:
»Dein ›Baal‹ ist so gut als wie 10 Liter Schnaps.«

Mittwoch, 15.
Ein chinesischer Satz:
»Wenn die Sandkörner gegen die Menschen sind, müssen die Menschen weggehen.«

Mittags redet Papa Unsinn über den Kommunismus. Zwei Äpfel im Garten sind gestohlen, ich verteidige den Dieb: Was Bäume machen, gehört niemand. Hierauf schreit Papa, in der Zeitung stehe, die Entente-Kommission setze die Polizeistunde auf 11 Uhr fest, soweit sei es mit Deutschland wegen Leuten wie uns gekommen. Er möchte wissen, was ich schon für die Allgemeinheit getan hätte, noch rein gar nichts. Ich mache mein Physikum noch in fünf Jahren nicht. Er wolle jetzt einmal eine ernste Arbeit bei mir sehen. Das, was ich mit meiner Literatur getan hätte, halte er persönlich für gar nichts. Das müsse sich erst noch beweisen. Ich ging schnell hinaus. Ich habe noch nichts verdient.

Wir sind die Schmarotzer, die letzten Menschen, die keine Diener sind, Baal und Karamasow in unserer Mitte. Was ist ein Gedicht wert: Vier Hemden, einen Laib Brot, eine halbe Milchkuh? Wir machen keine Ware, wir machen nur Geschenke.

Nachmittags mache ich Kino. Abends schlingere ich durch die Allee, durch die schon der goldene Gongschlag des Herbstes aufschwillt. Noch ist die große Pappel am Wasser, die die Wurzeln im Stadtteich hat, spinatgrün, aber die Kastanien vergilben schon. Kinder fischen Kastanien aus dem Graben. Ich laufe etwas traurig und gestillt zwischen die Bäume.

Ich habe zwei Sachen von Döblin gelesen: erst ›Wadzeks Kampf‹ und jetzt ›Wang-lun‹. Es ist eine große Kraft drinnen, alle Dinge sind in Bewegung gebracht, die Verhältnisse der Menschen zueinander in unerhörter Schärfe herausgedreht, die gesamte Gestik und Mimik virtuos in die Psychologie hineingezogen und alles Wissenschaftliche daraus entfernt. Technisch ergriff mich unerhört stark die Kultur des Zeitworts. Das Zeitwort war meine schwächste Seite, ich doktere daran geraume Zeit herum (schon seit ich Lorimer und Synge las!). Davon profitiere ich jetzt enorm. Gefahr: der Barock Döblins!

Donnerstag, 16., bis Dienstag, 21.
Gast Warschauers in Baden-Baden. Er nahm mir Gepäck und Sorge ab, dirigierte die Musik, schenkte mir sein Baden, befreundete mich mit dieser mondänen Landschaft und verleibte mir Baumdüfte, Robenknistern, jede Art leiser Musik ein. Er vibrierte von Spenglers großem Buch und sang Arien vom Zionismus. Dieses Land um uns geht kaputt, ist alle, versinkt, und nichts ist besser als Zion.

Er hat zuviel Ziel in sich, er wickelt in alle Verhältnisse Sinn, er glaubt an Fortschritt und daß ein Lurch eben nicht anders kann, als irgendeinmal ein Affe werden. Aber er zeigt mir Lao-tse, und der stimmt mit mir so sehr überein, daß er immerfort staunt.

Einmal ist die Hedda da. Wir walzen bei leise tropfendem Himmel unter den nebligen Bäumen, riechen die nassen, verfaulenden Blätter, der Streit lebt wieder auf, sie weint in die Hand, sie muß nach Berlin im Winter. Sie ist bleich unter dem Schleier, kränkelnd, schön. Alles gibt ihr Stöße, alles weicht von ihr zurück, ihre ältesten Freunde geben ihr Fußtritte. Und ich sage: »Es ist vielleicht deine glücklichste Zeit, und es geht dir nicht schlecht, und du bist undankbar« und: »Wirf auf mich hinauf, was du kannst, mein Buckel ist breit.« Und einmal nehme ich sie in die Arme, und es wird besser, und ich küsse sie auch und bin zärtlich zu ihr. Wir essen abends zu dritt, ich geleite sie nachts zur Bahn.

Für Warschauer:
Baden + Lao-tse

Mittwoch, 22.
Augsburg. Faulheit. Ich schlage die Zeit mit Zündhölzchen
tot. Ich betrachte das Wetter kritisch. Ich laufe mich müd.

Donnerstag, 23., bis Freitag, 24.
Bi in Buchloe abgeholt nach München. Sie ist dick geworden,
fühlt meine Enttäuschung im ersten Moment, wird nüchtern
und schwer. Die Nacht ist trübe, viel geschlafen, ohne Poesie.
Ich kann nicht recht in die Höhe kommen, ich bin etwas der
Waisenknabe. Es wird besser am Morgen, wir bummeln nach
Wohnungen, es wird normal zwischen uns – nicht besser. Die
Lieblichkeit ist etwas in die Binsen gegangen.

Otto hatte versprochen, Donnerstag früh nach München zu
kommen, für uns Zimmer zu besorgen, mir um eine Wohnung
zu schauen; er mußte nicht, aber er kam auch nicht. Er war zu
Orge nach Landshut gefahren, der in der Prüfung saß. Sie
gondelten nachmittags an; Otto war unliebenswürdig gegen
Bi, zog Orge gleich mit fort, redete immer auf ihn ein, der
käsebleich in seinen braunen Kleidern herumschlotterte und
Zigaretten drin rauchte.

Bei einem andern wie Otto hätte es nicht viel ausgemacht;
man hätte geschluckt und durchgestrichen. Aber Otto hat
sonst nichts als seine Zuverlässigkeit und tut nichts als
daliegen und gebraucht einen zur geistigen Arbeit und kauft
sich Lackschuhe. Otto kann es nicht aushalten. Es ist da:

1. Die Verschleppung in die Familie von Möhringen.
2. Der Pogrom auf den Zeitungsmax.
3. Die Kapitulation vor München.
Zu 1. Er schleppt mich, stuprandi causa, zu den Lehrers, läßt

mich zur Gitarre singen, fährt mit mir nicht rechtzeitig ab, eine glatte Vergewaltigung.
Zu 2. Er schleppt die Plärrerelise fort, läßt mich pfeifen und blamiert vor dem geschwätzigen Z. M. mein Vertrauen zu ihm.
Zu 3. Er spricht nimmer darüber, ist zu feig, davon anzufangen, verzieht sich.

Bez ist verschollen, Cas ist in den soliden Boden gestampft, mit einem Stein drauf: Hier ruhte Cas. Das alles schreit zum Himmel für Otto, aber es hilft ihm nichts: Wenn er sterben muß, muß er sterben.

Freitag, 24.
Das deutsche Drama geht unter, anscheinend, schnell, gern, willfährig. Die Berliner Theaterkapitalisten übernehmen die Konkursmasse, vertrusten die Sache, der Film zieht den Boden weg, immerzu, zieht aus Leibeskräften seit Monden, der Krach sitzt auf den Galerien, auf den Sperrsitzen, in der Proszeniumsloge zuletzt und sieht sich die Sache mit an. Jetzt verlassen die Ratten das Schiff: Der Reinhardt zieht ab, der Kerr igelt sich in der Walhalla ein und findet das alles »so schön...« Aber wir wollen uns in ihm einquartieren und die Beine gegen die Planken spreizen und sehen, wie wir das Schiff vorwärtsbringen. Vielleicht saufen wir das Wasser auf, das durchs Leck quillt, vielleicht hängen wir unsre letzten Hemden an den Mast als Segel und blasen dagegen, das ist der Wind, und furzen dagegen, das ist der Sturm. Und fahren singend hinunter, daß das Schiff einen Inhalt hat, wenn es auf den Grund kommt.

Es ist eine milde Nacht mit Sternen über dem lichten Laub. Sie kegeln in der Wirtschaft ›Zum Kreuz‹, und im Volkserziehungsverein trompeten sie. Ich aber bin fürchterlich unruhig und zappelig. Es ist ein Teufel in mir drin, er scheint wieder

damit anzufangen, in die Säue zu fahren. Ich laufe herum wie
ein wahnsinniger Hund und kann nichts tun. Es geht auch viel
in Fetzen.

Warum bin ich zu feig, großen Kränkungen in die schielenden
Augen zu sehen? Immer sehe ich gleich ein, was mich lähmt:
Daß ich über niemanden Macht habe. Das alles Gnade ist, was
er mir gibt. Daß Gnade verweigern kein Unrecht ist. Es ist so,
daß ich die letzte (Holzfäller-)Szene zu ›Baal‹ nicht zustande-
bringe, während der Satz schon in der Maschine steht. Orge
wollte mir helfen. Es ging schon einmal schief: er wollte nicht.
Sagte dann, er habe gewollt, ich hätte nicht gewollt. Ich
schluckte und brachte ihm die Szene noch einmal. Er büffelte
auf die Prüfung, hatte keine Zeit. Ich schob und schob, kriegte
zwei Zettel vom G.-Müller-Verlag. Jetzt bat ich ihn in
München um eine Unterredung. Er sagte: »Freitag.« Ich kam
gleich, mittags, wir fingen an. Da kommt Otto, es gibt
Eishauch, Otto quatscht Unsinn mit Hundepeitsche. Es widert
mich an, ich strecke ihn auf Orges Bett nieder, er schiebt
gekränkt ab. Orge aber mit ihm. Sie strecken mir die Hand
hin, wenigstens Orge: »Grüß Gott.« Orge sagt, er ist um 9,
½10 Uhr fertig. Ich komme um diese Zeit, da sitzt Otto da,
rückt dann lentissimo ab, macht noch was für 10 Uhr aus.
Orge redet von ›Baal‹, geht nach einer halben Stunde, mittendrin, ich gehe mit, ungekränkt, ich erfasse die Sache nicht. Am
Schmidtberg ergibt sich Kurzschluß: Die Szene stimmt nicht.
Otto kommt gewalzt. Ich fragte George, ob er Otto was
Wichtiges zu sagen habe. »Nein, nur ins Café!« George über-
legt im Flug, würgt ein paar Happen vor, die er mir
hinschmeißt, sieht gequält, bedauernd, abgehetzt aus. Otto
läuft immer weg, zehn Schritt weit, er läuft sich sein Seelenheil
weg, läuft aus dem Bagno, läuft in die Korporation, geht am
Schluß einfach weg. Und George, ohne Lösung, gibt mir
verlegen die Hand und geht nach, kühl, befreit, etwas feig,
nach einer wirklich schlechten Tat, es hilft ihm nichts. (Fr

verreist morgen zum Fannerl...) Ich bin nicht empört, ich schmecke es nur bitter, würge in der Kehle hinten, will es schlucken, bringe es nicht hinunter, es ist nichts, rein gar nichts. Es ist lächerlich, wegen Literatur, nur: ich habe mich gedemütigt, und ich hatte keine Macht. Ich bin nichts. Ich schäme mich.

Es ist schimpflich, Tragödien zu schreiben. Es ist so gegen alles Sträuben sicher, daß nichts mehr passiert, nichts mehr stimmt, nichts mehr wichtig ist. Wozu in diese kleinen, schäbigen Hüllen kriechen, die die Krätze haben und fünfhundert Löcher? Wozu in diesen niedrigen, willkürlichen und wenigen Gedankengängen herumschlürfen? Und alles andere ist Lüge, und dies ist auch Lüge. Ich habe kein Unglück, mein Dach fiel nicht zusammen. Der Aussatz harrt noch in den neuen Kleidern, man hat mich nicht gehauen für die vielen Vergehen: Aber die Bittersüße ist dick geworden, der gute Cas ist ein Schubiack gewesen, der treue Heilgei hat gute Geschäfte gemacht und dann weniger gute und dann kehrt, und Orge, unser armer Bruder That's all, ist mit dem Geldgeber ins Café gegangen. Das Gespenst ist erschienen, mit dem die Ammen uns gegrault haben: es ist in einer Bettjacke erschienen.

Samstag, 25.
Gegen Morgen habe ich einen Traum: Es zeigt mir jemand ein kahles Gelaß und sagt: »Es saßen Künstler darinnen. Zuerst bekamen sie viele Ster Holz, und als die aufgebraucht waren, bekamen sie viele Quadratmeter Leinwand, und als die verarbeitet war, bekamen sie ein Blatt Papier.« Und im Traum schien mir das weise, und ich glaubte an die Besserung der Künstler.

Im Rheinland saugen die Neger den Boden aus. Sie schwängern die Frauen in Kompagnie, gehen straflos aus, lachen über alle Proteste der Bevölkerung. Die Haltung der Bevölkerung ist in Deutschland vorbildlich: es gibt keine Meldung von Mord und Totschlag. Diese Leute, denen die Frauen kaputtgemacht werden, sind von Lynchjustiz himmelweit entfernt. Sie knirschen mit den Zähnen, aber dazu gehen sie auf den Abtritt, daß es niemand hört. Sie nageln die Neger nicht an die Türen, sie sägen die Neger nicht entzwei, sie ballen die Fäuste im Sack und onanieren nebenbei. Sie beweisen, daß ihnen Recht geschieht. Sie sind die Überreste des großen Krieges, der Abschaum der Bevölkerung, die niedergehauenen Mäuler, das entmenschte Massenvieh, deutsche Bürger von 1920.

Immerfort beschäftigt mich: die geringe Macht, die der Mensch über den Menschen hat. Es gibt keine Sprache, die jeder versteht. Es gibt kein Geschoß, das ins Ziel trifft. Die Beeinflussung geht anders herum: sie vergewaltigt (Hypnose). Dieser Gedanke belagert mich seit vielen Monaten. Er darf nicht hereinkommen, denn ich kann nicht ausziehen.

Ich bin sehr allein, spiele Billard auf der Bodenkammer, lese R. Tagore, ›Das Heim und die Welt‹, fresse wenig, denke in Bildern und führe mir kinematisch meinen Aufstieg an. Im allgemeinen aber verkomme ich, da die Komparative ringsum explodieren und die Dinge sich und mir dadurch feindlich werden.

Sonntag, 26.
Es ist verflucht anstrengend, sich immer auf neue Arten zu besinnen, wie man sich noch strecken und dehnen könnte. Es wird immer mehr Herbst, ich liebe das. Übrigens lese ich Tagores ›Heim und Welt‹, ein wundervolles Buch, stark und mild.

ÜBER DIESEN SOMMER

Ich habe nicht viel gemacht, etwas geschwommen, einiges gelesen, nichts geliebt. Aber die Zeit war nicht arm. Ich mußte umschaufeln und mich an den Anblick von Leichen gewöhnen. Schlimmer, als daß nichts getan wurde, ist, daß viel angefangen wurde. Immerhin sind einige Balladen fertig. Auch die Sägearbeit an dem Ast, auf dem ich sitze, schreitet vor, wenn auch langsam. Aber die Sicherheit treibe ich mir noch aus.

Februar bis Mai 1921

>»Während das Gras wächst stirbt der Gaul«
Bert Brecht

Februar

Mittwoch, 9.
Es ist der Aschermittwoch, wo man so wach ist, reinlich ist, sich bessert. Napoleons Totenmaske liegt auf dem Waschtisch, draußen liegt Schnee, im Bett liegt ein Blutfleck. Wir sind bei Steinicke gewesen, auch Cas war da, Otto und auch Feucht-wangers. Mit der Frau hab ich getanzt, aber dann bin ich weggelaufen, und mit Marianne habe ich Wange an Wange getanzt. Wir haben uns bald, voll Bergamotteschnaps, in ein Auto gelegt und sind heimgeflitzt. Es saßen da herum auch noch die arme Frau Jörgen, weißgeschminkt, krank (und sie bemühte sich um mich, aber ich nahm Mars Hand), und die kleine Edith Blaß, die so alt wird, die Zähne fallen ihr bald aus. Ich konnte kein Auge zumachen, Mar sagte, ich hätte mit Frau F[euchtwanger] sinnlich getanzt und die Frauen seien alle so wenig. Einmal wurde ihr schlecht, einmal weinte sie, weil sie kein Kind bekommt, und da sah sie herrlich aus, viel sei ihr verziehen! Auf dem Ball trug sie ein Pagenkostüm und war die schönste Frau dort und behandelte die Männer wundervoll, ganz rein und königlich und still und lustig und unnahbar und doch nicht stolz. Sie war die einzige, die auf den Ball gehen konnte, denn sie paßte nicht hin. Er war einzig für sie veranstaltet, aber sie machte sich nichts draus.

Sonntag, 13.
A[ugsburg]. Na[chmittags] Aichers. Ich lasse Recht schau-spielern. Richard III. Er nützt seine Bösewichtgesten ab, rapid. Ich sehe auch die Grenzen seines Temperaments. Ein-mal lehnt er es ab, ein Messer in die Hand zu nehmen (auch ich hatte eins): er ist feig. Mar erzählt trübe Geschichtlein im Bett. Einmal, als es ihm schlecht ging, fing er an zu stehlen. Er stahl überall, wo er hinkam. Bei ihren Eltern, ihrem Bruder usw. Ja, er brach sogar bei ihren Eltern ein (in den Schrank).

Jetzt ist er wieder irgendwo verkracht. Er hatte aus einer Firma, wo er die Prokura hatte, Geld gestohlen, glatt aus der Kasse und auch sonst, und jetzt drohte er, wenn man ihn anzeige, die unsaubern Machenschäftchen der Firma anzuzeigen. Das alles tut er für die Frau, die ihm sagt, sie ekle sich vor ihm. Jetzt war sie zu ihrem Bruder gefahren, und der hatte doch nicht mit R [echt] gesprochen. Sie sagte es ihm selbst. Sie wolle nicht heiraten vor dem Sommer und er müsse woanders schlafen und Szenen hülfen ihm nicht. Da versprach er, klein und mutlos, alles, was sie von ihm wollte, und lief hinaus und weinte draußen. Und er liebt Machiavell. Aber dann ließ sie ihn die Nacht noch dennoch bei sich schlafen, er tat ihr nichts, und sie wollte nicht alles auf einmal tun, er tat ihr leid.

Montag, 14.
Wir sind die ganze Nacht zusammen. Sie ist anders geworden. Nun hat sie etwas Kindliches, Unsicheres, kleine Gebärden und ein atemloses Stimmchen mitunter. Einmal kann ich sie nicht nehmen, muß sie lassen, und da lacht sie, ganz leis und glücklich, und lacht mich aus. »Das ist gerade recht, das ist gut, daß du nicht immer kannst, ich habe schon abgenommen. Das ist sehr gut.«

Dienstag, 15.
Jetzt arbeite ich tapfer an den ›Seeräubern‹ mit Cas. Es ist für die Marianne. Wir machen ganz innerliche Sachen. Es ist viel von der Bi drin. Leben einer Frau. Wächst auf [in] der Savanne und wird geschleift über alle Meere.

Donnerstag, 17.
Georg-Kaiser-Prozeß. Er hat kindliche Sachen gefingert, weil seine Frau und seine Kinder Hunger hatten. Jetzt hält er papierne Reden und spreizt sich wie ein Pfau im Glanz seiner Dichteritis. Stellt seine ganze Produktion als Nervenkrankheit hin. Wundervoll die Frau, verhärmt aber ruhig, behandelt ihn

wie ein Kind. Der Gerichtshof verblüffend großzügig und höflich!

Freitag, 18., und Samstag, 19.
6 [Uhr] abends bis 9 früh Marianne im Kraal 3. Dann Siebentischwald. Dort Kaffee.

Sonntag, 20.
Na [chmittags] Recht, Aichers, Ma im Parkhäuschen. Gestern abend schon bei Aichers ist Ma so frech, raucht meine Zigaretten weiter, bietet mir Schinken auf ihrer Gabel usw. Heut spielen wir Fangen, ich bremse. 10-10 [Uhr] im Kraal 3.

Freitag, 25.
Filmpläne spuken. Neue Geldtheorie: bequeme, elegant geschnittene weite graue Hosen, hochgezogen; weicher zerdrückter Hut, vorgestrecktes Gesicht, etwas scharf; Gelassenheit bis zur Verwegenheit – aber Respekt vor Materiellem, das nichts ist als sichtbar gemachte Arbeit; überall auswerfen, raffen, vervielfachen; für Freunde, Unternehmen aller Art. Aber mit der linken Hand; hartes Gold scharren. Auch im aufgeweichten Boden. Gold waschen. Aufhäufen, investieren, rollen lassen, immer vom Mittel absehen (das Gold ist), auf Menschen hinsehen, die müssen arbeiten, faulenzen, Dummheiten machen können. Kein Ehrgeiz: was jener machen kann, soll er. Ich muß nicht die beste Wurst geben.

Oft denke ich an die Marianne, die im Auto fährt, wenn sie will. Sich Pelzmäntel schenken läßt, Ringe, Kostüme. Für sich selbst. Soll man sie herausholen? Ich kann sie nicht bezahlen und nichts für sie. Und was bin ich? Ein kleines, freches Knäuel, man sieht mein Gesicht noch nicht, ein kreditiertes Versprechen, und was kann man wegbeißen? Kleider, Seife, helle Wohnung, Theater, gutes Essen, Musik, feinere Gefühle, Faulheit, Achtung der Leute, Reibungslosigkeit, Reisen,

Schönheit, Jugend, Gesundheit, Kunst, Freiheit? Und das alles
.in den Dreck geschmissen, um einem physiologischen Trieb zu
gehorchen, der, befriedigt, versiegt! Oder weil ich gut zu sein
scheine, der ich mich immer ändere? Man bei mir hell wohnt,
Theater hat, lieber ißt, Musik fühlt, stark fühlt, für was
arbeiten darf, Achtung hat, Abenteuer hat, keine Reisen
braucht, dann Kraft, Frische, Neues, Vertrauen hat? Was alles
nicht sicher ist . . .

Und ich kann nicht heiraten. Ich muß Ellbögen frei haben,
spucken können, wie mirs beliebt, allein schlafen, skrupellos
sein.

Abends 7 bis morgens 9 Marianne im Kraal. Ich lese ihr die
Totenmahlszene aus der ›Sommersinfonie‹, und sie meint, die
könnte sie spielen. Auch ich meine es. Aber nachts, im Bett,
kommt mir eine Idee; das Stück schließt so: Die Frau ergibt
sich und bleibt bei Tauli, dem schlechten Mann. D. h., sie
übersteht ihren Zusammenbruch, sie überwindet ihre Schwäche durch Dogmatik, sie zieht alle Stärke aus dem Entschluß.

Samstag, 26.
Man sieht, was gefährlich ist: der Rest, das nicht Nachge-
wachsene, das Unverdaute und das Überbleibsel, das man
nicht mehr zwingt. Langsam verstopfen uns die nicht nachge-
rechneten Affären, die halbzerkauten Geschehnisse. Uns vergiftet das nicht Aufgebrauchte. Alles Begrabene schläft
schlecht. Die Erde, die uns helfen sollte, es zu verdauen, speit
es aus. Was nicht der Wind trocknete und der Regen
aufwusch, das wächst noch, und es vergiftet die Erde. Leichen
sind Angstprodukte. Die Angst bleibt. Warum kann man mit
den Juden nicht fertig werden? Weil man sie vierteilt, rädert,
foltert, anspeit seit tausend Jahren. Aber der Speichel geht aus,
vor der Jude ausgeht. Traurig, von durchschüttelnder Bitter-
keit sind die gewaltsamen Geschehnisse, gegen die wir, lügne-

rischerweise, das Tragische erfunden haben. Wo immer dem
Geist das Maul gestopft wurde mit Erde, da fehlte ein Schreien
hinfort durch die Jahrhunderte. Da wurde der Kelch abgelehnt, und die Tragödie geschah nicht (und wurde nötig).

Sonntag, 27.
Helle, sonnige Tage, ich komme wieder in Form. Immer noch
voll Läusen, aber widerstandsfähiger. Der Pogrom naht. Auf
allen Linien Ordnung, aber unter welchen Opfern! Marianne
denkt nicht mehr daran, Recht zu heiraten, sie heiratet jetzt
mich; Gott wird wieder zuschauen, und Asien bleibt unberührt. Aber wenn ich mich in die Schale zurückziehe (und
Eisluft abfließt), fällt sie um und hat blaue Hände, kann nicht
mehr heran. Sie murkst einen falschen Ton heraus bei Aichers,
wie ich schon stundenlang gelitten habe, ich retiriere, wir
laufen verschwiegen heim (zu ihr), söhnen uns aus, scheiden
vernünftig, da es zu spät ist, sie morgen Probe hat – und dann
sitzt sie oben und läuft auf den Balkon, ob ich nicht zurückgetoggenburgert bin, auf dem Randstein pfeife. Verfaßt einen
Brief, es stimme was nicht, sie falle zu leicht um, und ruft an
am andern Mittag.

Montag, 28.
Da schwimmt so viel in dem Flüßlein. Otto beweist mitunter,
wie angefault sein Geldbegriff ist, er hängt am meisten davon
ab. Orge darbt, ich gebe ihm 300, von der Sparkasse weg, er
behält nur die 200, die ich ihm schuldete, und Otto nimmt,
ohne zu fragen, die andern 100. (50 mehr, als er zu kriegen
hat und braucht, obwohl er nur bei O[rge] über mich herum-
schimpft. Aber damit bemäntelt er so was...) Und Orge hat
nichts, und ich habe 120 Schulden bei dem fremden Klette.
Das Budget stimmt ja allerdings nie. Aber Otto, der keine
Frau kriegen kann, ich habe für ihn mit der Reutter und der
Günzburger gesprochen, zieht los gegen die Marianne und
zotet dabei wie ein Schwein. So daß Orge nicht an dem Film

mitarbeiten will, den ich für Stuart Webbs machen soll, weil
ich der Marianne eine Rolle drin geben will (nebenbei). Orge,
der alte Schullehrer, ist gegen die Zahl meiner Frauen und
fühlt sich wegen jeder Stecknadel, um die man ihn bittet,
ausgenützt. Und eifert auf Cas und auf Otto, andauernd
verschnupft. Und an der Verderbnis all dieser Kinder bin ich
schuld. Ich bin der Politiker, das merkantile Biest, der
Betriebsrat, der Reformator! Und er ist der Heilige auf der
Hundepolizei, der Weise von der Klauckevorstadt, der große
Asket. Er sagt mir selbst, daß er das Fannerl nicht nehmen
konnte (er nennt das bei mir: den Cesar nicht baden konnte),
weil sie einmal die Menses hatte und er einmal nicht konnte,
und jetzt verkündet er das Dogma von der unberührten
Orange (wird besser vom Anschaun, bleibt so nur die alte!) Er
ist rachsüchtig und leugnet es. Er wollte dem B. T. nicht die
Giftzähne ziehn, als es noch was kostete. Da ließ er sich von
ihr ins Maul schiffen. Aber danach, als er in Asien saß und sie
schutzlos war, da mußte ein teuflischer Plan ausgeheckt werden, sie auszurotten. (Daß Meyer und Co nicht ins Maul
geschifft wird!) Aber mir sagt er: »Einmal hast du sie hauen
wollen, und da konnte ich nicht. Fannerl hätte die Hiebe
gekriegt. Dann wollte ich, weil Fannerl fort war, und da wolltest du nimmer. Warum? Weil du Bücher vom B. T. entlehnen
wolltest!!!« Er glaubt nicht an die Idee! Und Otto, der alles
wüßte, tut nichts, ihn davon abzubringen. Er braucht das. So
beginnt die ganze Villa zu stinken, und es geht kein Wind!

März

Dienstag, 1.
Der Webbsfilm wird nicht geboren (15 000 Mark), aber Ma ist
da von 8-8, und es ist sehr schön. Es wird Frühjahr im Kraal.

In M[ünchen] wartet Cas, der Cerberus. Wir balgen uns mit
Stuart Webbs. Ich bin saumüd. Cas hat Bretter vor dem Köpf-
chen.

Seit ›Galgei‹ bin ich fast unüberwindlich in der Kabale. Aber
diese Maschinensache! Dann finde ich was: das drehbare Bordell mit der honetten Visage. Wenn man Gold scharren
könnte! Wenn es klappt, noch 2 oder 3 Filme für Webbs.
(Beginn des Gentlemanfilms!) Die drei Flibustierfilme für
Marianne und dann Schluß damit! Im Frühjahr den ›Galgei‹.
Ein paar Balladen im alten Stil, von den Orgeliedern!

Mittwoch, 2.
Vorm[ittags] mit Cas über dem Webbsfilm ›Die drehbare
Weinbude‹. Cas verrichtet Hebammendienste und übernimmt
auch gleichzeitig das Stöhnen. Er hat die Wehen, ich habe das
Kind. Mittags kommt die Marianne. Wir sind im Zoo, wo ich
von Sonne, Affen, Tannen und Emus (schwarzen Vögeln mit
dünnem Hals, dickem Bauch, großen sensiblen Augen und
einem blutroten Schlund, in dem ein roter Spagat die Schna-
belhälften zusammenhält) starke Eindrücke bekam. Die
Nacht geschlafen.

Donnerstag, 3.,
in der Frühe, an Mar, eine Strophe im Kopf:

Das war die arme Marianne
Die bessere Tage sah

An ihrer Wiege sang ihr
Keiner Amerika.
    und
Wenn immer aber sie bekümmert war
Sie sprach: In meiner Kindheit Zeit
Mein Vater war in der Seemannsbar
Und meine Mutter war weit!

Dann, nachdem ich M [arianne] in den Zug gepackt, laufe ich zu Cas, höre eine Stunde Kehrers Kolleg über Cézanne, esse in der Studentenküche, diktiere Klette ›Das Geheimnis der Weinbude‹ für Stuart Webbs, womit ich sehr zufrieden bin. Und besuche abends den kleinen Zarek, der krank ist, Gebärmichel der Kammerspielchen, der Lustknabe des Gummihändlers (Neuhofer), der mit Präservativ onaniert. Ich nehme den ›David‹ mit, da er ziemlich »nett« ist und mir alle Pflanzen gefallen. Welch ein Papier, halb verkohlt vor »Glut«, es krümmt sich noch, rollt sich, bäumt sich, täuscht Leben vor ... Wie ich in die Klappe falle, filmt die Stubendecke ›Das Mysterium der Jamaikabar‹.

Samstag, 5.
Frühjahrswetter. Ich lese (nur bei Mahlzeiten) Döblins ›Wallenstein‹. Schade, daß soviel Hysterie und Kraftmeierei drin steckt und hier soviel Äußerlichkeiten in kolossalischem Stil aufgemacht sind! Dieser Barock! Dieses (parteilose) Panorama! Welch eine gefährliche (ideologische) Sache: diese scheinbare Demokratie der Darstellung! Und alles so dick, Farbenwürste, und alles so überbetont, feuilletonistisch herausgeputzt und von außen gesehen! Der ›Wadzek‹ ist unvergleichlich wirksamer. Im ›Wadzek‹ war der Stil eine Lupe, man sah erst so was. Im ›Wallenstein‹ ist es Fensterglas, und man sieht Falsches. (Denn nichts ist so, wie es aussieht – durch Fensterglas!)

Nicht auf die Taten der Menschen achten, nichts auf ihre Meinungen geben! Beide können falsch sein. Was mit den Menschen geschieht, das geht auf keine Kuhhaut. Laßt mich zufrieden mit euren Irrtümern! Soll ich sehen auf den Unterschied zwischen Meier und Schmidt? Mir die Augen verderben? Eine Frau läßt sich würgen von einem Mann, verkaufen ins Lotterbett, beschimpfen, läßt die Eltern mißhandeln, bestehlen, läßt den Mann hochstapeln, Schränke erbrechen, vor begaunerten Geschäftschefs winseln um Gnade und schläft mit ihm, ohne ihn zu lieben. Sie läßt sich nehmen von dem Kerl, dem sie der Mann hinschmiß, Jahre danach noch, wiewohl sie fast draufging, wie sie sagt, sie treibt das Kind ab, sie zotet herum, sie läßt den Vergewaltiger »wenigstens« für sich arbeiten, sie läßt sich, schon liebend, von schmierigen, frechen Burschen herumziehen, abküssen, duzen, sie ist nett zu dem Mann, weil er geht, sie schläft mit einem üblen jungen Burschen, der den Pagen spielt, sich vor dem Mann kuscht, den er betrügt, dessen Qualität er kennt, sie läßt sich von ihm Riechwasser schenken, schon liebend, von dem er sagt: alles, was er habe, rieche danach. Und, doch, wiewohl das alles wahr ist und niemand weiß, was sie noch tut, ist sie eine gute Frau, kindlich und zuverlässig und in nichts den andern zu vergleichen.

Abends ist Mar mit Recht im Theater, ich laufe heraus und treffe Recht im ›Maxim‹. Dann geht er, ins ›Lamm‹, und bittet mich, die M[arianne] zu schicken. Er kriecht bucklig in den Mantel, als sie kommt. Sie setzt sich zu Cas und mir, er tritt her: »Gehst du mit? Ich kann hier nicht im Mantel herumstehen.« Aber sie bleibt sitzen: »Dann komme ich nach.« Er, wütend, ab. Nach einiger Zeit bitte ich sie, ihm zu folgen, und sie sagt, lächelnd, aber geheim bitter: »Und du schickst mich fort!« Wir gehen zusammen. (Ich schlage ihr vor, wir verabschieden uns im Lokal, sie geht voraus – sie lehnt ab.) Dann hatte sie uns mit hineingenommen, ins ›Lamm‹, aber ich wollte nicht. (Fiel andauernd durch –) Ging dann mit Cas ihnen nach, strolchte um ihr Haus. Ihr Fenster blieb immer dunkel. Sie liefen wohl lang herum. Und er hat einen Stockdegen, seit er nimmer bei ihr schläft.

Sonntag, 6.
Einiges mit Cas geredet. Er macht nichts mit der Natur. Sie ist zu schlecht, sagt er. Er hat noch Flandern. Aber die alten Bestände überschwemmen seine Bilder. Er muß vorn anfangen. Gesichter malen wie Stilleben, Landschaften wie Gesichter und nicht die Wände von Gefäßen, sondern ihren hohlen Raum. Er malt immer Dinge, die schon romantisch sind.

Montag, 7.
Ich habe Schnaps getrunken und schreibe in Hemdsärmeln, sitze unter dem roten Lampion. Obwohl es kühl ist, aber man lebt nur einmal. Erst wenn man getrunken hat, ist man zurechnungsfähig. Vielleicht mache ich doch den ›Galgei‹ einmal, dem sie ins Gehirn schiffen, Schnaps, und er wird eine Bedürfnisanstalt wie alle.

Ich habe ›Franziskas Abendlied‹ und ›Der Taler‹ für Marianne zur Gitarre gesetzt. Das machte mir Spaß, und vielleicht hilfts ihr noch einmal.

Dienstag, 8.
Früh die ›Ballade vom verliebten Schwein‹ gemacht für Recht. Mittags München, Klette ›Mysterium der Jamaikabar‹, I. Akt, diktiert. Er hockte, offenen Mauls, da, hatte am Schluß Kopfweh, hatte nichts getan. Pfannkuchen, Bi. Bahnhof. Da steht, am Wagen, Recht und Marianne. Ich gehe hin, überrascht, steige dann ein, höre Wortwechsel: »Was erfrechst du dich denn? Wie behandelst du mich? Ich gebe dir Ohrfeigen rechts und links. Du bleibst da.« Sie steigt ein, er zieht sie zurück, sie bittet mich, ihr zu helfen, ich helfe ihr, sage: »Lassen Sie das!

Fahren Sie eben mit!« Er fährt mit. Ihr ist übel. Sie sagt: »Geh
nicht weg heut!« Er sitzt dann drinnen bei ihr, grinst unheim-
lich, schlägt an seinen Stockdegen. Sie lächelt mühsam. Ich
rauche, verbreite eifrig Ruhe. Schlage vor, sie soll zu Aichers.
Wir fahren hin, im Auto. Er bittet mich, wegzubleiben. Ich
sehe Marianne an, fahre mit. Er kocht. »Bisher habe ich mich
beherrscht, fahren-Sie-nicht-mit. Ich stehe für nichts ein.«
Stille Fahrt. Sie sieht vergewaltigt aus. Dann Aicher, leichenblaß, mit aufgerissenen Guckern, schlotternd, wortelos. Recht:
»Gehen Sie heim, treiben Sie's nicht auf die Spitze! Wenn Sie
den Ritter der Dame spielen wollen, müssen Sie die Konse-
quenzen tragen.« »Ich trage sie ja. Was wollen Sie denn!«
Aicher: »Gehen Sie doch! Was soll ich machen? Gehen Sie
doch weg!« Recht: »Gehen wir in den Gang!« Er macht die
Tür vor meiner Nase zu. Ich drücke ihn weg, ziemlich robust.
»Lassen Sie das! Sie sind ja verrückt!« Dann lache ich im
Hausgang. Aicher bittet mich dauernd, zu gehen. Recht
schreit, gepreßt: »Mischen Sie sich nicht in meine Angelegenheiten!« Marianne sagt, bebend: »Gehen Sie heim, ich will
aber bei euch schlafen, Rudi.« Und dann, als er zusagt: »Sie
unschuldiger, junger Mann!« (Sie spielt immer noch.) Ich gehe
weg. Später sind alle Fenster des Treppenhauses erleuchtet,
wie ich vorbeigehe.

Mittwoch, 9.
Bei klarem Kopf bin ich dafür, daß sie jetzt weggeht. Kein
Geld mehr annimmt, ihn nicht mehr hereinläßt, im schlimm-
sten Fall die Polizei zu Hilfe ruft. Wenn er schießt, schießt er.
Auf Aicher ist kein Verlaß. Ich kann wenig oder nichts
machen, da ich kein Geld habe. Aber sie kann noch einige
Monate leben, so viel Geld, Schmuck usw. hat sie, dann mit
ihren Eltern nach Österreich. In der schlimmsten Zeit nach
Berlin zu Hedda.

Mittags treffe ich sie. Wir fahren in den Siebentischwald. Ich
werfe ihr vor, daß sie R[echt] falsch behandelt, ihn ernst
nimmt. Und immer noch Geld nimmt. R[echt] rennt nicht
gegen Mauern aus Stein, nur gegen solche aus Gummi. Letzten
Endes will sie ihn besänftigen, er weiß es. Seine letzte Zuflucht
ist nicht der Stockdegen, sondern das Geflenne. Gestern hat er
sie gewürgt. Er droht andauernd mit Ermorden. Sie muß sich
eine Waffe verschaffen, sie ist ja ganz wehrlos. Wenn er gegen
sie angeht, muß sie ihn niederknallen wie einen tollen Hund.
Wegfahren hilft vielleicht besser, aber er kommt doch nach.

Von 4-7 Kraal. Das ist schön. Sie ist sehr lieblich im Glück,
jung. Bei Szenen altert sie und sieht verbraucht aus. Sie hat
soviel zu verbergen, was ihr Mühe macht. Da reden Kollegen
sie an: »Grüß Gott, Marianderl!« Und dann erzählt sie, sie
habe sie zur Rede gestellt deswegen, und die hätten ihr gesagt,
so würden sie vor mir immer sagen. Der Sekretär behandelt sie
schlecht, und da macht sie vor der Logentür laut Krach und
verlangt, er solle sich entschuldigen, sonst werde Recht ihn
ohrfeigen. Theatermanieren. Ich heirate sie aber nicht deswegen nicht. Sondern weil ich überhaupt nicht kann, frei sein
muß, schlafen muß. Und böse bin, ein Quartalsquäler. Und sie
stutzen die Nägel und kämmen einen und füttern ihn zu Tod
und schauen in seinen Schlaf und laufen mit in den Wald.
Zwiebeln nehmen sie für die Augen, wenn man frei sein will,
vergiften sich mit Bitterkeiten wie mit Morphium und servieren einem ihre Leichen zum Tee. Man ist der Schauspieler am
Suppenteller, es wird nur geklatscht, wenn man den Teller
abschleckt und den Koch besingt. Das Pissen wird einem
verziehen, weil man ein Schwein ist. Und das Schrecklichste:
Vom andern sieht man nur die schlechten Seiten, weil man
selber verbittert ist und Zähren im Aug hat und weil das
andere verbittert ist.

Donnerstag, 10.
Wenn wir gleich stille Gäste sind und versoffene Fische, so ist
doch allenthalben Unfriede um uns, und die Tiere verkriechen
sich unter die Tische und fletschen die Zähne. Wenn die
Kammer weißgescheuert und die Betten reinlich sind, so sind
in den Betten Seuchenkranke gestorben, und die Kammern
sind lang leergestanden. Wiewohl wir nichts sagen, so meinen
alle, wir hätten zuviel zu verschweigen, und man hat Angst
vor unsern Geheimnissen. Über die Felder kommen Mäuse im
gleichen Frühjahr wie wir, und wir haben das letzte Brot
aufgegessen. Man weiß nicht, was es ist, daß wir nicht beliebt
sind. Wir riechen nach Kalk . . .

Vielleicht mache ich die dritte Szene zum ›Galgei‹. Worin
einer geheuert wird, und es geht mit Papieren; das ist der Zeit-
geist. Wo die Dinge so verwickelt und dunkel werden, da muß
man sich mit Papieren behelfen, und das ist dann die Sicherheit. Papiere sind etwas Sicheres, schreiben ist mehr wie
handeln, es ist Platz zwischen Schreiben und Handeln, Papier
vervielfacht, vereinfacht. Man sieht, was es nicht gibt, Zahlen
hat, was unzählbar ist, zwischen Zahlen kann man wählen, sie
haben keine Leidenschaften, keine eigenen Köpfe. Siehe, er
unterschreibt ein Papier, und da steht Pick, das ist er, das
Papier gilt nur für Pick. Jetzt ist er Pick, noch in Galgeis
Hemd und Kleidern.

Ich glaube, wenn man die beiden trennt, fließt doch Blut. Da
ist dieser Affenblut speiende Pappendeckel, der Napoleonimi-
tator mit dem Stockdegen und der Selbstverstümmelung. Und
die Frau, der Fetisch, die seine Schiebungen segnet, seinen
Mord verzeiht, ihre Mutter mißhandeln läßt, mit ihm schläft,
ihn anlügt, aus Angst, sich würgen, sich Hure schimpfen und
sich aushalten läßt. Er stiehlt, er bricht ein, sie bittet um einen
Pelzmantel, während sie schon bei mir schläft. Und ist andrer-
seits kindlich genug, sich ein Kind machen zu lassen, zu

weinen, wenn es nicht kommt, mich zu küssen, wenn ich ein
verwirrtes Gesicht habe, mich festzuklammern, in rührendem
Impetus. Ich aber laufe gleichgültig und trottend mit, mit glei-
chem Gesicht, im Bett genießend und ohne Verantwortung,
betrügerisch vielleicht, fähig, über meine Verhältnisse hinaus-
zustoßen, ziemlich kalt, ganz unpolitisch.

Nachts
Zuerst ist alles einfach, naiv, gesund. Der Zwanzigjährige
begreift den Kosmos. Er ist, wie er sein soll. Er hat eine natürliche Beredsamkeit und verwendet sie für einfache, starke Dinge. Das leicht Hymnische seiner Diktion drängt er ins Maß
durch derbe Zynismen. Oh, diese Sicherheit des Unbesiegten,
Tapferkeit des Beginners! Mit einem Mal ergeben sich Fehler
bei vollständig richtiger Rechnung. Die Dinge, wie sie sind,
verändern ihr Gesicht oder werden unerreichbar. O Blasiert-
heit des erstmalig Besiegten! Aber man muß den Baum politi-
sieren, da ist ein Mann, hetzen wir! Jeder weiß: ein Baum ist
ein Holz. Aber man wird müd. Das Spielen ist es nicht. Lügen
ist schön, wenn einem was einfällt. Dann gehen ihm Bedeu-
tungen von Beziehungen auf, es zeigen sich Geheimnisse. Wieviel geschieht mit dem Baum, wie ist das verborgen, wie
beherrscht er sein Gesicht, daß es gleich bleibt! Die Formeln
stimmen nicht, es waren Eselsbrücken, es war Sand in die
Augen. Von jetzt an verbirgt sich die Kraft, die nicht versiegt
ist, in den Werken, sie kriecht in die Widersprüche, sie läuft
gegen den Wind; die Geschwindigkeit verringert sich, der
Wind muß abgerechnet werden! Der Organismus organisiert
den Widerstand gegen sich selbst. Es sieht zwillinghaft dem
Abstieg gleich, es geht haarfein am Untergang vorbei. Die
Möglichkeit zur Synthese verringert sich galoppierend,
Krankheiten fallen in den geschwächten Leib, verwirren die
Lage. Ruhebedürfnis, formale Gerissenheit, letzte Bestände
von Übermut bringen die Gefahr feinster Verwüstung in die
unerhört überspannten Kompliziertheiten. Immer untergräbt

der Intellekt die Position. Der in hundert Schlachten Geschliffene, das grinsende Überbleibsel, der Liebhaber des Immernochdaseins gewinnt Lust am Schlagen, Stechen, Hauen, Parieren, schlägt sich in gleichgültigen Gebieten, wird Virtuose, vergißt das Heilige Land. Schon der Dreiundzwanzigjährige kämpft verzweifelt gegen die Eitelkeit. Verbissen leistet er den Verzicht auf Achtung, die aus Rentabilität gewonnen wird. Wütend findet er sich ab mit der Unklarheit seiner Formulierungen, da das Stoffgebiet, das einzubeziehen ist, ein so ungeheures geworden ist, verzichtet auf die geliebte Prägnanz zugunsten der Wahrheit. Er will nichts als den Torso.

David.
Während er wartet, auf der Mauer, ein dickes Fleischpaket, haarig, schwitzend, einsam, während er wartet, die Stunden vergehen, der Aufruhr wächst im Land rings, beginnt er, wieder in Zahlen zu denken, in Dingen und Notwendigkeiten, wie seit Jahren. Die Bauern brauchten Saatkorn und Rinder, die Ehegesetze mußten verbessert werden. Im Süden lagen die Hungernden den Höfen auf dem Hals, im Norden gab es keine Straßen, das Holz herunterzubringen. Sie mußten hinaufgebracht werden, mit den Kindern, den Weibern, allem. Mitunter blinzelte der gequälte Mann, über die Gipfel der grünen Bäume, dachte schnell an den Aufruhr, der sich da zusammenzog, im Süden irgendwo, der Zeitverlust und Menschenopfer bedeuten würde, verwischte es. Die Wasserleitung kroch zu langsam vorwärts, die Verträge mit den Phöniziern liefen ab. (Der Aufruhr wuchs im Land...) Viel zu viel Dummköpfe überall, geheime Widerstände, bösartige Verschleppung, Sabotage, Systemfehler. Man konnte nicht zur Ruhe kommen. (Der Aufruhr im Land...) Realitäten waren gut. Sie beruhigten, trotz alledem. Man konnte sich halten daran. Die Leute hatten zuviel und zuwenig Gesichter, sie hatten zweierlei Köpfe, zweierlei Füße, es war kein Verlaß auf sie. Machten sinnlose Aufstände, kostbar an Zeit und Mate-

rial. Wasserleitungen vergingen, zerfielen oder stimmten nicht, aber sie waren sichtbar, deutlich, reparierbar. Schafften Wasser in Tröge, murrten nicht, tranken nicht einmal selbst. Wußten, daß es das Beste war: Wasser in Tröge schaffen. (Der Aufstand ...)

Freitag, 11.
Gestern nacht hat sie gewartet, während ich schlief. Sie meint, sie könne sich R[echt] verekeln. Aber das macht sie ganz falsch. Übrigens bleibt die Periode aus. Jetzt ein Kind, das wäre nicht sehr schön. Aber es freut mich doch, ich bin ein vollkommener Idiot.

Orges Position wird sicherer, und er hamstert Vorräte an Erfahrungen. Meine Erfahrungen, wegen beständiger Umzüge ins Freie geworfen, verfaulen und werden gestohlen. Er hat schon eine Art System. Wird bald wieder Hierarchie haben. In seinem großen metaphysischen Theater spiele ich immer die Rolle des Bösewichts. Ich bin der Politiker, der Intrigant, ich verderbe Jünglinge und fresse junge Weiber. Was ich auch tue, er sucht und findet Politik darinnen. Ich mache schon instinktiv Politik, pisse aus Berechnung, wasche mich, um Eindruck zu machen, unterhalte mich, um Vorteile zu erringen. Er hat das Fannerl, es ist schlechter Geschmack, eine Nippsache in winzigem Format, hier investiert er aufgestapelte Güte. Er hat sie nicht ganz, auch hier klappt es nicht, es sind schwache Punkte da, es gibt was zu verbergen. Er wittert, sie wird nicht für voll genommen, man wittert, sie nehme ihn nicht für voll. Er riecht Widerstände, Vergleiche, das ganze alte System der Rangunterschiede. Aber es ist nur das: daß sie ihn verdirbt. Da ist der Magistrat, Orge ist versöhnt, jede Beschäftigung ist gleich gut, ich aber faulenze. (Vergessen, daß Arbeit nicht gut ist. Weil jede Arbeit gleich gut ist!!!) Da ist ihre Jungfernschaft. Gut. Man hat, was man nicht nimmt. Er fühlt sich geschoben zu etwas, das ist Natur, aber er fühlt, ich schiebe mit. Ich bin der Fresser, der Plumpdenker, der Verwüstling. Hinter mir wächst kein Gras mehr, er hört es. So laufen wir auseinander.

Die Nacht ist Marianne da. Es ist wunderbar, aber die Periode kommt nicht. Es würgt im Hals, es würgt etwas im Hals. Ich hatte es vergessen, bei Gott, und jetzt pfuscht wieder der liebe Gott darein! Nun, ich lache und bin gut zu ihr. Sie lacht auch.

Samstag, 12.
Vorm [ittags] habe ich einiges im Kopf, aber mittags erhebe ich mich und sehe: das Meer. Komme es, wie es mag, aber am Ende: das Meer! Mag es mir schlecht gehen, aber: allein! Ihr Leib ist besser als irgendeiner, sie ist stark und kindlich, eine gute Mutter, sie kann nicht leicht kaputtgehen, sie hat Recht vier Jahre lang ausgehalten und ist vergewaltigt worden und fast zugrund gerichtet durch einen Abortus, oftmals gewürgt, viele Male geliebt und immer gerettet worden. Sie ist noch nicht dreißig, sie ist schön und klug, und sie fügt sich. Sie hätte immer von Recht wegmüssen, sie braucht ein Kind. Es ist häßlich, wenn ich weggehe, aber was soll ich bei ihr, ich verdiene kein Geld und bin nicht gut und will mein Hemd auf dem Leib haben und mag Verträge nicht.

Nachts kommt sie herunter, R [echt] hat sie heimgebracht, ist schwankend vorbeigegangen an mir, blind, wie besoffen (jetzt riecht er mich). Ich lasse sie nicht heim, wo er hinkann, nehme sie in den Kraal, mache Feuer, schichte ein Bett auf die Chaiselongue. Sie schläft im Bett.

Sonntag, 13.
Nun kriege ich ein Kind von der schwarzhaarigen Marianne Zoff, der braunhäutigen, welche in der Oper singt. Ich knie mich auf die Erde, weine, schlage mir an die Brust, bekreuzige

mich zu vielen Malen. Der Frühjahrswind läuft durch mich wie durch einen Papiermagen, ich verbeuge mich. Mir wird ein Sohn geboren werden. Abermals.

Ich liege mit Kra[mer] auf den Wiesen am Bismarckturm. Das Gras ist noch gelb. Vögel gehen rauschend darüber. Kra[mer] sagt: »Entweder eine Mutter oder eine Hure.« *Ich* sage es nicht. Nachts die Sterne!

Montag, 14.
Gold scharren! München. Ich diktiere Klette. Er frißt wie ein Huhn, schluckst, glotzt, macht schlapp (mit Fressen). Abends Bi bei Otto. Wir mimen Wahlredner. Sie klatscht kindlich. (Bi hat einen Scheidekatarrh ...)

Die Hedda hat 300 Mark geschickt, daß ich nach Berlin fahren kann. Aber jetzt habe ich den Herzenswunsch, zu hören, was ich mit Mar zu tun habe. Sie ist eine Frau. In Berlin habe ich eine Frau.

Dienstag, 15.
Mit Otto [nach] Starnberg geradelt. Blau, grün, warm. Kahnfahren. Abends zurück, Gold scharren. Ich falle, allein gelassen, in die Klappe.

Mittwoch, 16.
Vier Stunden Klette diktiert. ›Das Mysterium‹ wächst. Bekomme ich in die Hand 5000, bin ich über den Berg. Schwinge ich mich, lachend, in Ätherhöhen. Ich stürze mich in Arbeit; ich fühle *über*morgen; ich schlachte mein Huhn.

Es ist immer sehr schön himmelblau. Süße Beerchen hängen einem ins Maul. Aber die schwangere Frau und der Herr mit dem Stockdegen! Pst! Ich schlachte mein Huhn.

In der Sonne hinter der Infanteriekaserne. Keine Periode. Sie hat eine hübsche gestrickte Jacke an. Gestern war ein so schöner Tag. Sie hat Geld hinausgeworfen. Ich verfinstere mich: »Ich bedaure, daß ich kein Geld habe zum Hinauswerfen, ich bedaure, daß du eines Andern Geld hinauswirfst. Nimmst du's, um zu essen: gut oder nicht gut, aber vielleicht nötig. Aber für Blusen! Mit meinem Kind? Ich habe kein Geld. Du mußt dich beherrschen, ich kann es nicht. Wir sind arm.« – Dicht beieinander, hart in der hellen Sonne: das Nichts und der Film. o oder 100 000. Die schöne Frau, das gesunde Kind, Sommer, Tätigkeit. Oder Elend, dreifach, Schweiß, Schmutz. Die Tage verrinnen, das Kind wächst.

Abends singt sie in ›Cosi fan tutte‹ die Dorabella. Ihr Spiel ist sehr schön, ruhig und graziös, und sie singt leicht trällernd, lerchenhaft. Ich gehe still heim.

Donnerstag, 17.
Sie sagt, wenn sie ihren Schmuck hergibt, können die Eltern ein Gut kaufen. Dort kann sie sein, aber nur, wenn sie verheiratet mit mir ist. Sonst ist sie nur geduldet, und das kann sie nicht. Also müßten wir heiraten. Aber das kann *ich* nicht.
Sie ist die Nacht da.

Freitag, 18.
Da ist der Film von Hanna Cash. Im letzten Teil, die Mannschaft ist betrunken, liegt im Bauch des Segelschiffs, läuft sie die Stiegen herauf, es ist gegen Abend, niemand ist auf [dem] Verdeck, und das Meer ist grau und verregnet, man sieht nicht mehr weit. Sie läuft auf die Kommandobrücke, wo, der Reihe nach, viele Männer gestanden hatten, hintereinander, einer nach dem andern, der Soldat, der Kaschemmenzuhälter, der Neger. Zuerst der Soldat, als letzter der Neger. Aber jetzt steht niemand mehr oben. Sie schaut also hinunter, ins Wasser, zitternd etwas, etwas auch neugierig, und das Wasser ist grau,

schrecklich, verregnet. Es ist der letzte Abend, ihr letzter
Abend auf dieser Welt, und es ist das Wasser des letzten
Abends. Sie zittert etwas, sie läuft fort, sie zittert, sie läuft
zum Steuer hin, wo keiner mehr steht, und da geht etwas
durch sie wie eine freie Ordnung der Gliedmaßen, und
nachdem sie nicht mehr verwirrt ist, noch zittert, läßt sie sich
ruhig nieder am Steuer, blickt nach vorn, wo man nicht weit
mehr sieht, und das Schiff hebt sich und senkt sich, das geht
lang so, Stunden, Stunden, es wird Nacht, und es geht auf und
ab, man sieht es undeutlich, alles sieht man undeutlich, es
schwimmt im Regnerischen, Grauen, Schrecklichen, das Wasser ist schon um und um, man sieht fast nichts mehr, nur etwas
Graues, Verlorenes, Schattenhaftes: es geht auf und ab und ab
und auf...
Das schreibe ich neben ihr, und sie schläft.

Montag, 21.
Ich habe gestern den ganzen Sonntag über dem ›Orangenfresser‹ gesessen, er ist fertig geworden. Jetzt stecke ich tief im
›Mysterium der Jamaikabar‹. Diese Intrigen sind so sau-
schwer, ich gehe immer dabei, aber davon werde ich
verdammt müd, und dann falle ich zusammen, und es filmt
immer weiter. Ich gehe noch um den ganzen Globus herum
mit lauter Filmen. Und von gestern auf heut ist die Marianne
da, sieht aus wie von Gauguin, lacht, weil sie ein Kind kriegt,
lächelt dazwischen: »Vielleicht geh ich zum Arzt, wegen dem
Engagement, und ich habe mich mit R[echt] versöhnt, weil
ich wegen dem Kind doch bis Juni bei ihm bleiben muß; habe
ihm gesagt: daß er sexuell nicht normal sei, mir nie etwas
geben konnte.« Und, von Filmen verschüttet, denke ich dagegen: »Sie schwankt. Sie trägts nicht. Ich habe sie zum erstenmal
sexuell befriedigt. Romantik brach aus. Sie trägt's nicht. Und
dann wird sie alt.« – Ein Kind ist etwas Positives. Aber Ketten
drücken und Armut entfleischt. Und ich habe die Hände nicht
frei. – Einmal denkt sie: »Ich gebe es her.« Dann: »Ich heirate

Recht.« Und wenn sie bei mir liegt, lacht sie. Sie sagt: »Du kannst nicht leben ohne mich.« Und: »Jetzt habe ich ein Kind von dir. Jetzt hast du mich.« Und ich denke: »Tahiti.« Ich sehe immer Wasser. Darin ertrinkt das Kind. Ich nahm sie nur, wenn sie ein Kind wollte. Jetzt muß sie's wollen. Ich lasse sie. Jetzt nicht schieben! Nicht mehr: bessern wollen! Bin ich ihr Heiland? Ich helfe ihr. Aber ich sitze nicht bei ihr, fett zu werden.

Aber: wie immer es kommen mag – ich bin ein kleiner provisorischer Punkt, eine schwache Sache, die nicht viel aushält und der es gut gehen muß, und ich darf mich nicht durch Wirklichkeiten hier ansiedeln wollen. Wenn sie zwanzig Filmfabriken um mich aufbauen, weil mir die Taube mitunter in den Kopf scheißt, wenn sie an den Fingern schnullend auf mich warten an den Wänden, ich brauche nicht zu kommen, wenn sie begraben werden auf allen Gottesäckern des Kontinents, ich muß keinen aufwecken, und das verzweifelte Hupen der geschädigten Aktionäre weckt mich nicht aus meinem Schlaf und beweist nichts gegen meine Schwäche. Ich habe schon ein Kind, das unter den Bauern aufwächst, mag es dick werden und weise und mich nicht verfluchen! Aber jetzt reißen sich die Ungeborenen um mich!! Alles lieblich laufen lassen und sich trollen, das geht, wenn einem nichts mehr lieber ist.

Man darf nicht gegen die Natur jammern. Der Gaurisankar ist nicht mein Feind, weil ich nicht hinaufkomme! Mitunter scheint mir der Impuls, mit dem ich das Leben fasse, schwach, und ich schwimme nur, weil ich im Fluß liege. Also werde ich geschwemmt. Aber dabei sehe ich viel.

Der die Gestirne läßt und die Erde ausspeit
Er verzichtet nicht

Auf den bitteren Geschmack
Der übrigbleibt.

Dienstag, 22.
München. Klette. Ein unsauberer Hundertmarkmann! Er nimmt Geschenke: von der Firma Prozente, gegen die er seinen Klienten, Ottos Onkel, vertritt. Als Kritiker bekommt er für Statistendienste 100 M pro Tag. Für Vertreiben will er die Hälfte. Usw.

Na [chmittags] liege ich mit der Marianne im Grieslewildwest. Die Maorifrau im braunen Steppengras, und dann singt sie Brahms' ›Feldeinsamkeit‹, ich hörte nie schöner singen. Vielleicht heiratet sie Recht. Sicher behält sie das Kind. Ich sage ihr: sie soll.

Mitunter habe ich Appetit auf Sätze, die hinausgeschleudert werden, auf die verrückten Genüsse des Wortfleischs und die raffinierte Andeutung der Bühne, ich, verheert vom Film.

Mittwoch, 23.
Helle Tage. Sie soll das Kind kriegen. Recht heiraten. Aber jetzt schreibe ich Filme, jetzt versuche ich es, ihr ein Dach zu machen. Sie sagt: »Ich bin wie du. Ich bin von einem zum andern gelaufen. Ich bin eine Zigeunerin.« Und sie meint: ›Ich brauche einen, der anders ist. Einen, der mich hält, daß ich nicht laufe. Keinen Zigeuner, du!‹ Aber ich denke anderes: sie muß umlernen. Es gibt kein anderes Halten als durch ein Gesicht. Das ist keine Bindung, die nicht über Länder geht. Das ist keine Liebe, die nicht ist ohne Gegenliebe. Mit Händen, das ist kein Halt. Ein Dach aus Holz: dadurch regnet es. Und wo kein Regen ist, da ist Schlimmeres. Wer nur schwimmen will im Sommer, für den fließt das Wasser nicht. Und der nach unten will, den kann man nicht halten. Ein gutes Gesicht ist besser als eine gute Tat. Freilich: das Sichere ist leichter als das Unsichere. Aber das Sicherste ist der Tod.

Gestern habe ich sie vom Theater geholt, ich war müd zum
Umfallen, von dem Filmschreiben, und ich hatte na[chmit-
tags] bei ihr gelegen, auf dem Sofa, ich war zum Umfallen und
brachte sie zur Tram, und da wollte sie mich hineinziehen,
lachte, ich fühlte den langen, heißen Druck der schmalen
Hand, ich schüttelte den Kopf, lachte, blieb stehen, sie fuhr
fort, ich fühle noch den Druck ihrer Hand. Heute kommt ein
Dienstmann mit einem Brief: Sie will Recht heiraten, mich
nicht sprechen. Es ist Rebellion in mir, ich schwanke, würge es
hinunter, setze mich, warte. Dann schreibe ich am Film weiter,
dem unnützen Film. Sie muß kommen.

Aber unter der Beleidigung
Überschüttet mit Anklagen
Ging er schwerfällig weg
Und reinigte sich nicht
Noch hob er die Hand gegen Steine.

Sondern er ging leichter unter den Steinen
Und hob keine Hand
Und der Beleidigungen schienen ihm zu wenig
Da er nun wußte:
Wie er war.

Sie kommt nicht. Es sind 100 Bilder, der Film ist also halb
fertig, ›Der Orangenfresser‹ ist ganz fertig, 190-200 Bilder.
10 000 M hat Klette für den ersten verheißen, davon bleiben
vielleicht 6000. Und sie kommt nicht. Ich habe ihr gesagt:
»Laß mir 3 Monate!« Sie läßt sie mir nicht! Sie läuft unter ein
Dach, mit dem Schwein. Ich hoble die Bohlen schon, ich
arbeite wie ein Verrückter, nächste Woche sind 3 Filme fertig,
und sie heiratet. Ich will vielleicht Tahiti nicht aufgeben, sie
hat vielleicht keinen Mann dereinst, aber hat sie einen Mann,
wenn sie Recht hat? Und das Geld kann ich ihr geben; kann

ich nicht? Ich kann nur Papier vollschreiben. Ich will 4 Wochen lang alles versuchen, sie zu retten, herumlaufen, betteln, verschleudern, was ich habe. Sie läuft einfach fort.

Abends trinke ich mit Cas und philosophiere darüber, ob man in vier Wochen soviel zusammenschmieren kann, daß man ein paar Tausend herauskriegt, was ein Schieber an einem Vormittag macht. Soll eine Frau hinunterschwimmen wegen Geld, das fehlt und schon morgen da ist, nur weil sie Angst hat und im Rettungsboot schlafen will, obgleich alles in Ordnung ist! Freilich, ich will Timbuktu und ein Kind und ein Haus und ohne Tür und will allein sein im Bett und mit einer Frau im Bett, die Äpfel vom Baum und das Holz vom Baum und keine Axt führen und den Baum mit Blüten, Äpfeln, Blattwerk in Großaufnahme vor meinem Fenster! Und einen Knecht zum Düngen dazu.

Donnerstag, 24.
Gestern habe ich 4 Bittere getrunken und bin in der lauen Nacht vor Mars Haus getrabt, wo es dunkel war hinter den Vorhängen. Heut erwache ich mit Übelkeit, da klopft es, und herein läuft, um sieben, die Marianne und fällt her über mich. Nein, jetzt macht sie Schluß mit Recht, sie kann nicht mehr; sie hat gedacht, wie er wohl zu dem Kind wäre, ihrem Kind, und da graut ihr, sie mußte speien und herlaufen. Es ist gut so: sie will das Kind. Und ich arbeite, ich muß Zutrauen haben zu mir, vielleicht verkaufe ich das Papier doch, viele tun es. Und ich kann nicht warten mit den Kindern. Timbuktu ist gut, und ein Kind ist auch gut, man kann beides haben. Es heißt Peter oder Gise, man kann sie nicht morden. Gut. Dann arbeite ich für Gise, was ich kann. Und für die Frau ist es das beste, das Schwein ist kein Mann für sie, und ein Kind ist besser als irgend sonstwas. Dazu helfe ich ihr, wenn ich auch nicht heirate, denn ich bin ein Provisorium und muß Sprungweite haben, ich wachse noch.

Freitag, 25.
>Unter der Sonne der Lechauen.< Einmal ist Cas dabei. Sie ist sehr anmutig, ich bin ihr Mann, sie lacht in meinen Armen. Sie ist immer um mich. Die Nacht bis zum andern Morgen. Das Dienstmädchen sieht sie im Hemd, wie sie die Tür öffnet, ich werfe die rote Plüschdecke über sie und das Bett, das Mädchen geht durchs Zimmer, ich schreibe am >Geheimnis der Jamaika-bar<. Davon werden an diesem Tag und in dieser Nacht nahezu 80 Bilder geschrieben.

Samstag, 26.
Ich lebe luxuriös, mit der schönsten Frau Augsburgs, schreibe Filme. Alles am hellen Tag, die Leute sehen uns nach. Wie lange noch und Gottes Geduld reißt, ich sitze auf dem Stein, und die Hunde schiffen mich an!?

Abends die Katastrophe.
Wir liegen nachm[ittags] am Lech, Cas, M[arianne] und ich, dann geht M[arianne] zu Aichers, ich hole sie um 10 ab, aber da kommt Aicher. »Recht ist da. Er weiß alles. Die M[ari-anne] kann nicht kommen.« Ich will hinauf, aber er sagt, es sei schon alles beruhigt, er behalte M[arianne] die Nacht bei sich, sie sollten sich 14 Tage lang nicht sehen. Ich glaube ihm, laufe ins >Lamm<, warte. Er verspricht mir, die M[arianne] morgen zu mir zu bringen. Um ½12 gehe ich dennoch an seine Wohnung, pfeife. M[arianne] schmeißt den Schlüssel herunter. Recht suchte sie stundenlang an diesem Abend, mit der Gewißheit, daß sie die Nacht außerhalb ihrer Wohnung gewesen war. Sie gab zu, daß sie bei mir war, er schlug auf sie ein, schleifte sie an den Haaren usw. Sie hatte dicke Beulen; sie wußte nicht mehr aus noch ein. Ich nahm sie gleich fort, wir liefen zu ihr, sie packte. Nachts, die Flucht nach Ägyptenland, vor dem Kindermord!

Sonntag, 27.,

früh nach München. Kramer ist dabei. Mar geht zu ihren Eltern, ich rasiere mich, sie kommt zurück mit Kramer, es ist niemand daheim. Ich gehe zum Dr. Zoff, während Mar sich legt, ganz zerschlagen, von Übelkeit in Übelkeit fallend. Ich laufe zu einem kleinen, dürren, braunen Mann, dessen vertrocknetes Gesicht der (wirklichen) Totenmaske Beethovens gleicht und der still und listig dreinschaut, und er sagt, ich solle die Schwester bringen. Ich esse mit Mar zu Mittag, beschließe, den Roman zu beenden, und fahre mit ihr zum Bruder. Wir gehen ans Haus, da fährt Recht vor, wälzt sich bleich aus dem Auto, läuft uns kalt schwitzend entgegen. »Du gehst zu Otto?« Sie nickt. Ich gehe, ohne ihn zu sehen, kalt neben Mar hinauf. Er tappt schwerfällig, schnaufend hinterdrein. Dann will er mit mir reden, ich bitte Zoff dazu. Wir sitzen in einem großen Zimmer. Er will verhandeln, er schildert alles, seine Unruhe seit Monaten, seine Angst, wie er belogen wurde. Er ist ihr Mann, seit 4 Jahren, er ist ihr mehr, als ich weiß, und: als sie jetzt weiß, in der kleinen Verwirrung dieser Zeit. Ich soll weg für 14 Tage, daß Klarheit herrsche. Ich frage ihn, ob er sich dann dem Urteil Mars fügen würde, er sagte: »Nein. Nie.« Dann droht er. Ich schneide es ab: »Das ist *Ihre* Sache, lassen wir das!« Er schreit: »Ja, soll ich Ihnen denn, plump heraus, das Bett machen?« Ich sage: »Nein. Sie sollen *nichts* machen.« Er droht wieder: »Was ich mit *Ihnen* machen werde, das ist eine andere Sache.« Ich sage: »Schweigen wir davon. Handeln Sie!« Ich sage: »Ich habe ein Recht. Setzen Sie sich, ich muß Ihnen etwas sagen.« Er läuft um mich herum, erblaßt, schielt mich von unten herauf an, ahnt. Ich sage: »Sie hat ein Kind. In der Nacht nach der Bahnhofszene kam sie.« (Das hatte sie ihm gesagt...) Er zuckt zusammen, läuft zu Zoff. »Was sagst du dazu?« Der sagt, sitzend: »Das ist ja so toll...« Recht läuft immer herum, gestikuliert: »Aber das ist ja gar nicht möglich. Sie hat vor acht Tagen die Periode gehabt. Sie hat mir ihr Nachthemd gezeigt, die Blutflecken. Wir stritten darüber.« (Er war krank gewesen, hatte in ihrer Wohnung geschlafen.) Dann bat er mich, mit Mar reden zu dürfen. Ich fragte sie, ob sie wolle, sagte ihr: »Tu's!« Ging hinaus. Als mich Zoff wieder holte, hatte R [echt] geweint, er bat mich, mich zu setzen, und hielt eine Rede, tatsächlich erschüttert: »Es war mir nicht vergönnt, diese Frau glücklich zu machen. Tun *Sie* es!« Ich soll ihm versprechen, sie, wenn sie einmal von mir gehe, wie heut von ihm, ebenso freizugeben. Er hielt die Hand hingestreckt, ich schlug ein. Er faßte mich am Ärmel und sagte: »Man sagt mir nach, ich sei ein starker Mann in Geschäften, aber gegen diese Frau ist mein Herz schwach.« Ihr hatte er gesagt: »Man kann nicht groß *und* glücklich sein.« Dann ging er weg. Marianne lag auf dem Sofa. Sie hatte geweint. Nachts schlief sie bei mir.

Dienstag, [29.], bis Donnerstag, 31.
Ich sage Marianne wieder, daß man mich nicht heiraten kann. Sie durchlebt eine schreckliche Nacht, in der sie Rechts ganz verzweifeltes Gesicht sieht und ihn hört: »Und die vier Jahre, war das nichts, gar nichts?« Sie sagt: »Ich kann das Kind nicht haben ohne Ehe«, und sie zweifelt wieder, ob sie's behalten soll. Sie sagt: »Nachts schien's mir, als komme ich doch nicht los von Recht.« Und sie sagt Aicher, in der Bedrükkung über meine Aussage, mit traurigem Gesicht: »Es ist eben doch schwerer, als ich gedacht habe.« Und jetzt beginnt Rechts Tränenstrom die Stadt zu überschwemmen. Am zweiten Tag sagt er: »Wenn sie zurückkehrt, ist ihr Kind mein Kind«, und das Stadttheater weiß die Legende vom edeln Liebhaber. Er läuft herum wie ein Wahnsinniger, überfließend von Edelmut, und nun beginnen hintereinander Mitleidige bei Mar aufzutauchen, von R [echt] geschickt. (Am Samstag schon) Heinrich Eduard Jacob, jüdischer Literat, (Montag) R. Aicher, Schauspieler, dann in bunter Reihe: Mars Mutter (der er schluchzend die Hand geküßt hatte), Schelz, Theater-

agent, Schreiber, Kompagnon. Mar aber macht Fehler. Sie nimmt die 1000 M, die Recht ihrem Bruder gab, sie verspricht Schreiber, mich fünf Tage lang nicht zu sehen. Sie nimmt Rechts Blumen, und sie denkt nach. R[echt] aber schreibt ihr, jedes Wunder daure drei Tage, aber seine Liebe ewig. Und: er werde sich die Linke abhauen, mit der er sie mißhandelt.

April

Freitag, 1., bis Sonntag, 3.
Mittags mit Mar nach Tutzing. Dort bis Sonntag im ›Seehof‹.
Ihr ist viel übel, aber sie wird doch ruhiger. Ein Gedanke quält
sie: daß sie kein Heim hat. Sie kann in den möblierten
Zimmern nicht mehr leben. Darum ist sie jetzt gerne bei ihrer
Mutter. Irgendwie stellt sie sich vor, sie könne mit Recht leben
(nur nicht als Frau), und wenn sie auch sonst nichts zugibt: sie
erzählt, daß ihre Mutter ihr sagte (sagen mußte?), man käme
von dem Mann nicht los, von dem man ein Kind habe. Aber
das Kind ist doch gerettet; das ist der Gewinn dieser Tage.

Montag, 4.
München. Otto ist nach Tutzing gekommen, da mein Prozeß
nicht vertagt ist. Ich laufe immer herum heut, Gutachten zu
kriegen. Feuchtwanger gut wie immer, Sinsheimer schrieb mir
was gegen seine Überzeugung, Kutscher krebste.

Mar besucht bei ihren Eltern. Sie grübelt um das Heim herum,
ihr ist immerzu übel. Abends bei mir fast den Zug versäumt,
weil ich sie nahm, plötzlich auf dem Sofa, und da war sie herrlich: frisch, lustig, liebevoll. Dann im Zug nach Augsburg. Sie
schlief an mir. Otto holt mich ab. Er hat einen Rechtsanwalt
gefunden usw. Ich bringe Mar heim. Engagementsmöglichkei-
ten nach Wiesbaden, Stuttgart, Mannheim. Sie will morgen
nach Stuttgart. Ich falle in die Klappe.

Dienstag, 5., und ff.
Sie willigt ein nach Wiesbaden, für September, mit 10 000 M
Gage. Davon kann sie Seife kaufen, dort herrscht Franken-
währung. Hagemann schmeißt sie hinaus, schwanger, es ist ein
Schwein wie andere, sie weiß es. In ihr rechnet es wieder, Ende
der Woche. Immerfort seekrank, auf die glänzende Karriere

schielend wie der Gockel auf den Strich, von Mutter und
Vater geschoben, in die Seite gepufft, stellt sie sich wieder vor,
wie es ist, wenn sie zum Arzt geht. Das Wort »Erfolg um
jeden Preis« taucht wieder auf, Hagemann ist interessant,
Kavalier, vielleicht verliebt er sich ernstlich, das ist die
Karriere. Sie sagt: »Du bist zu jung. Du gehst zu den Schiffschaukeln. Dich kann man nicht heiraten.« Aichers, nach
Wien engagiert, locken wie Harpyen, pfeifen ihr brünstig die
große Oper ein. Die Frau Aicher sagt: »Das ist ein Liebhaber.
Das ist kein Ehemann.« Sie hört alles an, sie denkt immer
nach, sie segelt von Augsburg nach München, zurück, sie ißt
in kleinen Gasthöfen, sie ist immer seekrank, in den Blättern
steht Glänzendes über ihre Dorabella. Wie sie ihre Sachen
packt, ich sitze rauchend dabei, reiße Witze, betrachte sie
wohlwollend, entdeckt sie, wie Recht sie gehätschelt hat, sie ist
ganz hilflos geworden. Und für ihn war sie Götzenbild,
Gestirnzeug, Prunkmöbel, er verwahrte sie im Altarschrein,
aber er liebte die Unerreichbare und lieferte sie speichelschlek-
kend der Harpye aus! Schließlich entdecke ich, daß es sich für
sie darum handelt: Kokotte oder Frau, daß Eitelkeit über allen
Krämpfen bleibt und R[echt] am Ende der Straße (nach
unten) steht, und attackiere brutal den Kindermord. Sie
gewöhnt sich, lento daran zu denken, das Kind allein zu
haben. Da will ich sie. Der Arzt versinkt in der Versenkung,
die Eltern bekommen Depeschen (statt Besuch), das Thema
wird ad acta gelegt.

Dienstag, 12.
›Das Mysterium der Jamaikabar‹ liegt, abgeschlossen, bei
Klette. Ebenso ›Der Brillantenfresser‹. Kiepenheuer und Cassirer lehnen ›Baal‹ ab (ohne Vertrieb). Der Prozeß mit Eberle
geht weiter. – Na[chmittags] mit Mar im Siebentischwald,
die Bäume werden grün, sie ist wunderbar im Gras, die Leute
können uns zusehen, es ist wirklich sehenswert. Auf dem
Heimweg gesellt sich uns Beelzebub zu. Es kommt auf, daß sie

R[echt] noch einmal gehabt hat, anfangs Februar, »eine Art
Vergewaltigung«, und dabei dachte sie momentan daran, er
könnte ihr ein Kind machen. Seitdem gehörte sie ihm nimmer,
schlief aber noch bei ihm, und er pervertierte noch an ihr. Das
war vor der zweiten Periode und war »ganz unwichtig«.
Jedoch log sie damals, sie habe sich seiner erwehrt, er sei aber
ganz an ihr gewesen, sie ekle sich vor ihm. Es ist schon alles
grün, langsam laufen wir durch die laue Dämmerung herunter, es ist trostloser als irgendwas, was sie tat (was nicht wenig
ist!), und sie ist glatt wie ein Kiesel im Bach. Ich gehe traurig
weg und mit Walter zu einem kleinen philiströsen Wein-
schläuchlein, dem Ingenieur Helm, der von Goethe schwärmt
und Ideale an Schnüren wie Drachen fliegen läßt, winde mich
[um] 2 Uhr dort los und trabe an die Infanteriekaserne, wo
ich, zerknirscht, daß ich nicht bei ihr blieb, mit Magen und
Schlund pfiff. Es blieb alles dunkel.

Mittwoch, 13.
Es wird Frühjahr, ich tue nichts und bin immer allein mit Mar.
Aber da ist die Sache mit Bi, die nicht gleich ist, und hier ist
ein Schiffsgeschütz, das könnte ins Zentrum treffen, noch
schwankt die See, hoho, und es ist nicht zu denken an Zielen,
aber ich warte auf das Geschoß oder daß der Wind abflaut.
Denn ich habe Bi gesagt, ob sie mich heiraten wolle, und sie
hat gesagt: in drei oder in vier Jahren. Und es kam ihr Vetter,
während ich bei ihr war, vormittags um ½10, und sie schickte
ihn fort, auf der Treppe, und verbarg, wer es war. Denn ich
hatte dagegen gesprochen, daß sie Männerbesuche empfange.
Ich sagte ihr also, sie habe mich nicht mehr lieb, denn sie will
immer frei sein jetzt und nicht mehr gehorchen, und ich sage
ihr: das soll sie, ich gebe sie frei. Aber dann schrieb sie einen
Brief, sie könne nicht Schluß machen, sie sehe ein, daß sie,
so wie sie jetzt sei, nichts für mich sei, und sie wolle ein
halbes Jahr lang allein versuchen, wieder zu werden wie
früher.

Darauf schreibe ich ihr, daß ich sie liebhabe und warte. Und sie schreibt, sie wolle einige Zeit und sie bleibe mir treu.

Gegen Mittag bin ich bei ihr, und es ist schlimm, und ich habe kein Vertrauen, und dann nehme ich sie auf dem Sofa und renne an die Bahn. Der Zug ist weg, ich treffe sie abends, wir gehen an den Domplatz, sie hat Recht gesprochen, ihm gesagt, sie heirate ihn, wenn er sie in Ruhe lasse. Welches er ihr versprach. Wie ich das höre, spüre ich ein dünnes Stilettchen in der Brustgegend, und dann sagt sie, sie habe ihm gesagt, sie sei immer meine Frau, auch wenn sie mich nie mehr sehe, denn ich wollte das wohl nicht, wenn ich erführe, was sie ihm gesagt habe (sie wolle ihn heiraten). Und da schaue ich sie an, stehe auf und gehe weg. Ich gehe heim, und dann gehe ich wieder zurück an den Domplatz, wo sie mit so verzweifeltem Gesicht geblieben war, als ich wegging. Da war sie nimmer da, und ich ging an den Lech, und dann dachte ich, sie ist bei mir, und ging heim. Da sagte Walter: »Fräulein Z [off] ist oben«, und ich ging hinauf, und da saß sie und weinte und sagte: »Halt mich! Ich kann nicht leben ohne dich. Warum tue ich nur so viel Falsches!?« Und sie zitterte am ganzen Leib, so daß ich sie ins Bett legte, und sie blieb bis zum Morgen.

Donnerstag, [14.]
München. Klette versucht, den ›Brillantenfresser‹ zu vertreiben. Abends bin ich mit Bi im Café. Sie ist nett, ernsthaft und gescheit. Ich habe sie lieb, ich küsse sie im Gebüsch. Dann fahre ich heim. (Wir wollen warten.) Mar, nachts, müd und seekrank, sagt, sie habe mit R [echt] gesprochen, alles sei gut.

Freitag, [15.]
Vorm [ittags] mache ich ein Filmlustspiel in der Skizze fertig (›Liebesmatch‹), mittags treffe ich bei Mar R [echt]. Ich höre schon außen ruhige Stimmen, innen packen sie aus, sie ist einen Stock höher gezogen. R [echt] sagt, in Mar sei noch

vieles unklar, man müsse ihr Zeit geben. Er und ich sollten keine Aktion unternehmen. Mar sagt weniges darüber, sie sei doch klar, aber R [echt] wimmelt es ab. Ich rede von Büchern, gehe weg. Mar geht mit herunter, sieht erstaunt, kommt dann mit in den Kraal. Ich sage ihr, ziemlich roh, was sie gemacht hat, wie sie läuft wie ein besoffenes Schiff. Sie hatte Mitleid, er ist zuckerkrank, sieht aus wie der Tod, freilich, jeden Tag brauchte er nicht zu kommen, wenigstens jetzt noch nicht. – Ich beginne, derlei als Kinderei zu betrachten, und verbitte mir sie. Ich schreibe ihr vor, was ich wunsche.

Samstag, [16.]
Drei Stunden mit R [echt] geredet. Wir liefen durch die Allee, immer wieder, er weinte, er bat. Er hatte die Welt erobern wollen, er getraute sich, jeden Kampf aufzunehmen, wenn er blind würde, wenn er bankerott würde: er kann die Frau nicht verlieren. Er ist zuckerkrank, 4,4 %, er stirbt bald, es sind seine letzten Monate, soll sein Leichnam vor Mariannes Schwelle liegen? Sie soll mit ihm vier Wochen wohin, sie hat es versprochen. Man muß ihr Freiheit geben, sie ist herrlich, unfehlbar, eine reife Frau, er hat noch Hoffnung, das Kapitel R [echt] ist für sie noch nicht erledigt. Ich gehe fast stumm, trocken, nüchtern neben ihm her. Er vergleicht mich mit Robespierre, dem »Pedanten der Freiheit«. Übrigens komme ich ihm entgegen, er tut mir leid, wenigstens solang seine Froschfinger mich nicht anfassen. Er sagt »lieber Freund«, er weint auf offener Straße, er ist edelmütiger als ein Erzengel, er schlägt Gott an Güte und den Teufel an Zähigkeit. Dabei ist er klug wie nur ein Jude und charakterlos wie ein Viehhändler. Ich bin nur verlegen, nicht erschüttert. Er ist so alt. So abgenutzt, schmierig, elend, er entblödet sich nicht, mich mit seinem Aasgeruch zu schrecken, mich mit seinen Selbsterniedrigungen zu belästigen, er bürdet mir die Sorge für sich auf, und seine Taktik ist nicht besser, wie seine wirklichen Rechte es sind.

Ich hole ihn abends zu Mar, die krank ist, Schmerzen hat und sich dennoch ans Telefon schleppte, in Todesangst, ich könnte nicht mehr kommen. Sie sagte ihm, sie wolle ihn nicht mehr sehen bis auf weiteres; er war sanft und gab nach, und sie freute sich, daß alles gut war.

Sonntag, [17.]
In aller Frühe fahre ich nach Paar mit Lud. Ich laufe sechs Stunden, ich suche Quartier für Marianne. Lud erklärt mir sein Fletchersystem. Heimgekehrt, großer Krach mit Papa, da die Eberle den Vergleich veröffentlicht hat, der schandbar aussieht, ich hatte gar nicht aufgemerkt im Gerichtssaal, nur Zeit gewinnen wollen. Dann zu Marianne, die im Theater aufgetreten war, ohne den Arzt befragt zu haben (wie ich wollte), und wieder Schmerzen hatte. Sie sagte mir, sie sei mit ihren Eltern im ›Maxim‹ gewesen, habe mit R [echt] gesprochen (»wenige Worte«); er werde ihr immer unsympathischer. (Sie fühlte, als sie es sagte, daß sie schlecht gehandelt hatte.) Der Strick riß. Ich schrie, ich gehe glatt weg, habe es satt, bleibe dort, wenn du nicht loskommst! Sie sagt, ich muß Geduld haben, und ich sage, ich habe keine mehr. Ich bereue mein Geschrei dann, sie ist krank, ich schicke sie hinauf. Ich habe falsch gehandelt, sie nicht richtig. Aber ich bin's müd.

Montag, [18.]
Ich bin's müde. Die Affären verbrauchen mich. Der Film deckt mich zu, die Feinde scharren mich ein. Was soll ich mit der schwangeren Frau? Ich habe Lust, gut zu ihr zu sein. Die Hiebe sausen zu dick. Nun liegt sie im Bett den Tag, aber der Kapellmeister bringt eine neue Rolle, und die Harpye lächelt sie an. Ich aber rechne immer: Wenn ich Geld habe, tue ich das und das, baue Phantasmagorien, wälze mich in Scheinen, stelle verzwickte Berechnungen an. Sie lacht darüber, sie lebt so hin, aber ich muß mich angeilen zum Geldverdienen, sonst mag ich nicht. Die Tage sind grau, ich stehe nieder im Kurs.

Zeitweise fühle ich gar nichts zu dieser Frau, Bi steht mir immer näher, immerfort rechne ich: Wie komme ich heraus, zu ihr, und dann rechne ich wieder in fabulösen Zahlen, Brillantenfresser 10 000, Mysterium 5000, Liebesmatch 5000, Trommeln 50 000, Preisfilm 5000. Aber Mar will sogar ihre Schwester nach Meran schicken, wenn ich Geld habe, vor George!

Dienstag, 19.
Mitunter war in seinem Gehirn nichts als Flucht. Die Bäume wurden grün, und auf dem Bett war man waagrecht gelegen. Das beste war seine Faulheit gewesen, oh, was er für dicke Gedanken hatte, was für Teufel und Engel von Gedanken! Der Träumer ist der Rechner geworden und Schwanken ein Halt der Schwankenden. (David.) Einmal, vor Jahren, war ihm sein Durchbruch fast gelungen, in der Zeit von Absaloms Aufruhr, als er sitzen blieb auf der Mauer. Zwei Tage saß er in der Sonne, und er schlief nicht in der Nacht dazwischen, und es hing an einem Haar, daß er still wurde. Aber am Abend kam der Urias, der Schwankende, zu ihm, und es gelang ihm nicht, durchzuhalten, sondern er lief sich wieder fort.

Ich bin in München. Ich habe gehört, daß die Bi (mit ihrer Schwester) mit einem Musikanten im Orchideengarten saß, abends, sie hatte mich angelogen, sie gehe in den Ludwigsbau, und sich Schnäpse und Auto zahlen ließ. Es ist ein schrecklicher Bursche. Bi erschrickt, sie ist traurig (»daß sie immer gleich solche Unannehmlichkeiten habe«), sie freut sich auf Kimratshofen. Ich konnte nachts nicht schlafen, so traf es mich: Hier ist mein Zentrum, schießt nicht hinein! Sie ist mir mehr wert als alles zusammen, sie ist im Wachen meine Frau, ihrer bin ich nie sicher, sie ist stärker über mich als alle, sie liebe ich. Ich trolle mich halb beruhigt heim, nachdem ich gut zu ihr war. Jetzt gebe ich allen Kredit und verlange so wenig wie möglich!

Mittwoch, [20.] bis Samstag, [23.]
Alles Obige passiert erst Mittwoch vormittag.
Na[chmittags] mit Marianne nach Burgadelzhausen bei
Paar. Das Zimmerchen ist kalt, zugig, das Essen gut, aber
immer (superbes) Schweinefleisch, bald regnet es, bald scheint
die Sonne, immer ist es kalt, und Mar hat die Seekrankheit.
Ich rauche, fresse, schlafe mit ihr im großen Zimmer, liege mit
ihr auf der Wiese, sie denkt daran, R[echt] zu heiraten, alle
Kinder von mir zu kriegen. Nein, sie ist nicht die Bi, sie kann
hier nicht allein sein, die Bauern lachen über sie, das Zimmer
geht nicht. Ich verstaue sie zwischen Ratten, ich bette sie in
Kuhdünger, ich füttere sie mit Schweinefleisch langsam zu
Tod. Ich bin ein Bazi. Samstag fahren wir im Metzgerwägel-
chen 1½ Stunden bei Regen und Wind nach Paar, ich nach
A[ugsburg], sie nach München zu ihrer Mutter. Ich denke viel
an Bi, sie merkt es. Aber einmal, im Zug, wie ich rolle, unter
dem Regen, rauche ich eine Zigarre und fühle mich behag-
lich im Rollen, entdecke keinen Wunsch mehr, klage nicht.
Ich bin zufrieden mit Regen und Unsicherheit, Hunger und
Verantwortung, ich nehme jeden Kampf auf, ich bin ein-
gestellt auf: Rollen. Das ist eine gute Viertelstunde, sie gibt
Halt in dem Gleitenden, wie Gesichter von Freunden und
sonst nichts.

Sonntag, [24.]
Wieder einmal allein. Cas schleift mich durch die Gemäldega-
lerie, wo ich immer lache, Otto gießt Kaffee in mich, es regnet,
und die Dinge scheinen sich im Nebel zu ordnen. Die Bäume
sind grün, es gibt eine Hochzeit im Herbst, zunächst der
Kindstaufe. Der Vater ist ein Genie, das Kind liegt in frischer
Wäsche, Tahiti ist eine schöne Gegend. Der Film verhält sich
störrisch, wenn er Milch gibt, läuft die Bi im Pyjama. Wer
fragt, was besser ist?

Über ein Weilchen, und ich liege im Gras!

Es regnet in die Grünen, aber sie schreien unentwegt in den Holzkähnen auf dem Teich. Ich habe mit dem Heilgei Kaffee getrunken, jetzt spiele ich noch Gitarre mit Hartmann. So geht es.

Montag, 25.
München schluckt Films. Dann bin ich beir Marianne, sie liegt, seekrank, sie wacht auf, sie war mit Recht bei Frankfurter, er gab ihm 2000 M, sie müsse heiraten, dann ist Wiesbaden gerettet. Die Harpye zwinkert auch der Schwangeren zu. Die Karriere geht über Kindsleichen in die öffentlichen Schauhäuser. Der Roman ›Ihre letzte Chance‹ oder ›Bettelstab oder Lorbeerbaum?‹ neigt sich zu den letzten Seiten, die schlecht gedruckt sind, voll von Schcrirrtümcrn! Sie zicht mich zwar in Rechts Zimmer, auf seine Ottomane, aber am Sonntag hat R[echt] stundenlang geredet, und am Abend redet er wieder, und sie verspricht ihm, ihn zu heiraten. Ich gehe mit Bi zur Tänzerin von Schrenck, die uns gefällt, und dann sitzen wir im Café, und ich bin gut zu ihr und habe sie lieb und wende mich zurück, und sie gibt sich Mühe und ist nett.

Dienstag, 26.
Vormittags mit Klette im Bavaria-Atelier. Seitz inszeniert einen Pfundsschmarren für 15 000-M[ark]-Komparsen. Hierher spült es den Abschaum zusammen, diese Visagen sind nurmehr Reste von Schminke. Diese Kunst beginnt unter dem Spülicht ihren Aufstieg. Dann sitzt M[arianne] in meiner Bude, und die Enthüllungen fangen wieder an. Sie war mit R[echt] und Frankfurter im Theater am Sonntag. Usw. Usw. Ich sage ihr: »Er oder ich.« Sie sagt: »Du.« Sie verspricht, ihm zu sagen, sie will ihn nie, nie heiraten usw. Ich sage: »Ich bin kein Lustknabe.« Ihr wird sehr schlecht. Sie bleibt die Nacht da. Wir schlafen auch. In der Frühe lieben wir wie die Pferde. Es ist alles gut, und wie ich fortgehe, schreibt sie mir auf: »Ich

habe es ihm versprochen...« Und ich gehe fort. – Sie blieb
wohl noch liegen: ihr Vater holte sie heim.

Donnerstag, 28.
Mit Bi nach Kimratshofen gesegelt. Es regnet auf dem Weg,
Wind geht. Die Frau bringt den Buben, ich hatte eine tiefe
Freude. Ich hatte Angst gehabt, er sehe bäurisch aus. Er ist
schlank, zartgliedrig, mit feinem hellem Gesicht, roten gelock-
ten Haaren, die vorn glatt sind, er ist lebhaft und hat große,
dunkelbraune Augen. Er macht gern Ulk, lacht viel, läuft
immer herum und spielt mit vielen Dingen, kurz nacheinander, aber er ist nie gewalttätig und nie lärmend, sondern
immer freundlich und zart. Er redet fast nichts, ist aber origi-
nell im Spielen (setzt einem Pferdchen meinen Hut auf) und
schenkt allen Leuten, was er bekommt. Er gewöhnt sich sehr
schnell an mich, spielt mit mir und läuft mir entgegen, mehr
als der Bi, die nicht gleich den Ton trifft, dann aus Angst vor
Körben ihn läßt. Ich leihe ihm gleich meinen Hut, dann meine
Krawatte, die Uhr, zehn Pfennige. Ich will Papa bitten, ihn zu
sich zu nehmen. – Bi ist nett, und ich habe sie gern.

Freitag, 29.
Mittags fahre ich mit Bi nach Augsburg. Es regnet.

Nichts ist so traurig und aufwühlend, als in dunklen Stuben zu
sitzen, besonders wenn es mehrere sind und sie ganz still sind.
Nie aber ist es schrecklicher, als wenn man dann lang sehr laut
geschrien hat und in lasterhaften Akkorden auf der Gitarre
ausschweifte und dann still ist und Ekel hat und Gedanken
wie ein Hund Würmer. Zweifellos gibt es keine Schuldigen,
besonders nicht unter den Hilflosen, und wer will eine
Schwangere anschreien, weil sie unter ein Dach will? Es ist das
Böse, das sie an R[echt] hält, seine weibische Hundenatur;
daß er zerfließt ohne sie, das hält sie nicht aus, und es ist die
Ruhe des Schwemmkanals, die sie anzieht. Dabei verliert sie

langsam, stückweise, das Zutrauen zu sich selber, weil sie, wohin sie blickt, nur Niederlagen und Verluste sieht. Gleichwohl, wenn sie auch hinunterschwimmt, behangen mit Aas und Kot, und unkenntlich wird im Gesicht, es wird ein böser Sommer mit ihr an Bord, denn ich konnte nichts mehr zu ihr sagen, als sie mich verließ, und das würgt mich, als hätte sie etwas mit fortgenommen.

Samstag, 30.
Es ist ein verfluchter Roman, und bei allen Schwanengesängen über den Wipfeln wird unten um höchst greifbare Dinge gerauft. Diese Leute fallieren an der zu geringen Kenntnis ihres eigenen Gesichts, und sie vergessen, wie grausam klar die Zeit die große Linie herauskristallisieren wird, die dann über Versagen, Dummheit und kleine Hastigkeit läuft. Da spukt immer noch die Harpye. R [echt] dressiert sie, er schmeichelt ihr, indem er ihr einredet, ihre Genialität sei zu groß für das bürgerliche Leben (wozu sie selber noch beisteuert: sie könne nicht arm leben, weil sie es jetzt, krank und schwanger, nicht konnte!). Aber ich sage ihr: »Wenn es was ist, kann man drauf sündigen! Wie: das Pflänzchen behüten vor jedem Windchen? Du mußt mit *zwei* Kindern hinaufkommen! Warum schätzt du dich so nieder ein? Heirate wenigstens einen Milliardär! Aber ich sage dir: wenn du in den Wehen liegst, ist dir meine Hand wichtiger als der Beifall Wiesbadens! Um Befriedigung von der Kunst zu haben, muß man mit Leib und Seele Kunst machen, und dazu muß man Leib und Seele noch haben!«

Gestern, in der Nacht, kam sie mit Otto und blieb die Nacht über und versprach, sie wolle nicht heiraten; sie könne ohne mich nicht sein, weinte sie. Und ging am Morgen weg und wollte R [echt] ins Café bestellen für mittag, und mittag [s] kam R [echt] und brachte einen Brief mit von ihr: sie heirate R [echt]. Dann ging ich hinaus und diktierte ihr einen Brief, einen Zettel, daß sie ein Kind von mir trage und mich verlasse, obwohl ich sie bäte, bei mir zu bleiben bis zur Geburt. Sie schrieb starr und weinte und nahm meine Hand, und ich gab sie ihr, und dann ging ich.

Mai

Sonntag, 1.   Mutters Todestag
Nun ist Manitu wieder allein in der Wolke. Nimmer singt die
weiße Squaw über der Schwemme, nimmer hält Manitu Reden
in den Wind... Die Squaw ist hinuntergeschwommen, und
sein Kind ist in ihr. Der Frühling geht an, grün ist der Baum,
und die Regen waschen den Schmutz fort. Einmal sind sie im
Feld gelegen, viele Male im Bette und im ganzen an fünf
Orten. Als es Winter war, ging sie mit Manitu, sie betrog ihn
noch im Frühjahr, und ehe es Sommer war, ging sie mit dem
fetten Mann, der die Harpye fütterte. Das Kind, das sein
Gesicht sieht, wird seine Augen bekommen und die Leiche
seiner Mutter, wenn sie von der Harpye kommt. Die Squaw
wird in den Wind weinen und hinter Manitu herlaufen, der in
den Wind geredet hat. Und die Filme laufen im Dunkeln,
während das Gras wuchs, starb der Gaul.

Montag, 2.
Die Tage sind leer ausgespieene Pflaumenhäute. Es regnet
leicht, Wind geht, ich sitze im kalten Zimmer. Immer sehe ich
die Maorifrau neben dem fetten Geldgeber, und wiewohl ich
ganz kalt bin, auch ohne Verlangen, tut sie mir noch leid,
denn sie tut Schlechtes und hält es nicht aus. Aber ich habe,
neben der Furcht, daß sie wiederkommt, wenn sie alles
verpfuscht hat, eine zunehmende Verachtung für sie. Und am
Tag ihrer Hochzeit reiße ich sie aus mir mit allen Wurzeln als
eine alte Hure, die sie wieder geworden ist.

Ich bin gut zur Bi und halte sie. Arbeiten kann ich nicht.

Dienstag, 3., bis Freitag, 6.
Nun kommt die Vergeltung und das Fegefeuer. Fetzen für
Fetzen entreiße ich Bi eine schreckliche Sache. Sie hat mit

einem Kaffeehausgeiger, einem schmierigen Burschen, eine Korrespondenz, und sie wurde von ihm geküßt, und sie besuchte ihn und lag in seinem Bett. Sie gab sich ihm nicht, das geht aus den Briefen hervor. Sie bereut, aber sie hält ihn für einen reinen Idealisten. Die Tage, während denen sie lügt, sind das Fegefeuer.

Samstag, 7.
Nachts träume ich von He, die hat graue Haare über der Stirn, und es wundert mich erst, als sie weg ist. Und ich habe den Traum vergessen, wie ich eine Exkretion am Penis entdecke, und nun fällt mir ein, daß sie einst träumte, ich hätte die Syphilis bekommen. Dr. Hirsch in der Klinik sagt natürlich, es sei ein Herpes-Bläschen, ohne Besonderheit. Aber in der Frühe packte es mich doch, und ich wartete gerade auf Mar, die gestern beim Heigei war und bei mir, ich war nicht zu Haus. Aber jetzt kommt die Schwester: Mar bekam gestern nacht Blutungen, ohne daß bis jetzt das Kind abging. Es sei äußerst gefährdet. Ich erschrecke für sie, denn das ist ihre ewige Verdammnis, und ich schreibe ihr etwas auf, daß sie ruhig ist. Aber sie will nicht, daß ich komme, denn R [echt] könnte es nicht wollen. Heigei geht hin, wir denken an eine Abtreibung, er schlägt E [...] vor als Arzt, sie sagt zu. Und auf dem Medizinfläschlein steht »Frau Recht«. Ich bin erschüttert über das Mißlingen ihres Diebstahls und daß sie mein Kind verläßt, weil sie kein reines Herz hat. Aber ich liebe sie nicht mehr, sondern sehe kalt zu. Ich bin viel beir Bi, die in den Tagen ihrer Bedrängnis abgemagert ist und jetzt kindlich und schön geworden ist und wieder eine Wahrheit: Ich habe sie lieb und achte sie. Und ich schaukle Schiff mit ihr auf der Auer Dult.

Sonntag, 8.
Es ist ein ruhiger Tag, sonnig und ohne Leute. Vorm [ittags] laufe ich im Grün herum, das ist neu für mich. Dann ist Lud

da und spielt Bach, und ich mache Tee, und beides ist gleich viel wert. Es ist gewiß alles nicht so wichtig. Es ist eine schwangere Frau, die fortläuft, und wenn ich nicht weiß warum, so weiß ich doch: sie war gut, als sie da war, und sie sang schön, besonders in der Dämmerung (›Wenn mein Schatz Hochzeit macht, hab ich meinen traurigen Tag‹ – Mahler). Aber wir haben den Wunsch, von einem Punkt aus alles zu sehen, und glauben, die Taten sind mehr wert als das Gesicht. Statt daß wir ein Fest machen, wenn uns einer einmal nicht betrog, und einen großen Gnadenerlaß an alle Betrüger. Darum wollen wir alles gut machen, daß wir, wenn wir in Tahiti sitzen, sagen können: Es war alles gut. Aber Tahiti hindert uns, es gut zu machen, meine Lieben!

Montag, 9.

Es ist merkwürdig, wie empfindsam ich geworden bin in dem Zirkus dieses Vierteljahrs! Ich laufe mittags auf den Bahnhof und zwar immer langsamer, rauchend, aber wie ein Todkranker, und ich beschließe, mich zu betrinken, als R [echt] mich am Ärmel packt. Er sieht wandbleich aus und blickt ausweichend. Und er erzählt, Samstag sei die Blutung wieder stark geworden und man habe die Marianne operiert, auch der Dr. W [...] sei dabei gewesen (der damals den Abortus einleitete). »Durch Zufall oder so«, sagte R [echt]. Und mich hatte man nicht dahaben wollen! Aber R [echt] hatte die ganze Nacht beir Marianne gewacht. So sind die guten Geister von der Marianne Zoff gewichen, daß es anfing mit Herumlaufen und endete mit einem Kinderleichlein im Lavor! Die Hure sollte kein Kind haben, mein Kind ging von ihr, da sie kein reines Herz hatte!

Ich trottete heim, als ob ich einen Schlag vor die Stirn gekriegt hätte. Das Erlebnis der Gemeinheit! Ich könnte das Mensch erwürgen. Es ist das Schmutzigste, was ich erlebt habe, aber ich kenne mich nicht aus darin. Ich habe ihr tausendmal

gesagt: Das kannst du nicht. *Du* nicht. Das ist die Quittung.
Jetzt kann sie hinuntergondeln: *ohne* Belastung. *Das* hat sie
gewollt! Alles andere war Attitüde in Bühnenbeleuchtung bei
Kaffeehausmusik. *Das* hat sie *eigentlich* gewollt! Nie habe ich
den Schwindel des Hurentums: die Romantik, so nackt gesehen. So entlädt sich die schwangere Hure! Und diesen
gesprungenen Topf, in den die Abflüsse aller Männer rinsel-
ten, habe ich in meine Stuben stellen wollen! *Da*her ihre
wütende Angst, verlassen, durchschaut, entlarvt, verlassen zu
werden, ihre verzweifelte Hoffnung, ein neuer, unerhört starker Zustand sei nötig, *sie* noch dem Hurentum zu entwinden,
zu entlisten, abzuraufen! Heraus aus mir! Heraus! Heraus!
Jetzt sie als Hure benutzen lassen, den andern hinwerfen, dem
R[echt] überlassen! Jetzt, wo sie sagen wird: jetzt ist alles
gleich! Und damit, unter dieser Flagge, auf den Gewässern
gekreuzt werden kann, wie sie es will, weil sie doch zu feig und
zu gemein ist, zu dulden, was sie tut. Nicht einmal ihre einzige
beste Tat hatte sie frei bekennen wollen, keine Gemeinheit war
ihr zu dreckig, sie zu bemänteln, die schlechte Schauspielerin,
die nie sich spielt, immer eine andere, bessere, d. h. eine, die
dem Mob besser gefällt.

Jetzt, in diesen Tagen bin ich ganz allein, und es ist gut so. Ich
werde mich nach der Marianne vor Verallgemeinerungen in
der nächsten Zeit sehr zu hüten haben. Abends laufe ich an
den Lech, rauche und erhebe mich. Ich denke an ›Galgei‹ und
das Übrige, auch an Frank. Nachts schlafe ich schlecht, als
hätte ich einen Mord begangen.

Dienstag, 10., bis Samstag, 14.
M[ünchen]. Einmal bei der Marianne in der Klinik. Sie weint,
ich sage ihr alles, zugeknöpft bis oben: sie reißt es auf, sie
umschlingt meine Knie, sie weint. Sie will kommen in zwei
Monaten, sie will frei bleiben bis dahin. Ich zeige ihr, grausam,
die Bilder vom Frank, sie weint laut auf, und ich habe Mit-

leid. Aber dann gehe ich leicht weg, und die Tage verschlin-
gen sie.

Ich bin viel bei der Bi, die wieder gut ist und verliebt, und ich
bin es auch. Trotzdem lügt sie noch einmal, geht mit einem
Kloivi von Kimratshofen abends ins Café, und ich ertappe sie,
die schmal und eilig daherschießt, die dumme Geiß! Ich sage
ihr, daß ich die Mar küßte, zwei- bis dreimal, abends im
Siebentischwald im Schnee, mehr wage ich nicht, da sie ganz
erblaßt.

Inzwischen gibt Reicher das ›Mysterium‹ zurück. Und da es
warm und grün wird, pfeife ich auf vieles und beschließe, mich
zu bessern.

Pfingstsonntag, 15.

Es ist ein sonniges Wetter, ich habe meinen blauen guten
Anzug an und gehe herum wie ein Matrose an Land, rauche,
spucke meinen Gedanken, die mir begegnen, ins Auge und
fühle mich nie so ganz wohl in der alten Haut drin. Ich lese
Gaston Leroux' ›Das gelbe Zimmer‹, einen vorzüglichen
Detektivschmöker, ich liebe so was, hier wird Schlauheit serviert wie des Täufers Kopf (abgeschlagen!), und ich bin nicht
ganz glücklich, sondern krittle an »Unwahrscheinlichkeiten«
herum wie ein Ochse. Irgendeiner spuckt mir in den Spaß. Ich
vergesse meine Hände in den Taschen, wenn ich auf was
spucke, ist es, als sei die Spucke am Schnürchen, und ich ziehe
sie immer wieder zurück. Ich habe Vater wieder und wieder
bearbeitet, den Frank zu nehmen, die vielen Zimmer geschildert, die leer sind wie im Hotel, den Garten mit Bäumen, auf
die niemand hinaufklettert, und alles das. Aber er beißt nicht
an, und ich werde unlustig, bekomme die Scham in den Hals.
Die Marie Roecker hetzt dagegen, wenn's nur mit ihrem
Gesicht ist und indem sie immer hereinläuft, wenn ich mit
Vater rede. Ich höre alle ihre Argumente von ihm. Vor Jahren
habe ich sie immer gehalten, wenn Mamma, Walter und auch

Vater gegen sie war [en]. Jetzt hält sie Vater ab, mein Kind zu uns zu nehmen aus Bequemlichkeit. Und Vater fängt an, selber davon zu reden, daß er alt wird und die Weiber wachsen ihm über den Kopf und es liegt ihm nicht mehr viel daran, mir zu helfen. Er denkt auch daran zu heiraten und fängt schon an, das Haus von uns langsam zu säubern. Ich aber stecke die Hände in Papier oder Hosentaschen, schmiere Zeug, das niemand kauft, rauche, denke an mein Kind und verdiene nichts. Laufe so herum.

Pfingstmontag, 16.
Die Tage sind mit Vogelgezwitscher angefüllt. Ich komme langsam wieder hoch, habe aber immer noch ein Leck. Es gibt keine Grenzen für mich. Jetzt gehe ich schwanger mit Plänen, der Marianne den Frank zu geben. Immer Politik!!!

Der zweite Ruhetag. Ich laufe mit Cas an den Lech vor Mittag; wir behandeln den ›Galgei‹ und finden, es müsse sich eine gewisse ruhige Vision *über* dem Ganzen gestaltet zeigen, und es sollten die Individualitäten nur durch ihre Beziehungen untereinander charakterisiert erscheinen. – Na[chmittags] liest mir Hartmann die widerstreitenden Ansichten der Jesuiten über die erlaubten Formen der Sexualität vor. Hier stiert man im Niederschlag menschlicher Lasterhaftigkeit. Die Forderungen der Kirche, das sind diejenigen dieser größenwahnsinnigen, aber von Angst ebenso irrsinnigen Tiere, die sie nie befriedigen können. Hier ist eine systematische Übersicht dessen, was sie nicht aushalten.

Nachts im Stadtgarten, wo wir wie Ichthyosaurier herumkriechen, lächerlich unbeliebt.

Dienstag, 17.
Blaue Tage. Wir liegen, meist zu dritt, im Wasser der Militärschwimmschule. Otto bezahlt alle Vergnügungen der Art ein-

zig mit Frechheit. Nach einem Tag ohne Tagewerk, voll von Rauchen, Schwatzen, Bummeln und unnützen Haltungen, schlafe ich schlecht in der heißen Budike und verwickle mich in Eifersuchtskrämpfe. Über dem blassen Plafond schwimmt das Gesicht der Bi: es ist unruhig.

Mittwoch, 18.
Die Kunst des Schreibens ist die vulgärste und gewöhnlichste aller Künste. Sie ist zu offen, eindeutig und überprüfbar. Sie faßt selbst die fruchtbarsten Gedanken so, daß sie eo ipso platt werden und aussichtslos. Sowohl die Stellungnahme des Schreibers wie seine Bemühungen, jene auch dem Leser aufzudrängen, liegt offen am Tag. Es gibt kein Geheimnis, und wo es kein Geheimnis gibt, gibt es keine Wahrheit.

Donnerstag, 19.
Sie war schon gestern da. Sie kam heute wieder. Sie schickte einen Dienstmann, nach mir zu fragen, und stand in der Tür, leichenblaß und schwankend. Sie roch nach Puder, und vielleicht war es, um mein Mitleid zu kriegen (denn sie ist gesunken, das Strafgericht war über sie hereingebrochen) oder die Rivalität mit der Bi, die frisch ist. Sie hat, nachdem ich fort war, damals in einem Brief geschrieben, daß sie R[echt] heiratet; ich solle kommen. Aber ich kam »mitnichten«. Jetzt läuft sie her an ihrem ersten Tag. (Und sie hat einst über die Sophie Barger den Kopf geschüttelt!)

Ich habe keine Zeit, alles zu begründen. Ich habe mich entschlossen, ihr vielleicht den Frank zu geben und sie einen Sommer über zu halten. Ich sage ihr davon etwas und lasse sie wieder gehen, wie immer. Sie sagt, sie sei ganz klar, ich solle ihr Zeit lassen, und ich lasse sie ihr. Aber ich habe ihr gesagt, daß ich nicht ihr Lustknabe bin, und es hat sie getroffen. (Mitunter überfiel es mich schon, daß alles sich anders geordnet hätte, wenn ich sie in jener Freitagnacht, als sie mit Otto kam,

die Untreue im Herzen, nicht befriedigt hätte. Satt ging sie
hin und verkaufte mich. Es war nach unserer Berechnung der
Tag, an dem das Kind starb.)

Freitag, 20.
Meier-Graefe sagt von Delacroix: bei ihm habe ein heißes
Herz in einem kalten Menschen geschlagen. Und das ist im
wesentlichen eine Möglichkeit der Größe. Es ist für uns Deut-
sche ein Unglück, daß bei uns der Fleiß oder die Bemühung, ja
selbst die Genauigkeit als Attribute der Mittelmäßigen (ihr
Schimpfname heißt: Talente) gilt. Dieses Spießerurteil gras-
siert selbst in den Kreisen der Künstler, weshalb es, in
Deutschland, durch die Angst der Prominenten, eine gewisse
Berechtigung bekam. Wo ist bei uns diese ernsthafte, oft nüch-
terne Hingabe an die Idee und die ebenso oft fanatische an das
Handwerk, wie etwa in Frankreich (in dem Werk der van
Gogh, Flaubert, Gauguin, Maupassant, Cézanne, Zola, Bau-
delaire, Stendhal, Delacroix)? Die besten Werke unserer Epoche
werden vergehen durch den Mangel an Ethik ihrer Technik.

Samstag, 21.
Gestern ist die Marianne wieder dagewesen und auch Otto.
Sie hat R [echt] gesagt, sie wolle mein Kind, und er ist tief
erschrocken und hat es ihr verboten. Sie sagte, sie sehe, er sei
noch immer der alte, und er verfolge als Ziel nur die Möglichkeit, nicht mehr Rücksicht nehmen zu müssen (die Heirat).
Aber tatsächlich gelang es ihm, ihr die Idee auszureden. Er ist
ein schmieriger Krüppel, ein weibischer Komödiant und ein
brutaler Tyrann, und er wird siegen, weil er alles einsetzt, all
dies einsetzt und ich nichts. Das heißt, er wird ihre Leiche
gewinnen: Aber er wird sie auch schänden. Sie kann mit ihm
tun, was sie will, solang er sie nicht hat. Er wird zahlen, er
wird arbeiten, ja, er wird sogar gut sein, solang er nicht sich
bezahlt machen, sie verarbeiten und schlecht machen kann. Er
wird ihr die Füße küssen oder ihr ins Gesicht treten, je

nachdem sie ihn behandelt. Wenn er reden kann, so muß sie nicht hören können, wenn er Heim sagt, muß sie Käfig oder Stall verstehen, denn ein Heim ist nur die Umgebung von Menschen, nichts weiter. Ich habe ihn in einem unterschätzt: er kennt sie wirklich. Er weiß alle ihre Schwächen und wie sie hilflos ist gegen die Brutalen und käuflich, wenn es in der Kirche ist, und mißtrauisch gegen ihren eigenen Körper. Er ist nur mit ihren Schwächen intim, und er übersieht nur die Züge an ihr, gegen die er nichts machen kann. Ich aber sehe nun eines: wie sie in der vollkommenen Gemeinheit enden soll, wie ihr die Romantik entwunden, die große Ent-schuldigung der Verwirrung abgenommen wird und sie nach unten geht aus keinem andern Grund als ihrer Gemeinheit.

Eines der grausamsten und kältesten aller Argumente, die gegen eine bestimmte These sprechen, ist: die Nützlichkeit dieser These für den, der sie aufstellt. Aber soviel man ihm Interesse einräumen muß, so sorgfältig muß man es prüfen, denn es kann selbst der Urteilsspruch bestochener Richter gerecht sein. Jede Vermengung pädagogischer Absichten mit Ansichten über unumstößliche Wahrheiten ist äußerst gefährlich, und doch kann sie probabel sein, wenn z. B. nur festgestellt werden kann, daß dies wahrer als jenes, nicht aber, daß dies wahr und jenes falsch sei. Es ist schwer, aber notwendig, aus der Untersuchung über die Möglichkeit einer ewigen Verdammnis sorgfältig Gedanken darüber, ob diese nützlich oder unnützlich in pädagogischer Hinsicht wäre, auszumerzen. Das geschieht am besten, indem ich sage, daß ich dieses Dogma von vornherein für pädagogisch nützlich halte und mir der Gefährlichkeit dieser Ansicht bewußt bin. Denn nichts bringt den Menschen tatsächlich dem Zustand der ewigen Verdammnis so nahe als die Überzeugung, daß es eine solche nicht gibt. Die meisten Seelen werden nicht wegen der Ansicht verloren, es gäbe keine Seele (in theologischem Sinn, wenn Sie wollen!), sondern wegen der Ansicht, sie sei unverlierbar. Von der unzerstörba-

ren Schönheit seines Gesichtes entzückt, schneidet der Mensch
sich die Nase ab und zerstört so selbst das, was er selbst für
schön hielt. Was die Tatsächlichkeit des Vorhandenseins des
Dogmas, d. h. seiner Wirkung betrifft: Der ästhetischen Forderung an die Natur, der Mensch müsse alle Weite der
Möglichkeit, von der Seligkeit bis zur Verdammung für sich
haben, steht die Forderung gegenüber, die Ästhetik müsse
fähig sein, diese ganze Weite zu decken, anders: die Fähigkeit
des Menschen müsse es sein, aus allen Situationen Genuß zu
ziehen, und diese letztere Forderung wird unterstützt vom
Willen zum Leben selbst. Es ist das wichtigste Kapitel der
Ästhetik und der Religion. Die Tragödie, die seine bildhafte
Verkörperung abgibt, scheint auf dem Dogma der ewigen
Verdammnis zu beruhen.

Mir fehlt zum ›Galgei‹ jene Gestalt von größtem Ausmaß, die
die Fabel tragen kann. Unendlich viele Figuren lassen sich in
diese Fabel stellen: ich muß die größte haben. Und sie muß
diejenige sein, die der Fabel die meisten Hemmungen bereitet
und die keineswegs durch sie, die Fabel, erschöpft ist. Das ist
die Schwierigkeit.

Worauf man bei einer Schilderung der Marianne-Geschichte
das sorgfältigste Gewicht legen müßte, das ist die merkwürdige Färbung des Milieus. Hier kommt eine Frau vor, die ihrer
Abstammung nach eine (in sich vollendete) Kreuzung spani-
scher Adeliger und tschechischer Juden ist, ferner ein Mann,
der halb Jude, halb Böhme (wenn ich nicht irre) ist, und ihre
Geschichte (denn vielleicht ist es wirklich *ihre* Geschichte)
spielt in einer kühlen, fast nüchternen Zone, für die man, um
sie besser sichtbar zu machen, etwa den Schwarzwald wählen
könnte. Denn der dritte Beteiligte, in dessen Zone sie spielt, ist
eine im Vergleich zu jenen fast trockene und einer romanti-
schen Entwicklung der Fabel hartnäckig entgegenarbeitende
Natur. Welche Verwicklung der Gesichtslinien noch gefördert

wird dadurch, daß der letztere der Literat ist, diesmal nicht was seine Handlungen, wohl aber was seine Auffassung bestimmt. Der Halbjude ist Geschäftsmann, die Frau Opernsängerin, der junge Mann Literat, der Geschäftsmann wünscht ihren Geist, der Literat ihren Körper zu besitzen, der Geschäftsmann ist Idealist in der Rede, Zyniker in der Tat, der Literat umgekehrt. Der Literat ist unsympathisch in dieser Geschichte, weil er nichts tut und weil er ein Literat ist. Der Geschäftsmann sympathisch, weil er um seinen Kopf kämpft. Die Frau bleibt in Dunkel gehüllt und sieht selbst auch nichts.

Was für eine unerhörte Anstrengung ist es mitunter, zu leben; bloß das. Und bunte Lampions über seine Untergänge zu hängen. Wie böse ist das Leben und wie sehr verkommt man! Zu reden über seine Leiden und ruhig bleiben, wenn das Böse geschieht! Der zerfressende Regen dunkel und der Abgrund Qual an sich! Abends liegt man über den Bänken, in der Haltung derer, die einstmals beteten. Aber die Gnade ist erschöpft, und es antwortet einzig: das harte Schweigen der Gerechtigkeit.

Sonntag, 22.
Ich rauche im Grünen Zigarillos und versuche, den Joseph Galgei zu Gesicht zu bekommen. Ich brauche nur die vagsten Umrisse von ihm. Er hat eine rote rissige Haut, besonders im Nacken, kurzgeschorene Haare, wässrige Augen und dicke Sohlen. Er kocht innerlich und drückt sich schlecht aus. Alles aber kommt daher: daß sie nach ihm hinschauen.

Pläne:
1) den ›Pestkaufmann‹ für Granach schreiben!
2) den ›Galgei‹ für das Nationaltheater
3) den Flibustierfilm für Mar
4) die ›Sommersinfonie‹ für Mar
5) den ›Grünen Garraga‹ für die Kammerspiele

Ich erinnere mich an einen Mann in Amsterdam, der mit
Leichtigkeit die schwersten Eisengewichte handhabte – mit
Leichtigkeit, aber nicht ohne bitterböse Flüche und eine
abgründige Verachtung für alles, was wie Eisen aussah. Dieser
(dicke) Mann nun verfiel, nahm man ihm die Gewichte weg,
in eine überaus lasterhafte Melancholie, magerte ab (Schinken
im Rauchfang) und verlor von seinen besten Flüchen einen
nach dem andern. Was ihm fehlte, war der Schweiß, die
Begründung seiner Verachtung und der Sinn seiner Existenz,
den die Eisengewichte, die er durchsch [-], ausgemacht hatten.

»Auf dem Wege von Augsburg nach Timbuktu habe ich die
Marianne Zoff gesehen;
Welche in der Oper sang und aussah wie eine Maorifrau,
Und im Gras schön war, auch im Bett und in den Kleidern
schön aussah,
Und ich schlief auch mit ihr und machte ihr ein Kind.
(Sie rollte sich zusammen wie ein Igel im Schlaf.
Sie war schlau wie ein Tier und handelte ohne Schlauheit
Sie nickte beim Lachen mit dem Kopf, sah einen von unten
schief an und zog einen Grashalm durch die Zähne
Sie ging aus Freude
Sie sagte einmal zu mir: Depp!
Sie war stolz auf ihre Beine.
Sie sah aus wie verbranntes Gras in der Leidenschaft.)«

Ende Mai bis Ende September 1921

Mai

Mittwoch, 25.
Ich fahre mit der Bi an den See. Wir liegen im Laubwald, essen dort Mohnnudeln zum Tee, nehmen ein Sonnenbad im Kahn, wobei sie unvergleichlich aussieht, schmal und zart. Dann lehre ich ihr das Schwimmen, denn »es fällt immer ihr Gesicht ins Wasser«. Sie lernt es leicht, zappelt nur ein Stück. In der Kabine sitzen wir nackt, sie hat eine so reine, natürliche Art, eine unerhörte Anmut und Würde in allem. Wir trinken während eines schrecklichen Hagels (Gott schießt mit tauben-eigroßen Eiskugeln in die grünen Büsche) Kaffee und filmen dann im leis tropfenden Wald die ›Jungfrau von Orleans‹. Die Bi spielt, wie die Johanna nach der Schlacht aus dem Lager in den Wald geht und wieder ein kleines Landmädchen zwischen den großen Bäumen wird, und sie spielt es naiv wie ein Kind und zugleich gerissen wie ein Star. Nach so vielen Jahren ist sie immer noch nicht erschöpft, sie überrascht einen immer. Sie sagt, ich wirke männlich, wenn ich spreche, überhaupt das Gesicht, aber am wenigsten von hinten, da sehe ich unregel-mäßig, klein und gering aus, im Bett bubenhaft und frech und am besten, wenn etwas passiere. – Ich habe sie sehr lieb.

Samstag, 28.
Otto und Cas lümmeln in den Maifestspielen herum. Einmal fischt mich Otto, füllt mich mit Schnaps und zieht mich auf eine Groteskbühne, wo ich das ›Sentimentale Lied‹ singen muß. Ich kann es nicht ganz auswendig, und ein Herr daneben am Vorhang zischt dauernd: »Mimik!«, und ich mache schlapp und trudle ab, von Gewissensbissen zerfleischt, übri-gens unter Beifallsklatschen.

Freitagabend habe ich die Jörgen bei mir und lege den Grund-stein zu meiner ersten Milliarde. Sie hat ein Mittel gegen rauhe

Haut am Oberarm. Ich habe einen Haufen Ideen in bezug auf (gezeichnete) Reklamefilmchen. Sie fängt an, indem sie in eine okkulte Buchhandlung eintritt. Sie hält die Jünger der okkulten Wissenschaft für gute Kundschaft. Meine Arbeit bestünde darin, an sie (die Jörgen) zu glauben. An die Milliarde, das Mittel und die Jörgen. Es ist ein Geschäft wie tausend andere. Ich liebe die Leute, die Ideen haben, um die Welt zu erobern, und mit Hautmitteln anfangen.

Ich habe die Marianne weggehen lassen, mit Kredit versehen. R[echt] hat ihr das Geld (7000 M) abgenommen, und sie muß wieder welches verdienen. Sie sitzt in Berchtesgaden und steckt das ein, was sie mehr bekommt, als sie veräßt. Die ganze Familie sitzt dort. Ich hülle mich in Rauch und feixe drinnen. Laure, was sie will. Enthalte mich einer Meinung. Aber jetzt schreibt sie, zwei Tage unten, ich solle kommen, niemand wüßte es, sie bringe mir das Essen jeden Tag. Das beeinträchtigt mein Vergnügen. Ich soll in den Wäscheschrank. Durch den Lieferanteneingang. In ein Ehebett. »Der Herr als Diener« oder »Weitgebracht . . .«. Ich winke heftig ab.

Der Regen trommelt ins Grüne, auf die Fensterbretter, auf den Asphalt. Die irdischen Dinge werden langweilig. Man sieht sie sich ab an den großen Gedanken, welche einfach sind. Die Frauen reichen nicht über ihr Bett hinaus, sie sind nicht gut inszeniert, heben sich nicht scharf genug voneinander ab, auch ist ihre Fabel zu sorglos komponiert. Entweder sind sie immer gleich und verlangen viel Geschmack und Phantasie, oder sie langweilen einen durch ihre Irrtümer über sich selbst, weil sie diese zu lang tragen, wie die Wäsche. Ihre Wäsche wechseln sie, aber nicht ihre Irrtümer! Eigentlich ist von allen Gefühlen, mit denen die Liebe einen unterhält, nur die Eifersucht nicht allzu langweilig. Und die Eifersucht, die einem Mann nie von einem Mann, sondern immer von einer Frau eingeflößt wird, bietet die einzige Möglichkeit, zu einem günstigen Urteil über einen Mann zu gelangen. Wenn der Sinn für Literatur in einem Menschen sich erschöpft, ist er verloren; denn ein Gebildeter interessiert sich angesichts aller menschlicher Ereignisse immer nur für ihre literarische Aufmachung, ihren Stil, ihre Ethik, die Geschliffenheit ihrer Pointe oder die Brutalität ihres Raffinements. Es wäre besser, sich dummzustellen. Denn es ist angenehmer, eine möglichst große Anzahl von möglichst klugen und möglichst ernstzunehmenden (also anständigen) Menschen schweißtriefend damit beschäftigt zu sehen, einen auszurotten, als von sich selbst vergessen das unwichtigste Erlebnis von vier Wänden oder die peinliche Angelegenheit eines Gossensteines zu werden. Es ist mitunter ein schwer zu erringendes Verdienst, nur ein kleines Autodafé im Grünen zustandezubringen, man sollte nicht so unbedenklich sein zu zögern, sich selbst dabei auf den Holzstoß zu plazieren, wenn sonst die kleine Fete ins Wasser fiele. Aber man schont sich und stirbt daran. Man muß seinem Schenkel seinen Fuß opfern und seinen Schenkel seinem Kopf. Aber für gewöhnlich läuft man nur herum aus Überdruß am Sitzen und hat dann Gedanken wie ein Hund Würmer.

Die Tragödie basiert auf bürgerlichen Tugenden, zieht daraus ihre Kraft und geht ein mit ihnen. Es hat keinen Sinn, einen Heiligen zu räuchern, ohne an irgendwelche Götter zu glauben. (Judas, der an den Gott des *Heiligen* glaubte – das ist ein Happen!) Und die Komödie, wo sie tief und ernstzunehmen wird, läuft womöglich hinaus auf eine Anbetung der Henker oder der Ärzte. Die Schlachtung eines Schweins kann durch ein winziges heroisches Moment tragische Erschütterungen auslösen, die Opferung eines makellosen Rindviehs ohne diese (vielleicht betrügerische) Manipulation nicht. Pro domo: ich weiß nicht, ob die ungeheuerliche Mischung von Tragik und Komik im ›Galgei‹ überhaupt zu gestalten ist, welche darin besteht, daß ein Mann ausgestellt wird, der nach *solchen* Manipulationen an ihm noch lebt!

(Der Unsterbliche aus Unfähigkeit, der lebende Mensch ohne Herz!)

Der Vorwurf des ›Galgei‹ hat etwas Barbarisches an sich. Es ist die Vision vom Fleischklotz, der maßlos wiehert, der, nur weil ihm der Mittelpunkt fehlt, jede Veränderung aushält, wie Wasser in jede Form fließt. Der barbarische und schamlose Triumph des sinnlosen Lebens, das in jede Richtung wuchert, jede Form benützt, keinen Vorbehalt macht noch duldet. Hier lebt der Esel, der gewillt ist, als Schwein weiterzuleben.

Die Frage: Lebt er denn?

Er wird gelebt.

Sonntag, 29.

Ich habe G. K. C [hesterton]'s Detektivgeschichten in die Hände bekommen. Ich habe keine bessern gelesen. Hier löst tatsächlich der Verstand die Aufgabe. Diese Engländer, ob sie Patrioten sind wie Kipling oder Katholiken wie Ch [esterton], sie verstehen ihr Geschäft und zerfasern nicht Probleme, sondern zeigen die praktischen, nützlichen Seiten ihrer Methoden, sie handeln zumeist wie gewisse Geschäftsreisende in Thermosflaschen, die ihre »unzerbrechlichen« Flaschen mit barbarischer Wut auf den Boden werfen oder mit andern, zerbrechlicheren, zusammenschlagen, um die Güte ihrer Flasche zu beweisen.

Nun sitzt der braune Geist vor seinem Wigwam, allein, und starrt in die Gesträucher. Der Wind geht, und der Strauch wird klein, und die Squaw, die fortgegangen ist, steht in den weißen, reißenden Gewässern. Sieben Tage braucht der Büffel, wenn er nachts durchläuft, bis er an den weißen Gewässern ist, und zwei Tage nur braucht das Gewässer, bis es am Hals der einsamen Squaw ist... Und der braune Geist steht nicht auf, denn wer ist schnell wie ein Büffel? Und der braune Geist blinzelt, denn was ist tödlicher als das weiße Wasser? Und die Gesträucher werden wieder groß...

Psalm

Wir haben nicht mit den Lidern geblinzelt, als die weißen
Wasser uns bis an den Hals gegangen sind
Wir haben Zigarren geraucht, wenn die dunklen braunen
Abende uns angefressen haben
Wir haben uns nicht geweigert, wie wir im Himmel ertrunken
sind—
Die Wasser haben es niemandem gesagt, daß sie an unserm
Hals waren
In den Zeitungen stand es nicht zu lesen, daß wir geschwiegen
haben
Die Himmel hören die Schreie der Ertrinkenden nicht –
Also sind wir auf den großen Steinen gesessen wie die Glückli-
chen
Also haben wir die Grünlinge erschlagen, die von unserm
schweigenden Gesicht redeten
Wer redet von den Steinen?
Und wer will wissen, was uns Wasser, Abende und Himmel
sind?

Na[chmittags] mit Cas über Marées. Das ist einer wie die
Literaten. Ein sauberer Arbeiter, brav, talentvoll, reinlich.
Aber seine Bilder haben keine Metaphysik. Die Perspektive
hört dicht hinter dem Tableau auf. Was dasteht, sieht man,
was er weiß, steht da. Es ist sein Äußerstes. Kein Bild wird
fertig. Es gibt kein Geschaffenes, das absolut, mangellos
dahintersteht, nie ganz auszuschöpfen. Er macht aus vier, fünf
Elementen die Tafel. Sie ist seine Erfindung, nicht seine
Vision. Ich achte die Ingenieure, liebe sie nicht. Kaltblütigkeit
ist ein Wunder, erfordert Heldenmut, wo Gefahr droht. Nicht
im Atelier. Hier wird eine Eroberung organisiert. Wenn M[a-
rées] ohne Philosophie auskommt, seine Holzpuppen sind
ohne Ideologie nicht Stimmung vermittelnd. Er verzichtet
weniger auf Effekte, mehr auf ihre Erfindung. Schließlich
wird eine gute Theorie, eine konsequente Beschränkung und

ein ideologischer Eigenwille, einiges Talent vorausgesetzt, auf die Dauer immer einigen Erfolg haben.

Montag, 30.
Man müßte die Nation ins Herz treffen. Jedes Stück eine Bataille. Sich inmitten eines Volkes entwickeln. Macht ausüben. Oder, wie ein Louis, alles nur vorläufig tun? Eine Zeitlang goldener Halbgott, über den Affenfamilien grinsend? Welkend mit dem grünen Laub und vom Wind in die Wälder getragen? Er müßte die Menschen wie Pflanzen behandeln, sie niedersicheln, wenn er, der Herr, durch den Lianenwald schreitet, oder wie Neger, mit unverständlichen Gurgellauten im Kehlkopf, einzig die Peitsche begreifend. Und, wenn das Feixen abfällt, auf einem großen Stein verenden, wie eine Pflanze eingehen, die einzige ernste Angelegenheit des Planeten, nicht ernst genug, um beachtet zu werden.

Sich eine einfache Fabel leisten!

Wenn es einem gelänge, durch die Wände durch und an den kleinen Leuten vorbeizusehen! Und die Zeit zu erblicken, die ein Ding hat! Man könnte verhindern, daß es aufgehalten würde!

»Wenn man seine Haltung im Dschungel sah, erkannte man, daß es ein Soldat war, er war groß und gewandt und zeigte den Dingen sein Gesicht (welches wie ein flacher, vom Flußwasser ausgewaschener Stein war). Man sah wohl auch, vorzüglich von hinten, daß er ein Meuterer war, die Tiere machten einen Bogen um ihn, er war der Kamerad derer, die auf ihn schießen mußten, eine einzelne Sache, er trödelte so im Dschungel herum, mit Tabak und Jagdflinte, und er horchte, wenn eine Trompete einschlug. Auch schlief er im Freien oder ließ wenigstens die Türe auf, um sehen zu können, was auf ihn zukam, und er schlief mit der Mütze auf dem Kopf. Er geht nur im mannshohen Gras, obwohl er von den harten Stengeln geschnitten wurde, daß er blutete, er dreht sein Ohr immer in die Richtung des Winds, und einmal sah man ihn, wie er auf einen Baum schoß, auf nichts als einen grünen Baum.«

Ich rede mit Cas wieder über neue Kartons. Ich sage: »Das Material muß in Ordnung sein. Leinwand, Leim, Farbe. Keine Täuschungen. Nicht Flecken ausbreiten, die das Auge zusammensuchen soll. Einfache, starke Farben. Drei, vier Elemente, sorgfältig erwogen, das Temperament im Zaum gehalten, zusehen, daß die Leidenschaft in großen ruhigen Stößen pulst.« Da ihm das Pathetische gerade zusagt, muß er nur den Effekt im rein Malerischen lassen, kann aber Motive wählen nach Herzenslust. Etwa die Jungfrau von Orleans, d. h. ein weiblicher Halbakt zwischen braunen Soldatenkörpern und mit durchsichtigem, klassischem Himmelsgewölbe. Wenn schon Theater, dann gutes Theater, vornehmes Spiel und keine Nachahmung der Wirklichkeit! (sondern: Vorbild!) – Ich selbst habe viel Sinn für Kultur eben, und das Klassische »erquickt« mich. Man muß über den Barock hinauskommen!

Dienstag, 31.
Ich lese Mauthners ›Letzten Tod des Gautama Buddha‹. Ein ausgezeichnetes Buch des großen Schriftstellers. Ich fange dann sogleich die Geschichte des Atheismus an; nachdem ich Meier-Graefes ›Delacroix‹ ausgelesen habe, wie ich glaube, mit Gewinn.

Juni

Mittwoch, 1., bis Freitag, 3.
Mit der Bi, Otto, Cas in Starnberg. Viel Lektüre. Im übrigen laufe ich auf dem heißen Asphalt nur die Stiefel auf. Mit Hetzen geht es nicht. Das Boot läuft vor dem Wind. Ich rauche viel, ich setze mich auf vielerlei Arten, ich schnappe nach einem Vierzigbilderfilm und schreibe einen Brief an Kiepenheuer. Mar ruft an, sie will Montag kommen, ihre Stimme ist nervös, aber der sinnliche Klang in den nichtssagenden Worten stört mich auf. Mitunter besuche ich Cas, der Rubens kopiert, das Stück ist mir widerlich, man muß immer einen Schnaps drauf trinken. Otto hetze ich auf reiche, möglichst verheiratete Weiber, die für Filme Kapitale beschaffen sollen: Gott hat ihn nicht umsonst schön gebaut.

Samstag, 4.
Es hat alles seine Grenzen. Das, was die Frau für den Mann tut und was der Mann für die Frau tut. Das, was der Vater für den Sohn tut und was der Sohn für den Vater tut: es hat alles seine Grenzen. Der Sohn, der seine Mutter nicht schlägt, dem soll man ein Denkmal setzen. Die Frau, die ihren Mann nicht betrügt, die soll ihr Mann nicht an den Haaren ziehn. Der Vater, der seinem Sohn hilft, der soll in die Geschichtsbücher kommen. Ich lasse die Frau schlagen, die ein Kind von mir trägt. Und die Frau verrät mich an den, der sie geschlagen hat. Ich lasse mein Kind in der Fremde laufen. Und mein Vater hilft mir nicht in meiner schwersten Zeit, wie es mir leid tut. Meine Mutter hat ihre Mutter oftmals nicht geliebt, und ich habe meiner Mutter nicht gesagt, daß ich sie liebhatte.

Immer läßt mich mein Vater im Stich, wenn die Gefahr kommt. In der Sache wegen Marianne glaubte er einem fremden Mann und weinte vor ihm und verriet mich und hielt mich zurück, daß man die Frau mir nehmen könne. Nach meinem Kind frug er nicht *ein*mal, nicht *ein*mal nach seiner Mutter, von der ich ihm sagte, ich wolle sie zur Frau nehmen. Er sagt, er glaube, wegen des Kindes, »ich werde es schon irgendwie ordnen«. Nun, ich trudle herum und lade die größte Sünde meines Lebens auf mich, von der ich weiß, daß ich sie nicht aushalten werde. Ich schmiere Filme und verplempere mich. Es wird bald soweit sein, daß ich zu Hause hinausgeworfen werde.

Montag, 13.
Alles wieder Panorama.
In diesem Land sind die Farben schlecht. Es ist alles graue, oft gewaschene Tinte. Wenn sie einmal einen roten Mond hineinbringen, hat man nicht genug Naivität, ruhig zu bleiben. Daher sollte wenigstens der Schnaps umsonst sein. In einem Land mit solchen Farben sollte der Schnaps nichts kosten.

Vor einer Woche die Marianne. Wir reden zuviel. Nachts bin ich müd und schlafe, sie aber wacht, sitzt auf dem Sofa in der Hölle und weint über meine gestorbene Liebe. Ich halte, aufgeweckt, eine Rede darüber, daß sie R[echt] wieder alles verheimlichen, dann entfliehen will oder was sonst? Sie bereut, sie will R[echt] gestehen, sie fährt zuversichtlich ab und schreibt einen eifersuchtstollen Brief drei Tage später: sie wolle überhaupt allein in die Welt.

Mitunter halte ich mich in der Pinakothek auf. Jetzt wird es mir übel vor dem Fleischbazar der Rubensorgien. Davon hatte ich selber zuviel intus, muß aber zum Tizian kommen. Hier ist so gedunkelter Prunk, ein satter Goldton, balsamische Ruhe bei starker Kraft und die Monumentalität des Shakespeare. Man sollte doch irgendwo ein gelbes Haus gründen, wie van Gogh meint, in das man Leute mit Ideen und Wuchs zusammenpfercht, die dann sehen müssen, wie sie miteinander zurechtkommen. Etwas so Gesellschaftliches wie Theater läßt sich nicht von einzelnen Punkten aus in Angriff nehmen, hier braucht man vernünftiges Übereinkommen.

Freitag, 17.

Als ich heut vor dem Spiegel Kirschen fraß, sah ich mein idiotisches Gesicht. Gegen die geschlossenen, schwarzen Kugeln, die im Mund versanken, wirkte es noch ungebundener, lasziver und widerspruchsvoller. Es hat viele Elemente von Brutalität, Stille, Schlaffheit, Kühnheit und Feigheit in sich, aber nur als Elemente, und es ist abwechslungsvoller und charakterloser als eine Landschaft unter wehenden Wolken. Deshalb können viele Leute mein Gesicht nicht behalten (»es sind zuviele«, sagt die Hedda).

Abends, in der Neuen Bühne, sehe ich Granach in ›Von morgens bis mitternachts‹. Ich beobachte, daß ich anfange, ein Klassiker zu werden. Diese äußersten Kraftanstrengungen, gewisse (banale oder rasch banal werdende) Inhalte mit allen Mitteln herauszuschleudern! Man rügt den Formendienst der Klassik und übersieht, daß es die Form ist, die dort Dienste leistet. Jene, ich sagte am liebsten: journalistische Tendenz dieser Leute à la Kaiser, jedem Gefühlchen eine ihm allein angemessene, ganz auf es eingestellte, rücksichtslose Formulierung zu geben, führt doch nur zu seiner Isolierung. Allerdings stößt mir jede Glätte auf, aber Vollendetes ist nicht glatt. Man muß loskommen von der großen Geste des Hinschmeißens einer Idee, des »Noch-nicht-Fertigen«, und sollte hinkommen zu dem Hinschmeißen des Kunstwerks, der gestalteten Idee, der größeren Geste des »Mehr-als-Fertigen«. Schon wieder abbröckelnd, schon wieder verblassend, hingehend, lieblich ausweichend, leicht gefügt, nicht sorgfältigst gesammelt, erschwitzt, versichert!

Kaiser, mit seiner erstaunlichen Betonung des Wortes als Mittel, stellt zweifellos die letzte und äußerste Anstrengung des Wortes dar, das zu erreichen, was der Film *ohne* es erreicht. Typisch die Heilsarmeeszene! Alles gruppiert um einen Witz (wobei die Wirkung von dem Verspotteten ausgeht!). Daß die Bekehrten auf das Geld stürzen wie Verhungerte, das ist ein Einfall wie viele, er sagt noch nichts gegen Kaiser, so billig er an sich ist. Aber jeder Künstler hätte hier sich nicht begnügt, das Faktum zu geben. Hätte Kunst hineingearbeitet (selbst auf Kosten der äußern Wahrscheinlichkeit!), also retardiert, die Angelegenheit zu der des Wortes gemacht, das Ganze zu einer scheußlichen Offenbarung von Menschlichkeit mit allen ihren Nuancen und Steigerungen. Kaiser macht eine Filmaufnahme!

Sonntag, 19.
Jetzt häuft es sich. Die Bi kommt im Juli nach Nürnberg, es ist die letzte Woche München, und die Marianne kommt. Es wird die endgültige Flucht werden sollen, und man wird Obacht geben müssen wie an der Transmission. Dazu sitzt die Tante Marie zu Haus, Vaters Schwester aus Amerika, eine lebhafte, angenehme ältere Dame, sanft und stark, mit guten Bewegungen, ich soll morgen mit nach Füssen, aber Vater schlägt es ab, Kimratshofen zu passieren: es hat keinen Sinn. Es wird für ihn schwer sein, dereinst zu ernten, was er jetzt sät, kalkuliere ich. Ich fange an, ihn seiner geringen Achtung seines Blutes wegen geringer zu achten. Man bemerkt: der Knoten schürzt sich. Der Vorhang geht hoch über dem vierten Akt!

Ende Juni
Marianne ist da, eine Woche lang. Zuerst ist es nicht gut, einmal sagt sie in der Nacht, R [echt] habe versucht, sie zu vergewaltigen, sie sei schwach gewesen. Er sei in ihr gewesen, aber sie sei so gewesen, daß er nicht konnte. Vielleicht war noch Lüge in dem, als ich beschloß, es durchzustreichen. Am

Schluß waren wir in Possenhofen, da depeschierte George, ich
solle kommen. Es war wegen der Bi. Sie war fort, als ich kam.
Der Sommer ist sehr heiß.

Juli

Ich bin faul wie eine Schlange, das geht immer so hin. Ich denke nach über die ›Sommersinfonie‹, Mar ist mit in Possenhofen, eine Woche lang. Es ist wundervoll. Sie ist wie das Meer, wechselnd unter jedem Licht, gleichmäßig und stark. Wir nehmen ›Carmen‹ durch, den ›Rosenkavalier‹. Die Nächte sind durchsichtig wie Bernstein, ich schlafe wie ein Igel. Das Wasser spült uns ins grüne harte Gesträuch, und unter den Augen des Wassers vereinigen wir uns. Die Schatten fliehen, ich liebe sie, die schöner ist denn je: Das ist die Kuppel des Sommers. Die zweite Hälfte der Zeit trübt sich. Wir fahren mit dem Heigei nach China (nachdem sie Sonntag und Montag R [echt] traf und sich auf Donnerstag wieder mit ihm bestellte). Frank ist gesund, fröhlich, anmutig, er erkennt mich sogleich, Otto liebt er schnell, der sich in Gäule verwandelt, mit der Stiefelsohle Hüte frißt usw. Mit Mar macht er weniger, vielleicht weil sie ihn nicht genug liebt, und dann wird sie kühler, weil er nicht zu ihr hingeht. Aber sie ist doch sehr nett mit ihm, es wäre wundervoll, wenn sie ihn aufzöge. Übrigens stöbert sie einen Zettel auf, wo in schnoddrigem Ton von R [echt]s Überfall die Rede ist, und sie fängt an, mir Lügen vorzuwerfen. Sie ist eifersüchtig wie eine Negerin, und Tyrannen bekommen die Wahrheit selten zu hören. Ich bin zu faul zu kindischen Kämpfen und zu asiatisch, um auf Scheiterhaufen für die Wahrheit zu sterben. Und sie fängt an, überall in mir herumzuliegen und womöglich auf der Lauer und mich aufzuhetzen gegen die Bi und die Freunde. Ich liebe sie, die nicht klug ist. Aber sie bringt mich mit Sicherheit zur Revolution. Freilich, hier innen stehen nur die schlimmen Dinge, aber ihre Lieblichkeit und das Gebenedeite, das jeder Atemzug bei ihr hat, der starke Klang und vieles steht nicht hier.

Lange faulenze ich. Dann mache ich mit Cas einen großen Film in drei Tagen, viele Seiten, anderthalb hundert Bilder, schweißtriefend und bockend unterm Tisch. Er heißt: ›Drei im Turm‹ oder so und ist für die Marianne.

Ich schwimme, trinke Limonaden, lese Detektivgeschichten, schreibe auch selber eine, den ›Javameier‹. Es ist spaßig, Ingenieur zu sein.

An Franks drittem Geburtstag besuche ich die Bi in Utting. Sie ist leicht und gut, wir baden, sitzen unter den Bäumen; aber den Frank hat sie fast vergessen, erst heut schreibt sie ihm zum Geburtstag, sie tut auch nichts, ihn zu sehen. Ich muß doppelt viel arbeiten, um ihn zu mir nehmen zu können!

August

Samstag, 13.
Es ist noch Nacht und es regnet, und es geht auch noch Wind. Ich bin aufgestanden, wir schlafen nicht, die Marianne nicht und ich nicht, ich habe den Bademantel an, sitze auf dem Sofa, habe das Zittern in Armen und Beinen, die Einsamkeit bricht aus in mir.
Jetzt ist Mar seit langem da, wir essen an einem Tisch, schlafen in einem Bett und haben Streit, wenn wir nicht auch an einen Gedanken denken. Sie ist schön und gut, sehr mannigfaltig, und nur das Zimmer ist zu eng und vielleicht auch ich selber... Ich arbeite nichts, denke nichts, erlebe nichts.

Dienstag, 16.
In der Frühe fährt sie nach Wiesbaden. Sie hat endgültig gebrochen mit R [echt], also keine Wohnung dort, wenig Geld ...

Mittwoch, 17.
Ich sehe noch ihr Gesicht im fahrenden Zug: bleich unter der Bräune, leicht, wie eine Blüte, lächelnd. Jetzt beginnt wieder die Jagd auf sie.

Donnerstag, 25.
Zwischen neuen Filmplänen und Sinclairs Buch ›Metropolis‹: Hier die Folgen der »Arbeit als Selbstzweck«. Brauchten diese Bourgeois eine Entschuldigung, mußte die Arbeit geheiligt werden? Mit einem Male war sie Pflicht. Auf das Tapla geworfen ein Mittel, von ihr loszukommen. Arbeiten, um nicht mehr arbeiten zu müssen. Dann Unterhaltung, Sport, Zeitvertreib. Dann Prüfung, Mittel zur Macht, Selbstachtung.

Samstag, 27.
Ich schlage mich herum mit den Mitteln der Poesie. Die Bühne
hat für den »Ausbruch« die Steigerung und kann deshalb die
Sprache rein ornamental lassen, blumenhaft und grausam,
eine kalte Bekleidung! Das Interessante und das Poetische ist
verschiedener Natur. Die Farbe der Szene hat mit ihrer Span-
nung wenig zu tun. Dem Kind sieht man nicht an, ob die Muse
angeilend aussah oder nicht. Das Fressen bleibt die Dynamik!

Montag, 29.
Ich habe die ›Ballade vom Liebestod‹ gemacht, und das
bedeutet eine Auflockerung der Sprache und einen Marsch in
die Mitte. Läßt man sich mit der Sprache ein, ist es bald, als
kaue man Gummi. Aber der Zynismus sprengt das Gestein
auf.
Orge ist gegen jede Einschränkung. Er verträgt es nicht, mit
gebundenen Händen zu arbeiten: eine bestimmte Fabel auszu-
graben. Er will nicht Menschen für Pointen vergewaltigen!

September

Freitag, [2.]

Man hat mir den vorderen Zahn gezogen, den halben Kiefer zermalmt. Ich setze den steifen Hut auf, Orge und Hei verschleppen mich zum Hei. Dort singen wir das ›Seemannslos‹ und den ›Roten Sarafan‹, und der Hei liest aus dem Roman vom Apollonius von Tyrus vor. Orge spielt Klavier wie ein Schwein, das ›Gebet der Jungfrau‹ und den ›Radetzky‹ [-Marsch], und lacht, daß die Zähne wackeln. Ich liege krank im Fauteuil. Ich bin immerfort leer und traurig.

Sonntag, [4.]

Als ich mir überlegte, was Kipling für die Nation machte, die die Welt »zivilisiert«, kam ich zu der epochalen Entdeckung, daß eigentlich noch kein Mensch die große Stadt als Dschungel beschrieben hat. Wo sind ihre Helden, ihre Kolonisatoren, ihre Opfer? Die Feindseligkeit der großen Stadt, ihre bösartige steinerne Konsistenz, ihre babylonische Sprachverwirrung, kurz: ihre Poesie ist noch nicht geschaffen.

Dienstag, [6.]

Auf jeden Fall sollte man sich nicht allzuweit von den einfachen Zielen losseilen. Seit zum ersten Male billige Bretter über Schnapsfässer gelegt wurden und zwei Burschen öffentlich irgend einen Handel austrugen, war die Unterhaltung der Zuschauer das bezahlte Ziel. Immer ruhten diese glotzenden Bierbrauer, Steuerpächter, Küfer hier aus, und erst ein wenig später befriedigten sie hier am billigsten ihre unterirdischen, aber sehr irdischen Triebe und auch die himmlischen und schufen sich so einen Ersatz für jede gefährliche Ausschweifung, mitten hinein in ihre umfriedete, gesicherte Bauchperipherie. Die naiven Abenteuer mußten bald durch lebenskluge, praktische Maximen gewürzt, durch leicht eingehende Stim-

mungen leicht verdaulich gemacht, durch halbverhüllten oder
frech platzenden Witz gepfeffert werden. Jetzt, am Endpunkt
einer Entwicklung, befriedigt nurmehr die Eitelkeit der
Akteure jene eines Parterres von Köchen und Topfguckern.

Donnerstag, 15.
Ich habe nichts zu tun, schlafe schlecht, magere ab. Mitunter
lese ich, auf der Chaiselongue, Charles Louis Philippe mit
Genuß. ›Marie Gottegebe‹ und ›Bübü‹ ist das beste. Außerdem
lese ich Karl Kraus. Post bekomme ich fast keine. Was die Bi
treibt? Die Zugvögel kacken auf mich und meine Insel: Aber
es wächst nichts.

Ich grüble wohl da so etwas herum um eine Sache, die ›Freiheit‹ heißt oder ›Die Feindseligen‹. Es ist ein Kampfstück,
östlich-westlich, mit einem unterirdischen Austrag, Ort: die
Hinterwelt. Es müßte die großen Formen des ›Baal‹ haben.
Aber ich bin wie zerschlagen vom Sommer. Ich weiß jetzt
(und erst jetzt), was eine Frau ist, und auch die Bettliebe weiß
ich jetzt und vieles mehr, aber die Frechheit habe ich liegen
lassen, die unglaubliche Naivität, den naiven Unglauben, die
Sicherheit der Unwissenden. Aber doch besänftigt sich dafür
jetzt wenigstens wieder der Betrieb, ich sehe größere Zusam-
menhänge, wenn ich auch nicht stark genug fühle. Die Finger
sind pelzig, ich habe zuviel Daumen an den Händen, und
dieses Mißtrauen gegen alles Überkommene! Dabei neige ich
gegen Experimente. Die Natur experimentiert nicht. Das
Lebendige ist nie spießig, und es gibt keine Kunst ohne
Abstand. Bei den Schwarmgeistern geht zuviel in die Luft.
Auch ist es wichtig, sich nie nach außen zu stülpen, immer
dunkel und massig zu bleiben. Nur keine Exhibition!

Freitag, 16.
Ich arbeite den ganzen Tag an dem Stück ›Hinterwelt‹ oder
›Der Wald‹ oder ›Dickicht‹ oder ›Die Feindseligen‹ oder ›Ge-

orge Garga‹. Zuerst mache ich die periphere Szene ›Grünliche Tapetenmansarde‹. Jetzt geht es sprachlich durch. Ich arbeite jetzt auf ganz kleinen, dünnen Papierblättchen, im Gehen in der Allee; keine Zeile im geschlossenen Raum. Es ist gutes Wetter, ich gehe stundenlang zwischen niederklatschenden Kastanien. Dabei gehe ich ganz lässig vor, indem ich mich nicht zu früh festlege. Erst nach der halben ersten Szene konzipiere ich G. Garga völlig. Viel später baue ich das Gerippe der Handlung, das ich kaum belaste. Alles ist im Fluß, ich liebe das Ungefähr. Dazwischenhinein entwerfe ich Sätze aus allen Szenen und einzelne Auftritte. Es wächst alles, fast von selbst, dem Mittelpunkt zu, als schriebe ich aus der Erinnerung.

Ich bin guter Dinge, interessiere mich für nichts, vernachlässige Kleidung, Essen, Gesellschaft und bin voll Ruhe und Ausgewiegtheit beim Schreiben. Jedes Wort hat seine Schale erbrochen, es dringen Sätze direkt aus den Brüsten herauf. Ich schreibe nur auf.

Sonntag, 18.
Ich arbeite ununterbrochen. Gestern die erste Szene fertig und einiges aus andern. Heute die zweite Szene, die halbe dritte (am Abend) und vorher die letzte. Jedes Wort im Freien! Heute im kalten Wind am Lech zwei Stunden, ich merkte es zu spät.

Montag, 19.
Vormittags arbeite ich am Lech drei bis vier Stunden. Dann habe ich stärkeres Fieber, benommenen Kopf. Morgen sind die zwei Prozesse, und ich soll vorgeführt werden. Ich besorge, die Arbeit einstellen zu müssen.

Louis Philippe
Soyka
Armstrongfilm
Tizian
Turmfilm
Ballade vom Liebestod
George Garga oder Das Dickicht
Marianne am See

Soyons amis, Cinna!

Ende September 1921 bis Mitte Februar 1922

September

27.

Ich lese im Feuerbach die Mordtaten eines Priesters, eines stattlichen und wohlbelesenen Mannes, der durch Fleiß und Menschenkenntnis trotz angeborener schlechter Triebe es vom Hirtenknaben bis zum Pfarrer und Hofbesitzer gebracht und der einen starken Sinn für das Sittliche hatte, auch darauf bedacht war, mit Gott in gutem Einvernehmen zu bleiben. Es ist dies interessantes Material zur Geschichte Gottes. Der Mann war als Bürger ein Beispiel. Er schwängerte drei Frauen aus dem Volke, lebte längere Zeit mit ihnen, hielt auf ihre Treue, erwarb ihre Liebe und sorgte gut für die Kinder. Um die öffentliche Sittlichkeit nicht zu gefährden, sowie um seine Ehre und die Achtung seiner Mitbürger nicht zu verlieren, erledigte er die Ermordung eines dieser Mädchen in aller Stille. Sie belastete sein Gewissen nicht. Er hatte die Fähigkeit, auf dem Leichnam mit Füßen herumzutreten, um ihn unter den Boden zu bringen (da die Hände in bittender Haltung ersteift waren und man daran beim Getreidedreschen stieß). Einen grünen, leinenen Regenschirm der Ermordeten trug er viele Jahre lang; er schien sein erworbenes Gut zu verdienen. Im Gefängnis leugnete er vier Jahre lang lächelnd und verteidigte sich wie ein Mann. Ein Geständnis legte er ab in einer Art Nervenkrise. In den Akten scheint zu stehen, daß er kurz vor dem Geständnis vom Fenster aus einen Mörder zum Tode gehen sah. Seine Heiterkeit und Haltung habe ihn gewundert, bei einem Mann, der »noch dazu bloß ein Jude« sei, doppelt betroffen. Er habe daraufhin wenig gegessen, nach dem Ave-Maria-Läuten »eine schaurige Trauertrommel« gehört und bald gestanden. Übrigens verlangte er, daß ihm zugute gerechnet würde, daß er alles aufgeboten habe, um kein öffentliches Ärgernis zu erregen.

28.

Ich denke, daß es von einem dramatischen Dichter vielleicht nichts Unsittlicheres gibt als eine gewisse Schamlosigkeit in bezug auf die gewisse Schwäche des Menschengeschlechts, mit einem Herdentrieb geboren zu sein, ohne die zur Bildung einer Herde erforderlichen Eigenschaften aufzuweisen. Fast alle bürgerlichen Institutionen, fast die ganze Moral, beinahe die gesamte christliche Legende gründen sich auf die Angst des Menschen, allein zu sein, und ziehen seine Aufmerksamkeit von seiner unsäglichen Verlassenheit auf dem Planeten, seiner winzigen Bedeutung und kaum wahrnehmbaren Verwurzelung ab. Beinahe alle denkbaren Tragödien, die sich im Bezirk der Familie abspielen, alle Verbrechen darin sind gutzuheißen (dramatisch zu verwerten), da sie den Bestand der Familie festigen, indem sie ihre Möglichkeit zur Voraussetzung machen und sich lediglich mit der Blutzeugenschaft für sie befassen. Wehe aber dem Dramatiker, der auf die Voraussetzung das Augenmerk lenken wollte! Er ist die Krähe, die sich mit Krähenaugen füttert. Qui mange du pape en meurt.

Da ist Joseph Galgei mit den paar Gedanken im Dickschädel. Er hat keine Beziehung zu seinem Geschick, die Transmission beschäftigte sich widerwillig mit ihm, es war kein Handel mit ihm, sondern er wurde verhandelt. Ihn verführte, daß es schwierig war, das Unrechte zu tun, und so verwickelt! Sie schieben ihm einen Mord hin, und er benimmt sich danach wie ein Mörder, etwas still, etwas vertrunken, etwas eingebildet und sehr verzweifelt. Aber vor allem: wie einer, der die Wirklichkeit nicht faßt. Ob er den Mord (daß er ihn nicht) getan hat, ist gleichgültig.

29.

Gleich allen andern Künstlern ist auch der Dichter wohl fähig, nach einem Frauenkörper zu arbeiten. Nicht, indem er diesen darstellt, sondern indem er in allen Proportionen seines Werkes sein Maß gestaltet. Die Linien des Körpers werden zu jenen seiner Komposition; wie der Anblick dieser das Lebensgefühl steigert, so muß auch der Genuß jener es steigern.

Ich stiefle durch die Kastanienallee, pfeife dem heiligen Geist, lese beim Kaffee Kriminalromane und komme nicht vom Fleck. Ich marschiere im Kreis, der Maibaum bleibt immer rechts, die Stiefel gehn kaputt, ich werde so melancholerisch. Natürlich muß der Stil (des G. Garga) sachlich und trocken sein, natürlich der Schwung durch alle Szenen reißend, natürlich alles eben noch so ernsthaft, als ein Spiel sein kann. Der Malaie ist so unangreifbar wie jeder Selbstmörder, und er müßte geradezu eigens eine Ethik erfinden, um daran kaputtgehen zu können. Schließlich gibt es strikes gegen ihn; das ist kein dramatisches Mittel. (»Ich zerstampfe meine Felder, und den ganzen Munitionspark furze ich in die Morgenluft. Ich überlasse ihn dem Ekel, den selbstsüchtigen Ideen, der Langeweile. Ihn frißt das Nichts auf.«)

30.
Walter läuft in den Kraal:
»Der Indizienbeweis schließt sich. Unten im Schrank die Schnapsflasche hat die Schwindsucht. Hier oben, im Schrank, steht jahraus, jahrein eine Tasse, und was ist darinnen? Schnaps!«
»Es ist eine Verleumdung. Du bist der Schnapssäufer. Du riechst aus dem Maul, ich rieche aus dem Schrank. Du bringst einen Unschuldigen ins Gerede. Schurkerei! Infamie!«
»Was, es soll der alte Schnaps sein?«
»Ja, ich hebe ihn nicht wie du unvollständig im Magen auf, sondern vollständig – in der Tasche!«
»Wo du so wenig kriegst?!«
»Meine Enthaltsamkeit soll mir also das Genick brechen?! Eine Überführung ins Krematorium ist ein Dreck dagegen!«

Was das Drama sabotiert, das ist die Unehrlichkeit der *Moyens* (wie George das tauft). Will ich einen Kampf darstellen, muß er wohl der zweier Menschen werden, nicht der zweier Systeme. Die äußeren Kurven aller Figuren sind dadurch bestimmt: sie haben den Kampf darzustellen. Das Schicksal der Figuren bleibt Geschmacksache. Wieweit die Einzelnen ihre Kurven durchblicken, dann: ihnen widerstreben, das gibt die persönliche Atmosphäre ab, kurz: das Dichterische. Widerstände bilden das Kosmische. Man muß jedem Kämpfer jedmögliche Gelegenheit lassen, aber man darf nichts beweisen wollen.

Nachts mit Orge über den Gent. Der Gent fällt nur dadurch auf, daß er nicht auffällt. Es gelingt ihm, anonym und inkognito zu bleiben. Er profaniert nichts. Er ist farblos, etwa Wasserfarbe, mit einem Taschentuch ausgewischt. Er sagt kluge Worte, vielleicht, wenn es ohne Gefahr ist, an die man sich erinnert, an deren Sager man sich nicht erinnert. Er ist sachlich: er behandelt nicht den Gegenstand der Unterhaltung als Sache, sondern die Unterhaltung. Der Gent ist nie ironisch, immer ernsthaft und beir Sache. Er schenkt den Leuten genau das Interesse, das die Unterhaltung verdient. Der Gent verteidigt alle Dinge, der Unterhaltung zuliebe, und nie hartnäckig und nur, wenn es ohne Aufsehen geht. Wenn er schon etwas pervers ist, verteidigt er sogar die Dinge, die ihm am Herzen liegen. Mit ihm kann man vielleicht nicht gut reden, aber vorzüglich wohnen.

Oktober

1.

Ich überarbeite die zweite Szene. Das ist eine Pferdearbeit im
Freien. Dafür werden aber die Verhältnisse menschlicher und
einfacher. Freilich wird es vielleicht ein zu geistiger Kampf.
Ich muß mehr vermischen, mehr Gefeilsch um Kaffee hinein,
Vormittag, Rülpsen, primitives Leben! Ich beginne auch Lust
zu bekommen, Stücke mit dummen Menschen zu machen.
›Die geldjagende Menschheit‹ oder so, fliegende, bunte. bösartige Stücke, wildes Leben mit Kaffern und Karyatiden, beweg-
ter Handlung.

2.

Der Mensch ist die Krone der Schöpfung: er vermag alles. Er
kann aus einem Paradiesapfel Scheiße machen. Hier der Kaufmann: ein fades Tableau, krasse Unsittlichkeit, faustdick.
Shakespeare ist anders. Das Lebendige ist nicht unsittlich.
Schon die Leichenrede ist es. Hier die Geschichte eines unsittli-
chen Vertrags. Ein Mensch ist mehr als ein Vertrag, als
Schiffe, als Geld, als Glück. Es ist nicht durchgedacht, sondern
wirksam. Ein Bursche (gestoßen, geschändet, angespien) will
mit Hilfe der Justiz einen verdammten Hals umdrehen, und
mit Hilfe der Justiz werden ihm die Hände ausgerenkt. Es ist
ein Vater, dem die einzige Tochter gestohlen ist. Er ist nicht
sympathisch. (Das ist nicht ausgenützt, es ginge gegen den
Boden, auf dem man steht.) Im allgemeinen ist die Fabel so
tragfähig, daß sie allerlei Luxus aushält. Es sind gerade die
Leute, die gerade so handeln. Es ist nicht so wie später: daß
das Merkwürdige darin gesucht wird, daß solche Leute so
handeln. Die Leute damals hatten noch soviel Interesse an der
Handlung. Jetzt besorgt der Roman den Bedarf. Dieses Stück
befriedigt ein Bedürfnis: nach Gerechtigkeit. Der Mann weiß,
daß wir's uns was kosten lassen. Wir schauen dem Gaul nicht

ins Maul. Wir schlagen gern nieder. Vorwand: er ist so unsittlich. Früher: man glaubte schon, weil man den Spaß nicht verderben wollte. Jetzt macht es einzig noch Spaß, nicht zu glauben. Man muß ihnen Dinge servieren, die sie nicht glauben können. Und da der Schwindel zwischen den Idealen kräftiger in Schwung ist, spielen ihre Stücke dort.

Es ist Sonntag, Tag des Herrn. Ich bin besser gehäutet, stecke in gelben Lederschläuchen, bin mit steifem Hut zugedeckt. Wir schlendern, zweipaarig, die gelbe Herbstallee hinauf. Am Tag des Herrn werden die Baumleichen nicht weggekehrt. Ich pendle neben einer bleichen, gepuderten Pianistin, die daheim kochen muß, odium vitae betreibt, sagt: »Sterben tut weh. Aber lieber tot als lebendig.« Und ist weißes gutes Fleisch, geduldig. Der Hei elegant, abgebrüht, eingebildet und wirklich oben, weil auf solidem Boden, neben der Schwester, interessant wie das Nichts, dumm, die Beine breit. Ein Blauseidenstrümpfchen. Der Hei daneben wie ein Kreuzfahrer, ahnungslos, ohne Beziehung, nachts mit Schnaps gefüllt, im Klubsessel, fällt sie ihm zu, er leitet die Primitiven, es ist das Fleisch, das vermittelt, zufällig ging er vorn, ich hinten, es war der Tag des Herrn, er hatte Geld zu Schnaps. Daß der Leib offen: der einzige Nicht-Zufall. – Ich pfeife mit Orge Duette zur Gitarre, er stöbert etwas im Porzellanladen herum, der Hei im Ledersessel fabriziert Schweigen, ich angele einmal nach einer Hand, die weich, etwas knochenlos ist, sich gibt, fallen gelassen wird. Ich singe zur Gitarre, trotz der miesen Effs, die ohne Zähne nicht gut herstellbar sind.

Vorgetreten: Hand aufs Herz: die Jüdin von Berlin. Sie sieht sich seit einem halben Jahr von einem Jüngling umworben, fühlt sich aber gebunden; ich kann sie nicht entbinden. Sie schickt ein Attest der Freundin: drin abgewogen unsere Nach- und Vorteile. Es ist schlechter Rat drinnen. Die Verzweiflung der Liebenden m.b.H. geht mir doch an die Nieren. Ich

schreibe ihr sachlich. Vorher noch habe ich geschrieben, unter
Wust, in einem guten Brief, es war eine stille Stunde, ich sah
hell, »du mußt gute Wäsche haben«, ein Roheitsakt, Gelegen-
heitserotik? Es kommt keine Antwort. Peccavi.

3.
»Das Perverse ist nur die krankhafte Steigerung eines normalen Gelüstes.« Ein Fressen für die Schaubühne! Hier werden
Plakate gekauft. Und es gibt, für die Trüffelschweine, Perversionen innigster Gefühle, heilige Perversionen. Ferner stammt
der hl. Antonius aus der Pathologie, die ihn aber nicht erklärt,
Geliebte! Die Pathologie ist nur, damit ihr's sähet, weil ihr
schwache Augen habt, besonders den Spiegeln gegenüber!
Allerdings ist der Mensch viel gesünder, als die Spulwürmer
und die Pfaffen meinen. Er ist so gesund, daß er die Tragik
erfunden hat und die Algolagnie. Der Pathologische ist der
eigentliche Held. Erstens durch seine Vitalität und zweitens:
weil er aus der Menge herausragt, um eines Hauptes oder um
eines Phallus' Länge. Pro domo: In einem tüchtigen Stück
kommt es darauf an, daß die Verdauung funktioniert. Auch
Steinen gegenüber. Das heißt: Daß die Luft rein ist. Daß
aufgewaschen ist. Daß der Himmel keinen Sprung kriegt.
Sondern sauber, hart und unangreifbar bleibt. Das dicke Vieh
Menschheit hat Geduld im Überfluß. Und der Planet hat seine
Eiszeiten.

»Gewiß, es sind Dickhäuter. Sie schaben sich nur den Aussatz
ab. Wenn man in sie hineinschießt, es läuft Wasser ab. Rotz.
Und doch ist mehr drin. Die Katastrophen passieren zwi-
schendrin. Es gibt Strudel für die Dickhäuter. Man findet
zuweilen eines oder das andere erwürgt. Welches geschah einzig durch Luft.«

»Ich schlage Ihnen die Stiefel ins Gesicht. Sie interessieren sich
nicht für Ihr Gesicht. Ein Rohling! Sie halten mich hin, und

die Zeit verrinnt. Ich weiß, ›die Wasser nehmen es mit ganzen Gebirgen auf‹. Sie arbeiten sich heran gegen mich. Es gibt nur Kampf zwischen Igel und Igel. Aber hüten Sie sich: Ich belüge sie gelegentlich über meine Wünsche. Sie befriedigen mich und rutschen aufs Glatteis.« (Garga zu Shlink.)

»Gewiß, ich liebe das trockene Wissen, ich will den ledernen Pandekten gleichen. Den Ingenieuren der grünen Wasserläufe, die wie Rotz über die Steine rinnen, und man staut sie, treibt Papierfabriken mit ihnen. Ich habe mehr hier zu suchen, als an Ihnen meine Stiefel krumm zu treten. Asien ist noch immer zu haben, und ich werde es aufkaufen mit der fanatischen Trokkenheit eines Wissenschaftlers.«
»In Asien gibt es nichts zu tun für Sie. Sie werden sich hier, wo die Balkendecke Ihren Himmel abgibt, Ihre Kämpfe austragen können. Fallieren Sie gegen einen einzigen Menschen, und Sie brauchen die Stube nicht zu verlassen. Das Kismet bekämpfen Sie nicht mit Virginiens Tabakfeldern. Ihre Ausdehnungswut stolpert über einen kleinen Leichnam, der einschnurrte und sich für Sie nicht interessierte.«

Nachdem Cassirer schon halb abgelehnt hat, hat nun auch Kiepenheuer den Manuskriptpack dankend zurückbefördert. Man muntert mich auf. Es liegt alles im argen. Nun, ich muß nicht davon leben. Es wäre unziemlich, Bauchaufzüge zu machen.

4.
Ich wälze den Rimbaud-Band und mache einige Anleihen. Wie glühend dies alles ist! Leuchtendes Papier! Und er hat Schultern von Erz! – Immer, wenn ich arbeite, wenn die Lava fließt, sehe ich das Abendland in düstern Feuern und glaube an seine Vitalität.

›Danton‹ Büchners im Stadttheater. Ein großartiges Melodrama. Ohne die Shakespearesche Plastik, nervöser, vergeistigter, fragmentarischer, ein ekstatisches Szenarium, philosophisch ein Panorama. Dergleichen ist kein Vorbild mehr, aber kräftige Hilfe.

»Der in Pergament eingewickelte Teufel spuckt immer noch. Ihr irrt euch. Er träufelt uns ein starkes Gift in die knorpligen Ohren; und hat seinen Klumpfuß mit Papier umwickelt. Die Rundsicht vertieft sich ins Ultraviolette, wo er auftritt, der Ort zu nacktem Eiland.«

Ich lebe viel mit Orge. Er läuft hellhörig herum, besucht sorgfältig seine Schreibstube und spricht viel von dem Begriff Phantasie. Dennoch will er heiraten. Er meint, er weiß, was eine Frau ist. Hat noch keine gehabt. Und will in eine kleine Hütte mit einer. Er meint, er betrügt den Teufel um seinen Zins. Der Teufel schreibt auf. Was für ein Kind er ist! Er sagt immer: »Ja, eine Frau muß eben einsehen, daß...« Die Frau hat keine Phantasie (und daher keinen Humor), sie braucht keine, sie hat dafür ihre Liebe, aber nicht immer eine verstehende. Er sagt und bemüht sich durch leichten Ton, die Gespenster abzuwimmeln: »Sie sitzt in einem Zimmerwinkel, spinnt und schaut den Mann an.« (Es genügt, daß er da ist!) Ich weiß nicht, ob er weiß, daß »die« Frau kein geistiges Leben führt, aber er weiß nicht, daß nur ein geistiger Mensch Freiheit läßt und Abstand gewährt. Er ist achtundzwanzig Jahre alt. Er ist unschuldig.

5.

Es wäre nötig, Garga zu einem Genie zu machen. Denn sonst wird er zu einem Preiskämpfer. Er darf nicht nur kämpfen, muß rauchen, Kinderei treiben, sich interessieren. Seine Ausdruckskraft genügt nicht. Es muß sein Handeln sein. Eine gewisse Überlegenheit, kindlicher Zynismus, Lässigkeit! Er muß langsam gehen, faul, revolutionär, brutal, mit großen Gliedern. Die großen Dialoge sind vollkommen metaphysisch, ihre Leibhaftigkeit und Durchblutung das Ergebnis der Leidenschaftlichkeit, mit der dieser Kampf geführt wird. Auch mache ich keine Gesichter, sondern Gesichte. Hier liegt der eigentliche Expressionismus! Nicht Kräfte in Menschengestalten, sondern Menschen als geistige Wesen! Ich gehe eigentlich von der Idee der Fabel aus. Diese und die Menschen habe ich zuerst. Die Fabel mache ich, oder besser: sie macht mich.

Die schwarze Sucht des Gehirns: siegen.

6.

Zweifellos haftete der Aera Hauptmann etwas Kleines an. Die etwas dumme Genauigkeit in der Zeichnung der Menschen, die Zuversicht, das Material werde es schon machen, die Vermengung von Leidenschaftlichkeit und Hysterie. Früher hatte die Nation vielleicht mehr Phantasie. Das Kleine siegte durch Ausschmückung, das Ornament reichte hin. In dem ausschweifenden Pedanten J. Paul triumphierte über alles Spießertum eine unwiderstehliche Geschwätzigkeit und Schnörkelfülle. Bei uns, wo die Konstruktion das eiserne Zeitalter zeigt, wird das etwa Keller, Storm, Raabe gleichwertige Talent Hauptmann keine Kraft mehr hergeben.

7.

Es ist schon ganz Herbst. Heute habe ich helles starkes Bier getrunken, wurde davon taumelig, rutschte die Allee hinauf. Die Blätter sind braun, dünn, trocken wie Papier, und der Viertelmond steht kühl darüber. Gelb und Braun. Es ist ein Oktoberfest hier, Buden mit Bier, Clowns, Akten, Konzert! Man fährt auf Karussells, die einen in die Luft schleudern. Schaukeln kraft eigener Muskelkraft. Es ist so langweilig. Welche Abortwand-Visagen! Welch haustierische Stimmen! Attraktionsbuden pumpen die Romantik hoch, das Volk, dumm, lasterhaft, geduldig, läßt sich kitzeln. Man lebt nicht ewig.

8.

Wie wenige sind so ausgiebig, daß sie sich am Arsch lecken lassen dürfen, ohne in die Boheme zu versinken. Erfolg ist gut gegen die Boheme, wo nicht beinah tierische Vernarrtheit ins Werk dem Mann die Brust ausstopft. Wieviel Kraft ist nötig, den Kampf mit dem Verschmierenden aussichtsvoll zu machen!

9.

»Der gehörnte Liebhaber aus zu großer Entfernung«. Die He schreibt aus Berlin: »Wenn du meinetwegen nach Berlin kommst, wie soll ich dir ein Zimmer besorgen? Als deine Frau? Aber dann habe ich diese ganzen Monate hindurch die Ehe gebrochen.« Und dann arguments: Zahn um Zahn, Horn um Horn. Ich soll sie freigeben. Anders kann ich ihr gar nicht mehr helfen. – Ich bin etwas niedergeschlagen durch das Gewäsch und den Anblick der Feigheit, aber zufrieden mit der Lösung. Ich bitte sie, mir ein Zimmer zu besorgen.

Am Abend habe ich einen dummen Kopf, habe Bier getrunken und im Kaffeehaus gesessen. Nun, ich bin etwas unruhig, habe sogar zitternde Hände, ich schreibe fast mit Widerwillen, ich kann noch nicht zu Bett. Übrigens bin ich seit vier Tagen ohne Post. Also, wie ich die Schublade herausziehe, liegt, etwas zerknittert, fast ein wenig zusammengeknüllt, Hes Brief da, unter anderm Papier, es sind Haufen darin, ungeordnet, es [ist] ein gelbes Papier, eine gelbe, verschrumpelte, sehr, höchst, auffallend gelbe Papierleiche, von flüchtigen, aber mit starken Haarstrichen versehenen Zügen bedeckt, einer etwas wässrigen Tinte, alles zurechtgeordnet, kursorisch, nicht ohne Eitelkeit verfaßt. Ich weiß nicht, was mich dabei fesselt, ich habe keine Gefühle niederzukämpfen, ich liebe hier nicht, aber ich schmecke fast wieder die Tränen über einem Gesicht, und ich berühre fast wieder die Schultern, die im Weinen zucken, und höre die vielen Worte, die bitteren und die flehenden, die ach so sorgfältig vorbereiteten und so hilflos ins Wasser fallenden Worte und die Handlungen, die eben jetzt unwürdig geworden sind, wo nach Wochen ein Neues durchgelebt wird, fast ohne Übergang und schon wieder mit Liebe und noch nicht ohne Gewissensbisse, und es ist so lächerlich, das Märtyrertum, das geendet hat, das durch ein anderes Gefühl ersetzte Gefühl, der glatte Übergang, die Verdrängung, der Verschleiß der Reste! Schon spricht die Frau malaisch, die mir am Herzen lag. Es ist Wasser aus den Augen geflossen, jetzt sehen sie einen neuen Fetisch an. Wie einfach das ist, wie glatt das geht, wie der Unterleib in seinem dunklen Drange sich des rechten Weges bewußt ist und der Krampf ein Krampf ist, wenn er war!

10.
Gewiß, ich kann kalt sein und zynisch gegen das Verwandte. Ich ziehe vieles in den Staub, und wie fordere ich viel! Aber mitunter werde ich nur traurig, nicht zornig, noch rachsüchtig, noch verächtlich. Heute ist ein Mädchen, das mich vor Jahren liebte, unhöflich gewesen. Sie wolle fotografieren und ließ mich warten. Mir sind ihre Gefühle gleichgültig, aber die Unhöflichkeit stimmte mich traurig, als läge etwas daran!

11.
Ich denke manchmal, wie einfach es wäre, wenn alle Leute die gleichen Schwierigkeiten hätten! Man könnte sicher sagen: Alle Frauen sind untreu, alle Männer käuflich, wenn nicht viele Frauen kalt und viele Männer feig wären oder nichts vom Geld verstünden.

12.

Manchmal trinken wir abends viel Bier, schaukeln Schiff und schwatzen wie die alten Weiber. Arbeiten kann ich nicht viel. Die Aktion im ›Dickicht‹ kam ins Stocken; es ist zuviel Literatur drin. Das Gewäsch zweier Literaten.

1

Mond hing kahl im Lilahimmel
Über der Glühstrumpffabrik
Als ich, Gottes nackter Lümmel
Eingeseift im Sack den Strick

2

Durch absinthenen Abend trabte
Ich, der nach Gefühlen stank
Kaum erjagten, halb gehabten
Wie aus einer Fleischerbank!

3

Hast die Hände nie gerungen
Kahl, Branntweingeschluck im Mund
In den grünen Dämmerungen
Schwankend zwischen Wolf und Hund?

4

Zwischen Kirschschnaps und Wacholder
Eine Hymne schnell gefühlt –
Angstvoll und vertiert ein »Voll-der-
Gnaden« kalt hinabgespült?

5

Fisch ich, ganz in Bitternissen
Mir ein Kinderlied, ach sei
Es befleckt gleich und zerbissen
Eine Strophe oder zwei ...

6

Schwimmt verwest in schwarzer, trüber
Lache der Verworfenheit:
Läuft's mir kalt hinab, mein Lieber!
Als ob's auf die Haut mir schneit!

7

Mählich wird der Himmel trüber
Und zerfleischt hob ich dies Herz
Zarter. Und ich ging vorüber
Wie ein Schnee im frischen März!

13.

Bei Kaffee und Vormittagsbrot blättere ich St[rindberg]s
Romanschmöker durch, des großen Verteidigergenies, des
Männerrechtlers, in denen Kapitel stehen wie sonst nirgends,
wie die Begräbnisgeschichte im ›Roten Zimmer‹ und der Tod
des Dichters Axel E. in den ›Gotischen‹. Aber welche Wasch-
tischzettel, und wie wäscht er immer seine Unterwäsche!
Wehe, wenn er ins Beweisen kommt! Ein Scholastiker des
Bett-Himmels! Welche Barbareien! Der Hahnrei, der einen
Verein gründet, den Menschen dazu einlädt! Aber doch, diese
Gegenständlichkeit, die verdichtete Zeitung mit Feuilleton,
Politik und Inseratenteil!

14.

Langsam wächst das Stück ›Dickicht‹. In den Herbstnächten
voll weißen Nebels. Es wächst nicht egal, etwas durcheinan-
der. Aber es liegt mir daran, nicht auf eine Idee hereinzufallen.
Und die Szenen sollen ganz leicht, auf provisorischer Bühne,
vor Pappdeckeln, auf Wasserfarben spielen, leicht gezim-
mert!

15.

Es ist ein halb zwei Uhr. Aber es gefällt mir so wenig, ins Bett zu gehen! Ich langweile mich lieber. Wie wenig Zeit hat man, und man schlägt sie tot!

Ich gondle nach Nürnberg. Es ist Sonntag, ich bin mit der Bi im Kino und nachts im Café. Man arretiert uns, weil ich einen Kaffee zurückweise. Die Bi benimmt sich wunderbar. Sie sitzt unberührt inmitten vieler, die mich instinktiv hassen, und sie fühlt das. Mein Zug geht um ein halb zwei Uhr. Ich treibe mich in der kalten Nacht auf der Burg herum, rauche, trinke Schnaps. Dann schiffe ich mich ein, hocke fressend, schlafend, fluchend, träumend, rauchend, saufend im Zug, 10 Stunden lang. Da ich den Revolver dabeihabe, schwitze ich vor Höchst Blut, es ist besetztes Gebiet. Ich kaufe in Frankfurt ein Zigarrenkistchen, aber die Post ist zu, und im Abteil ist kein Abort mit Stukkatur als Versteck. Es wird nicht visitiert. Bei M[arianne] bin ich gleich daheim.

24.

Das ist die Kokottenstadt. Puder, Fleisch, Sensation. Glatter Asphalt, lineare Straßen. Trikotgesichter. Franzosen mit Niggerkapellen, Hunden, Kokotten. Illuminierte Cafés, Fabelpreise, schlechte Visagen, eine Stadt im Schaufenster. Es ist auch hier langweilig.

25.

Ich wohne in der Moritzstraße, schlafe bis neun (in einem harten Bett – zuweilen), bei, mit der Marianne bis elf in dem kleinen, saubern Zimmer, begleite sie ins Theater, promeniere. Rauche, trinke, schwatze. Von eins bis sechs. Sehe die ›Butterfly‹ in kitschigen Kartons mit abscheulicher Regie und rieche, daß der Kaffer von der Moldau bis zum Tiber verdient, daß aber diese Flachländer gesellschaftliche Soupers nicht servieren können. Die M[arianne] spielt die Dame recht schlecht,

im Niveau des ganzen Plempels. Alle ihre herrliche Natur von
jeder Minute daheim ist hier beim Teufel. Eine Negerbühne! –
Am zweiten Tage, da ich allein bin, entwerfe ich ein Stück
›Johanna‹ mit Szenarium, Personal, geistigem Fundus. Es ist,
als sei ich gestern abend von der M[arianne] weg, hätte
nachts von ihr geträumt und sie heute früh getroffen. Es ist
gut mit ihr leben und nie langweilig. Das kommt nicht nur
daher, daß ich sie liebhabe. Warum kann ich nicht über
Menschen schreiben, die ich liebe? Man sieht nur das Sachli-
che. Das Gefühl ist zu stark. Sie ist klug und hat einen Instinkt
für das Leben. Kann nichts mit Theorien anfangen. Sie ist ganz
menschlich. R[echt] war da, auf einen Tag, sie hatte einmal
vorgehabt, ihn abzuweisen, aber nun sprach sie mit ihm die
intimsten Dinge, ließ ihn aber nicht heran. Sie nimmt kein
Geld mehr, sie läßt ihn mit ihrem Geld auf der Börse spielen,
aber dann kauft sie mit ihm eine Pelzjacke für einige tausend
Mark ein, die ihr wundervoll steht. Er hat soviel Geschmack!
Aber das Geld dazu leiht sie sich aus. Und es ist alles richtig,
was sie tut, es ist nicht schlecht, man kann davon auf nichts in
ihr schließen, sie lebt unter den Leuten und mit ihnen und tut
das Schwierige, ohne sich zu verbohren, und macht es sich
leicht, ohne sich wegzugeben. Es ist sicher, daß sie auf dem
richtigen Weg geht, sie geht ein klein wenig unsicher, sie hat
einige Gewissensbisse, und ich weiß mehr, als sie weiß, aber es
ist ein guter Kampf, und sie ist verläßlich, und außerdem habe
ich sie, separiert davon, lieb und kümmere mich nicht um das
Unveränderliche, d. h., ich ändere sie nicht wie einen Idioten,
sondern warte zu, bis die Liebe sie ändert, und sie wird immer
mehr, wie sie war in der guten Zeit, vor R[echt] und dem
Theater.

26.
Nachdem ich den Plan zu den Begebenheiten gemacht habe,
die meinem festen Willen gemäß ums Jahr 860 in Rom sich
zutrugen, krame ich, aus einer gewissen kindischen Neugier

und um Wörter, Irrtümer, Sachlichkeiten in die Hände zu kriegen, nach einer Literatur über Johanna. Es gibt nichts. Diese Bauernlümmel und Abschriftsteller, die von der Gutmütigkeit erwachsener Volksschüler leben, diese impotenten Quellenknaben, die alles kennen und nichts wissen, die fünfhundertmal politische Geschichte schreiben mit etwa fünf Standpunkten drin und niemals ein Bild der Epoche vermitteln, daß man etwa sähe, was der Papst aß, trank, wie er liebte und bedient wurde, sich kleidete, ob er sich wusch, wie oft und wie es mit dem Rauchen war! Und keine Geschichte der Kleidermoden, der Handwerke, der Geschäfte, der gesellschaftlichen Stellung der Kaufleute, Soldaten, Pfaffen. Da gab es keine Romane, und die Geschichtswissenschaft vermag nicht im entferntesten in vielen Wälzern soviel Extrakt des öffentlichen Lebens zu geben wie eine einzige Zeitung. Wo man hinsieht, findet man nichts, nichts, nichts als ideologische Spintisierereien und schäbige Versuche, einen Sinn in den ganzen äußerlichen Kalender der öffentlichen europäischen Sensationen hineinzupraktizieren. (Wenn ich Zeit habe, will ich eine Darstellung der Sitten und Geschehnisse eines Jahres einer deutschen Stadt schreiben. Im Tone der ›Germania‹. Ich kenne nur einen guten Reisebeschreiber, das ist ein amerikanischer Journalist namens   , ein »seichter Plauderer« mit praktischem Sinn.)

27.

Ich raufe mit Mar wegen des Kapitels Geschmack. Sie verteidigt den Kokottengeschmack, ich erledige ihn als talentvoll, als Kammerspielgeschmack. Sie ziehen meist den Körper an, nicht den Leib. Ihr Gesicht, ins Blumenhafte stilisiert, wirkt dann angezogen wie ein Handschuh, man riecht parfümierten Schweiß, das sind Ausstellungen, nicht Visionen, das ist bemalter Stein, Statuette zwischen Pappendeckeln. Die Bäume wirken dahinter nackt, roh, geschmacklos. Statt dessen müßte das Kleid wie eine dilettantische Improvisation wirken, etwas

lässig, aber ordentlich, hauptsächlich ordentlich aus Höflich-
keit. Man darf nicht das Kleid, sondern die Frau sehen. Die
Frau ist nicht einmal das Bild für diesen Rahmen, sondern das
Bild ist auf Luft gemalt. Wie plump, diese Wandel-Illustratio-
nen zu dem Text: Heute noch wirst du mit mir im Paradiese
sein! Die Kleider der Kokotten sind Fachsimpeleien, eine
humorlose und phantasiearme Draperie, etwas Handgreiflich-
Deutliches; es ist so, als wirke das Kleid für sich, es ist ein
schönes Kleid, statt das Kleid einer schönen Frau (wobei ich
durchaus zugebe, ja verlange, daß die Schönheit durch das
Kleid gesteigert wird, aber es muß ein Schwindel sein, ein
Trick, ein Handgriff, das Kleid muß so aufopfernd sein, daß
es, das die Hauptarbeit leistete, auch noch ruhmlos zurück-
tritt, bescheiden lächelt . . .).

Eine solche Französin liebt man, wie man (unter Kennern)
eine Zigarette raucht: Man raucht die Zigarette auf, aber
nicht ganz. Man wirft sie, die immer weniger wird, umgesetzt
wird in Rauch, weg; aber der Geruch bleibt lang in den Kleidern. (Länger als im Mund.) Schade ist nur, daß der Vergleich
zu alt ist.

28.
Ich mache das ›Rheingold‹ durch; die Aufführung wird
scheußlich abgesetzt. Das Orchester leidet an Knochenerwei-
chung, hier hat alles Plattfüße. Die Göttchen deklamieren
zwischen ziemlich sorgfältig ausgeführten Kopien von Verstei-
nerungen der Juraformation, und die Dämpfe aus der Waschküche, in der Wotans schmutzige Herrenwäsche gewaschen
wird, machen einem übel. Erstaunlich einzig Mariannes schöne, zarte Stimme.

29.
Dann sehe ich einen kleinen Einakter mit Charlie Chaplin. Er
heißt ›Alkohol und Liebe‹, ist das Erschütterndste, was ich je
im Kino sah, und ganz einfach. Es handelt sich um einen

Maler, der in eine Schenke kommt, trinkt und den Leuten, »weil ihr so freundlich zu mir wart«, die Geschichte seines Ruins erzählt, die die Geschichte eines Mädchens ist, das mit einem reichen Fettwanst abrückte. Er sieht sie wieder, schon vertrunken und recht abgerissen, und »das Ideal ist beschmutzt«, sie ist dick und hat Kinder, und da setzt er den Hut schief auf und geht nach hinten ab, ins Dunkle, schwankend wie ein auf den Kopf Geschlagener, ganz schief, großer Gott, ganz schief, wie vom Wind umgeblasen, ganz windschief, wie kein Mensch geht. Und dann wird der Erzählende immer betrunkener und sein Mitteilungsbedürfnis immer stärker und verzehrender, und er bittet um »ein Stück der Kreide, mit der ihr die Queues eurer Billards einreibt«, und malt auf den Fußboden das Bild seiner Geliebten, aber es werden nur Kreise. Er rutscht so darauf herum, er gerät in Streit mit allen, er wird hinausgeworfen und zeichnet auf dem Asphalt weiter, immer Kreise, und wird hineingeworfen und zeichnet drinnen weiter und wirft alle hinaus, und sie strecken ihre Köpfe zum Fenster herein, und er zeichnet am Fußboden, und das Letzte ist: da, mit einem Male, mit einem schrecklichen Schrei, da er gerade seiner Geliebten eine kunstvolle Locke andrehen wollte, fiel er hin über sein Bild, betrunken... tot... (ivre... mort...). – Chaplins Gesicht ist immer unbewegt, wie gewachst, eine einzige mimische Zuckung zerreißt es, ganz einfach, stark, mühevoll. Ein bleiches Clownsgesicht mit einem dicken Schnurrbart, Künstlerlocken und Clownstricks: Er beschmiert seine Weste, er setzt sich auf die Palette, er stolpert in seinem Schmerz, er zeichnet an einem Porträt ausgerechnet die Hinterteillinie aus. Aber er ist das Erschütterndste, was es gibt, es ist eine ganz reine Kunst. Die Kinder und die Erwachsenen lachen über den Unglücklichen, er weiß es: Dieses fortwährende Gelächter im Zuschauerraum gehört zu dem Film, der todernst ist und von erschreckender Sachlichkeit und Trauer. Der Film zieht seine Wirkung (mit) aus der Roheit seiner Beschauer.

30.

Die große Angst vor dem kalten Chicago!
Die Frauen, denen plötzlich einfällt, sie könnten einmal ihre
seidenen Hemden waschen müssen oder es schneite auf ihre
Toiletten und sie hätten nur das Licht der Gaslaternen und die
Wärme der öffentlichen Lokale! Daher stammen alle schlech-
ten Triebe, die niedern Gewohnheiten, die Mimik! Und die
Männer, die plötzlich die Verantwortung spüren oder die
Gleichgültigkeit der öffentlichen Plätze, die vernichtende und
irrsinnige Bedeutung bedruckten Papiers, das Ausgeliefertsein
an winzige Unterschiede der Berechnung, Bezahlung, Chance,
daß ein starker, komplizierter und kostspieliger Organismus
durch eine kaum meßbare Veränderung in der Luft, einen
Trick des Windes erledigt wird, hingeopfert ohne Opferer und
Gott.

31.

Es fragt sich, ob das trostlose Gesetz der Kausalität im
Menschen nicht durchbrochen werden kann... Immer folgt
unsern Handlungen auf dem Fuß die Veränderung der
Umwelt und unseres Innern. Gibt es keine Gnade, keinen
Kredit, glaubt uns niemand unsere Sünden *nicht,* hält uns
niemand für besser als wir selbst, warum hören sie nicht auf,
sich nach uns einzustellen, und sind so armselig, so bettelhäftig
kahl, ihren Purpur nur im Licht zu tragen, und warum lassen
sie sich nicht einfach nicht beeinflussen?

November

7.
Nach einer guten Zeit in der Schaufensterstadt ab nach Berlin.
Mar ist sehr gut diese Tage, sie gehen rasch. Ich fahre nachts,
trinke wieder, rauche, schlafe wenig, tappe im Regen aus dem
Zug, mit zwei Koffern, an einem kalten Morgen. Das Zimmer
ist noch verstellt, finster, kalt, erschreckend. Ich hole die Post
bei Hedda. Hedda scheint ziemlich sicher, fremd, weg. Es ist
hauptsächlich ein Brief der Bi: sie ist schwanger, seit minde-
stens zwei Monaten. Es ist ein guter Brief, voller Fassung und
Liebe, ohne jeden Ton von Jammer, ich liebe sie sehr, wie ich
ihn lese, und erschrecke über die Maßen. Schreibe, am ersten
Tag, an Otto und Cas. War eineinhalb Monate unerreichbar,
konnte ihr nicht antworten. Die nächsten Tage bin ich allein,
es regnet, der Teufel hat sein Hauptquartier in mir aufgeschlag-
en. Ich esse bei Warschauer, am dritten Tag. Dann kommt,
von der Bi, ein Brief, es sei alles allright, sie habe sich selbst
helfen können. Ich schnaufe auf, lese mit Andacht den Brief
Ottos, den ich ihm nicht vergesse, stark, einfach, sicher. Er
macht alles (»beunruhige dich nicht!«). Und ich habe ihm
seinen Hut und seine Schuhe verzogen, da ich ein Scheusal
bin. Die He treffe ich am fünften Tag. In guter Laune wegen
der Briefe. Ich lache immer, sie sagt von Verpflichtungen, will
mich küssen, ich winke ab. Sie ist stärker, sie hat einen
Triumph hinter sich, wird geliebt. Bei einem Bildhauer Isen-
stein erlebe ich ihn. Ein junger, starker Mann mit dickem
Kopf, etwas rohem Gesicht, langsam, zäh, spießig. Er mißfällt
mir nicht gerade. Er steht halb hinter ihr, halb an sie drän-
gend, die Hand in der Hosentasche, durch die Nase schnaufend. *Gewiß* hat sie Verpflichtungen!

12.

Es ist eine graue Stadt, eine gute Stadt, ich trolle mich so durch. Da ist Kälte, friß sie! Esse mittags bei Warschauer, abends Wurstbrot. Mache Balladen. Bin allein. Die He lade ich ins Theater, sie kann einmal nicht, das zweite Mal läßt sie am Telefon absagen. Unhöflichkeiten treffen mich mehr als Gemeinheiten, ich rufe nicht mehr an. Es sind wohl erstens ihre Gefühle verbraucht, schlecht konserviert, wie sie waren, zweitens ist sie in die niedere Arithmetik geraten, und drittens ist sie überhaupt von Qualität II. (Neulich sagt sie: »Ich habe Mast geliebt, XY und Gert Ilo« – dann wohl mich. Und sie lief immer nach!) Aber sie sieht stark aus und gesund, besser als bei mir, das ist die Hauptsache.

Mittwoch, 16.

Visiten: Bei der russischen Filmschauspielerin Tschechow, die mir mit Ausdruck und Wahrhaftigkeit imponiert, ich lasse ihrem Mann den Film dort. Vielleicht schadet es mir, daß ich bei guten Menschen immer gleich kindisch werde, offen und vertrauensselig, auch frech. Zweitens: H. Kasack in Potsdam, ich bin auch dort einen Abend lang. Er liest quendam Kulka vor, schlechtes, gekünsteltes Zeug, Literatengewäsch, dann auch Loerke, der viel besser ist, einige gute Essenzen hat, nur keinen Humor, eine ganz impertinente Hingegebenheit, von Weihe verseucht. Es sind nette Leute, hilfsbereit und unbedeutend, Nüanzeriche, etwas dünn. Oh, dieser Krieg! In der Sezession hängen Bilder dieser Unterernährten, Hungerkünstler: Rachitiker am Kreuz, typische Fötusgestältchen, »reiner Geist«, Alkohol dient lediglich zum Konservieren. Überall der Schrei nach dem Kind! Diese Literatur ist eine Folge der Blokkade. Überall Mangel an Rohstoff. Keine Unternehmungslust. Redesucht. Dann Monologe, Angeilereien, lauter Patienten! Wann ist der Körper ausgeliefert an die Sensorien? Wenn er krank ist. Sie übergeben sich dem Gefühl! Und dabei sind Gesichte anderes als Gefühle oder Un-sinneseindrücke, das

Morphium des Wortes anderes als dieser sterile Götzenkult.
Die Kunst des Heilens ist eine zynische. Sterbende sind Zyni-
ker, wenn sie können. Jetzt wird die Literatur eine Sache der
Literaten und was für welcher! Das Mitleiden der Dramatiker
(Hauptmann, Ibsen) der Anfang vom Ende! Das gibt nur
flache Stücke. (D. h., man kann nicht drum rumgehen.) Es
existiert eine einzige Ansicht über die Leute und Vorgänge im
Theater, das ist die des Dichters. Das Parkett lernt »alles zu
verstehen«. Es gibt keine Leidenschaften mehr im Parterre.
Man läuft in diese Bordelle, um einen Trieb loszuwerden.

18.
Rasieren, frieren, mittagessen.

Telefon. Geschwätz. Visite. Straßen.

Bassermann als Kean. Klöpfer als Götz. Dorsch in einem
Vaudeville. Chaplin (Quelle – als Sträfling.) Ich mache einiges
zum ›Dickicht‹, Pläne fürs Große Schauspielhaus, Balladen
(mit Musik: Man raucht, man befleckt sich usw.). Einen
Abend bei Kasack. Nette Leute: Literatur, Papier, Hornbrille,
Ideale. Bau W., H. E. Jacob, der höhere Schmock, von Molière
vorgeahnt, preziöser, Salonphilosoph, Dummkopf. Warschauer immer sehr gut. Die Märker dort weissagt aus der
Hand (»die ungeheuer gesund ist«). Große Verwirrung, Chaos. Vorherrschend ein K (Kind), es ist, als habe ich schon einen
Hausstand, sie sagt sogar Kind. Dann eine Flucht, gegenwärtig vorherrschend einige M und ein H. In früher Jugend Sturm
mit einer Frau. Bis 30 Chaos, dann 5 Jahre Hausstand, Ruhe,
Entfaltung, Begegnung mit bedeutenden Menschen. Dann
schwere Krankheit, die überwunden wird, dann eine bedeutende Frau, bei der ich ebenfalls nicht bleibe. Nichts von Beruf
drinnen. Das ist nicht vorherrschend. Die Lebensfahne
erstaunlich sicher, kühn, klar, gesund. Vor einiger Zeit einmal
eine Flucht, ich wurde aber durch ein Ereignis wieder zurück-

gerufen. (»Sie nehmen eigentlich nichts besonders tragisch; es ist, als ginge es sie bisher wenig an...«)

24.

Eines ist im ›Dickicht‹: die Stadt. Die ihre Wildheit zurückhat, ihre Dunkelheit und ihre Mysterien. Wie ›Baal‹ der Gesang der Landschaft ist, der Schwanengesang. Hier wird eine Mythologie aufgeschnuppert.

25.

Abermals Kasack, der Reimann vorliest. Abermals Jarosy-Tschechow, die einen Film bestellen. Dann Scala, wo Matray und Sterna tanzen, danach beide bei Maenz. Im Zoo am Abend bei Fütterung: Sensation – die Menschenaffen. Jessner: ›Othello‹ (Kortner, Hofer, Steinrück) glänzend, dünn, humorlos. Das ist ein Graphiker. Klabund bestellt mich zu E. Reiß, sie lesen die Manuskripte. Ich esse bei Warschauer.

Dezember

2.

Vormittags hocke ich in diesem dunklen Eiskeller und schwanke zwischen einem Film für Frau Tschechow und einem Stück für Frau Durieux (›Johanna‹). Darüber verrinnt die Zeit, ich fülle sie mit Rauchen aus. Ich schreibe an den Wendeverlag, er kann ›Baal‹ haben, an Bi, sie soll schreiben, an Feuchtwanger, was in Mü [nchen] los ist. Dann bummle ich zu Warschauer, wo ich wie gewöhnlich esse, kaufe unterwegs für Bi eine Perlenkette für 10 (zehn) Mark. Nach Tisch besuche ich Klabund im Romanischen Café, da er mir geschrieben hat. Er hat 'nen jungen Hebräer mit, der mich für morgen, 12 [Uhr], zu E. Reiß bestellt, zwecks Generalvertrags. Mit Klabund und einem grauhaarigen fidelen Herrn schiebe ich in eine Likörbude, wo ich süßen Kognak bekomme. Dann fahre ich in den Blüthner-Saal, wo Matray und Sterna tanzen zu Musiken von Jaap Kool. Darauf, im Auto, mit der ganzen Bande zu Warschauer, wo soupiert wird. Es ist aber ekelhaft, ich werde als Luft serviert (das Gewäsch schnürt mir den Hals zu ...); ich rauche nebenan und auf der Toilette und schlage mich bald seitwärts: Ich bin immer noch auf dem Weg zur Sonne. Ich trabe zu Maenz. Dort treffe ich Granach, der nett ist, mir gleich Goldberg von der ›Tribüne‹ vorstellt, Vorlesungen ausmacht. Ich laufe, etwas frierend, etwas fiebernd, heim, den Kopf voll, das Herz leer, und gänzlich unzufrieden, gänzlich unzufrieden.

3.

Gern möchte ich die ›Johanna‹ jetzt schreiben, um dann die Hände für die Trilogie ›Asphaltdschungel‹ freizuhaben. Drei Stücke für das Große Schauspielhaus: 1. Die geldjagende Menschheit 2. Das kalte Chicago 3. Der Wald. Dazu Material: 1. Das Wu Wei aus ›Wanglun‹ und ›Richard III‹ 2. ›Das Rad‹ 3. Der ›Malvi‹-Stoff. Werner Krauss.

7.
›Wenn wir Toten erwachen‹, ein Melodram über die Impotenz, zwanzig Jahre später, Expressionismus eines Greises, dummes Zeug – mit der Durieux, einer ganz großen Darstellerin.

8.
Ich laufe abends in den Kino, sehe nicht, was gegeben wird, oder doch: Eine Frau kujoniert ein Schwein. Aber mir fiel das Schicksal des Dienstmädchens ein, das bei Warschauers in einem Loch haust und arbeitet, die Schwindsucht hat, keine Heimat, keinen Mann, das tagelang nichts spricht, und die Wohnung ist finster. Und ich sehe nicht mehr, wo der große Unterschied ist, ich bin weit entfernt von Mitleid, ich meine nur, wie arm wir sind, wie affenhaft und mißbrauchbar, elend, hungrig, geduldig.

9.
Immer wieder bricht es aus: die Anarchie in der Brust, der Krampf. Der Ekel und die Verzweiflung. Das ist die Kälte, die man in seinem Herzen findet. Man lacht, man verachtet das, aber es sitzt im Lachen selbst, und es nährt die Verachtung.

11.
Großmann hat an Kahane geschrieben, ich an Reinhardt. Jetzt kann ich zu den ›Traumspiel‹-Proben. Sie dauern von ½ 11-? Um 4 Uhr gehe ich. Dabei spielt Klöpfer den Juristen und macht etwas Ungeheures daraus. – Warschauer macht mit A. Engel vom Oswaldfilm aus, ich müsse poussiert werden. Kiepenheuer – bei dem ich zum Tee bin – schiebt mich in den Terra-Film. Reiß und Kiepenheuer haben mir Vertragsentwurf gegeben. – Feilchenfeldt [hat] mich zu Cassirer eingeladen. – Die He ist Samstag vor einer Woche mit zu Kasack gefahren; unterwegs hat sie sich eine grobe Dickhäuterakrobatik geleistet, worauf ich verstummte und sie in Potsdam umkehrte. Ich sah sie noch den Bahnsteig hinunterlaufen, in

Braun, klein, schief, hastig, mit zu großem Kopf; dann sah ich
sie nicht mehr. – Einmal sind wir abends in einem Atelier viele
Leute. Ich betrinke mich frühzeitig, fülle mich mit Branntwein, Rotwein, Likör, steige zur Decke des Zimmers auf, kann
mich nicht mehr an Lieder erinnern. Klabund singt, am
Klavier, Soldaten- und Hurenlieder, tanzt, erwehrt sich mühsam der Weiber, die verschossen in ihn sind, die schwarze
Pelzgarnitur darunter. Mir werden die Zähne nach keiner
lang. Esther, die Rose von Saron, trägt leichtfüßig, aber ritisch
ihren Assyrierkopf durch das rauchige Nachtlokal, eine
Malaiin tanzt mit mir wie eine Hure, wir fallen auf den
Kohlenkasten, dann singt sie mit einer tiefen verrauchten Alt-
stimme in der Höhe der Herzspitze französische Chansons,
Couplets mit Steißbegleitung, und dann tanzen H. E. Jacob
und ich den Tanz der (Sofakissen-)Buckligen. Einmal sitzt
Klabund still da, hört mir zu, wie einer, der schon Mantel und
Hut anhat, keinen Reiseplan, kein Geld, kein Interesse an
beidem und nur noch zuhört: Es sind die ersten barbarischen
ungeschlachten Lieder der Neuen Zeit, die aus Gußeisen ist.
Ein Mitarbeiter der Aktion und Mitarbeiter an einer über und
über bemalten Flitterwochenrevue von Frau spritzt dünn und
sorgfältig Galle und treibt rationell Unzucht mit dem Wort
»Scheißkopf«. Jacob, ballhaft, Pausbäckchen, Kirchenposau-
nenengel, die weiche Pastete mit Pflaumenmus, veräppelt
meine gerollten Rs, versichert mir immerfort: Sie sagen
immerfort Becht, es heißt Brrrecht, ebenso wie es Girrtarre
heißt und Jarcob! Er hat ein feuchtes Äuglein in ein Rotwein-
glas rollen lassen: ein roter Tropf hängt an seiner Nase. Gegen
4, im schwanken Holzpferdekasten, spiele ich noch die
Gitarre und singe. Dann setzt sich die verehelichte Grete von
der Kapp-Putschzeit gegen mich und sagt: »Von Ihnen allein
könnte ich es erfahren. Sagen Sie mir es: Was ist die vierte
Dimension?« – »Ja. Das ist die Hauptsache! Aber jetzt kann
ich nicht, weil ich getrunken habe.« – »Ja, jetzt können Sie
nicht.« –

12.

Ich bin in der letzten ›Traumspiel‹-Probe und entdecke endlich die Grundfehler, die mich gequält haben, aber ich war durch die Glätte der Bilder lahmgelegt. Es ist kein Traum. Müßte schief sein, verquollen, zerknäult, schrecklich, ein Alpdruck mit Lieblichem, der Alpdruck eines göttlichen Wesens. Und ist etwas für die Rechtdenkenden, ohne Kurve. Ich trottete müde heim. Ich aß und trank und legte mich zu Bett um ½8 Uhr. Aber man weckte mich um 10, und es war eine solche Qual in mir, eine wäßrige Qualle zwischen den Rippen, daß ich aufstand. Es ist keine Luft in dieser Stadt, an diesem Ort kann man nicht leben. Es schnürt mir den Hals zu, ich stehe auf, fliehe in ein Restaurant, fliehe aus dem Restaurant, trabe in der eisigen Mondnacht herum, krieche wieder hier herein, schreibe mit Unlust, muß wieder in die Klappe, kann nicht schlafen.

19.

Wieder diese apokalyptischen Gespensterstürme, die warm, genäßt die Dächer bürsten, das Grippewetter, das einen vergiftet, man legt Eier in die Ofenecken und raucht sich zu Tode. In aller Frühe hat man seinen Herzkrampf, stolziert dann herum wie aus Glas, kann wegen der Eiskälte im Zimmer nicht arbeiten. Nachts wird die Marianne kommen, eine barbarische Freude, dann wird alles besser und kriegt Sinn. Ich würde gern den steifen Hut aufsetzen, aber es regnet und stürmt, und ich würde gern Schnaps trinken (habe gekauft), aber dann riecht man aus dem Mund. Ich kann nicht arbeiten, singe bloß Choräle und Wedekind. Das ist ein Erbauungsschriftsteller wie wenige. Er und ein Revolver und kein Gewissen, aber Geschmack: Das ist besser als die Konfirmation. Auch Geschwätz ist gut, es ist zuviel Pause zwischen den Sternenhimmeln. Wieviel Sinn für Romantik ist nötig! Steine auf einem platten Boden: Das ist eine Heimat; nein, das ist keine Heimat. Wieviel fremde Leute, wie ungewiß die

Abstände. Die Lampe brennt nieder. Ich habe seitlich links
etwas Kopfweh. Wer ist das, der da Kopfweh hat? Mein Vater
war da, wir saßen einander gegenüber an einem Wirtshaus-
tisch, zwei Leute, die zusammengehören, eine vage Beziehung,
die schon viel ist unter unsresgleichen! Er interessierte sich in
einer sorgfältigen Art für mich, gab mir 1000 Mark, erzählte
von seinem Geschäft, fragte nichts, wie ich mit Marianne
stehe, sagte, es gäbe Schinken und Ente zu Weihnachten, man
werde mir davon schicken. Das erfreute mich. Er ist fast
höflich, sagt: »Ich kann nicht so schnell kommen.« Ich: »Ich
warte«; er: »Sei so gut!«, und er verlangt ganz wenig: »Du
brauchst nicht mitzugehen, nicht auf den Zug zu warten«; das
ist merkwürdig.

Gedicht

Einer kann herkommen aus Tiflis und mich töten.
Dann erbleicht (in der Luft) ein Tag
Der war blau wie deine Kaffeetasse.
Das Zittern einiger Grashalme, das ich vor Zeiten bemerkte
Kommt nun endlich zum Stillstand.
Ein toter Mensch, der freilich verfault ist
Hat keinen mehr, der weiß, wie er aussah
Denn der Anhaltspunkt fehlt jetzt.
Der Tabakrauch, der inzwischen durch Milliarden Himmel
Gestiegen ist
Verliert seinen Gottesglauben
Und
Viele vögeln die Weiber, rauchen, trinken, schwatzen und
Es ist durchaus allright.

Anderes Gedicht

Früher dachte ich: ich stürbe gern auf eigenem Leinzeug.
Heute
Rücke ich kein Bild mehr gerad, das an der Wand hängt.
Ich lasse die Stores verfaulen, öffne dem Regen die Kammer
Wische mir den Mund ab mit fremder Serviette.
Von einem Zimmer, das ich vier Monde hatte
Wußte ich nicht, daß das Fenster nach hinten hinausging
(Was ich doch liebe...)
Das kommt alles daher
Weil ich so sehr für das Vorläufige bin und an mich
Nicht recht glaube.
Darum hause ich, wie's trifft und friere ich, sage ich:
Ich friere noch.
Und so tief verwurzelt ist meine Anschauung
Daß sie mir dennoch erlaubt, meine Wäsche zu wechseln
Aus Courtoisie für die Damen (und weil
Man gewiß nicht ewig
Wäsche benötigt).

Noch ein Gedicht

Ich bin vollkommen überzeugt, daß morgen ein heiteres
Wetter ist
Daß auf Regen Sonnenschein folgt
Daß mein Nachbar seine Tochter liebt
Mein Feind ein böser Mann ist.
Auch daß es mir besser geht als fast allen andern
Daran zweifle ich nicht.
Auch hat man mich nie sagen hören, es sei
Früher besser gewesen
Die Rasse verkomme
Oder es gäbe keine Frauen, denen *ein* Mann reicht.

In all dem
Bin ich weiterziger, gläubiger, höflicher als die Unzu-
friedenen. —
Denn all dies
Scheint mir wenig zu beweisen.

21.

Die Marianne ist da. Es regnet. Die Pension ist warm, wir
können dort sein. Sie sieht nicht so gut aus, aber dann wird sie
schöner. Sie singt Mahler zum Klavier. Ich renne zu Filmpro-
ben. Usw. Usw.

23.

Ich schließe mit Erich Reiß ab. Monatlich Zahlung von 750
Mark. 1. Balladen 2. Geschichten 3. Garga. Zarek schleppt
mich zur Hesterberg, und ich schließe ab für 6 Tage (500
Mark). Ich singe auf der ›Wilden Bühne‹ Soldatenballaden.

24.

Dann wohnen wir bei Warschauer. Diese Gastlichkeit ist asia-
tisch. Wir haben unsern eigenen kleinen Baum. Ich schenke
M[arianne] eine türkische Zigarettenspitze, alt, Tula, einen
eisernen Anhänger, eine Ballade in Handschrift. Sie mir ›Der
Idiot‹, Krawatte, einen Affen, Socken. Wir soupieren mit
Warschauer, der mir Wedekinds ›Lautenlieder‹ schenkt.

25.

Marianne redet viel davon, daß sie R[echt] doch gern hatte,
als sie von mir wegging, daß seine Liebe sehr stark sei. Vielleicht, weil ich nicht zum Arbeiten komme. Sie ist mit Hagemann (und andern, einem Ehepaar) in Bars gewesen, er hat
versucht, sie im Wagen zu küssen, sie hat ihm einen Brief
geschrieben aus Begeisterung für eine Inszenierung. Sie erhält
einen Brief, überschrieben »Marianne«, eine Einladung für
Silvester, zu viert, d. h. 2 Paare. Sie solle antworten, sonst

disponiere er anders. Und dann ein offizieller (gleichzeitiger) Brief, daß sie wohl nicht mehr engagiert wird.

31.
Mit Marianne und Warschauers im Großen Schauspielhaus: ›Orpheus‹. Dann Souper, Champagner, Rauchen, Bleigießen. So schließt das Jahr ab.

1922
Januar

7.
Eine Woche noch schwatzen, lieben, sitzen wir. Dann fährt sie
ab, und ich stürze mich wieder in das kalte Chicago. Ich
rudere mit Händen und Füßen. Zunächst die Verlagssache!
Reiß hat 750 Mark angeboten. Kiepenheuer 800. Beide wollen
auch Bühnenvertrieb. Ich unterzeichne bei Reiß schon, hole
aber den Vertrag zurück, um ihn Kasack zu zeigen. Dann
muß ich mit Dreimasken sprechen. Es fällt mir ein, dort 1000
Mark zu verlangen, monatlich, auf ein Jahr. K[iepenheucr]
treibe ich ebenfalls auf 1000. Dazu erreiche ich, daß Kiepen
heuer den Vertrieb der nächsten Stücke bei Dreimasken läßt.
Dreimasken schwankt, bietet höchstens 500. Ich bringe ›Garga‹ nicht, um es nicht abgeben zu müssen. Beharre aber auf
den 1000. Dann sagen sie zu, nachdem ich ihnen Löcher in
den Bauch geschwatzt habe.

Letzte Tage des Januar
Plötzlich schiffe ich Blut. Ich versuche zwar noch, auf großem
Fuße weiterzuleben, gehe mit Klabund, Hedda, Bronnen in
den ›Blauen Vogel‹, aber dann kommen deutlichste Winke
meines Unterleibs. Ich liege zwei Tage allein in meinem kalten
Loch, dann kommt Hedda und Bronnen. Montag bringt mich
Frank in die Charité, wo Hedda mit Wollheim alles für mich
geschoben haben. Inzwischen rufe ich die Marianne, die in
W[iesbaden] gekündigt hat, und sie ist sofort da. Sie macht
das Hotel zum Home.

Februar

10.

Jetzt liege ich die dritte Woche zwischen den weißen Wänden. Es ist völlige Windstille. Erst ist die Marianne täglich da; aber am dritten Tag findet sie in meiner Wohnung die Briefe der Bi; es fährt ihr in die Glieder, und zuletzt stellt ein Arzt fest, daß ihre Lunge angegriffen ist, und jetzt liegt sie bei Warschauer. Allein. Fast jeden Tag kommt Bronnen angesegelt, der auch eine Komödie ›Spiel mit der Bewegung‹ bringt. Es ist kraftvoll und anmutig, greift tief in die Sprache, ist aber an Poesie und Philosophie schwächer. Ich selber entwerfe außer einer Reihe von kleinen Prosastücken ein Stück ›Manuel‹ oder ›Manuel Wasserschleiche‹, eine Art Unabhängigkeitserklärung. Im übrigen lese ich, rauche und schwatze mit mir selber und werfe mitunter einen möglichst kühlen Blick auf den kleinen Geierschatten im Himmel, den Tb-Verdacht.

Wenige Aussprüche über die Kunst haben mich ebenso gepackt wie Meier-Graefes Satz über Delacroix: »Bei ihm schlug ein heißes Herz in einem kalten Menschen.«

Ein Mensch muß durch die Überlegenheit seines Gehirns von der Zwangsarbeit loskommen. Keine Gemeinheit ist gemeiner als die Arbeit. Nichts ist eines Menschen unwürdiger als tun, was ihm keine Freude macht. Die Männer der Arbeit sind die gefeierten Sklaven, und es macht nichts aus, daß die Menschheit seit alters von Sklaven kujoniert wurde.

Wenn man nur Mut hätte, wäre es spottleicht, fast alle Ideale und Institutionen, auch noch einen großen Teil derjenigen dazu, die sich sogar auf dem Tapla eingenistet haben, auf die verzweifelte Sucht des Menschen zurückzuführen, seine wahre Lage zu verschleiern. Anerkennung der Familie, Lob der

Arbeit, Ruhmsucht, Religion, Philosophie, Kunst, Rauchen, Rausch sind nicht einzeln und klar in ihrem Wert abgeschätzte und als *Mittel* (moyens) erkannte Aktionen gegen das Gefühl der Einsamkeit, Ausgeliefertheit und Rechtlosigkeit des Menschen, sondern die sichtbaren Bürgschaften gestapelter ungeheurer Werte und Sicherungen. Hierher, aus dieser Verführung zur Gemütlichkeit, kommt die Sklaverei des Menschen.

Einen großen Fehler sonstiger Kunst hoffe ich, im ›Baal‹ und ›Dickicht‹ vermieden zu haben: ihre Bemühung, mitzureißen. Instinktiv lasse ich hier Abstände und sorge, daß meine Effekte (poetischer und philosophischer Art) auf die Bühne begrenzt bleiben. Die Splendid isolation des Zuschauers wird nicht angetastet, es ist nicht sua res, quae agitur, er wird nicht beruhigt dadurch, daß er eingeladen wird, mitzuempfinden, sich im Helden zu inkarnieren und, indem er sich gleichzeitig betrachtet, in zwei Exemplaren, unausrottbar und bedeutsam aufzutreten. Es gibt eine höhere Art von Interesse: das am Gleichnis, das am Andern, Unübersehbaren, Verwunderlichen.

11.
Es ist üblich, daß die Dichter in den Trauerspielen gegen Ende zu (wie überhaupt) die Partei ihres Helden nehmen. Es ist ein Unfug. Sie müssen die Partei der Natur nehmen. Ja, aus Furcht davor, ihren Helden herabzusetzen, wagen sie es dann nicht einmal, die Natur zu verhöhnen, dies widerliche Gemuhe der albernen Kuh wiederzugeben, die den Heuschreck verschlungen hat! Das ist die Bourgeoisie der Schaubühne!

Nacht. Ich habe einen Zug Nachmittagsluft in mir: Ich war bei Marianne, die bei Warschauer liegt. Sie ist heiß und ungläubig. Nachts Flauberts Briefe.

12.

Über diesen Schlachtberichten eines wahnsinnigen Mammuts erbleicht man. Was denkt er sich? Was für ein lasterhafter, stiernackiger, besessener Gallier! Welche Inbrunst bei einer Arbeit, die ganz leicht gehandhabt werden muß! Wie sicher muß dieser Troglodyte seines Stoffes gewesen sein, um es wagen zu können, solche Mühe an ihn zu hängen! Alles, was wir machen, ist leichtfertiges Zeug, Affengeturne, rein beiläufig!

13.

Das Drama ist zweifellos eine Pubertätserscheinung der Völker. Beweis: Orge, dessen Philosophie an Reife und Kraft turmhoch über der meinen steht: eine idyllische. Das, was fast aussöhnt: Stücke wie der Shlink haben den Stempel der *letzten* unter den heroischen Dummheiten auf dem Rücken. Jetzt sind die Arenaflächen rasiert für die neuen, kräftigen Stücke der vorletzten Dummköpfe. Gelingt es einem von uns, das Drama zum Spiel zu machen, ohne es zu schwächen, wozu vielleicht weniger eine heroische Religion wie zu den großen mythischen Tragödien gehört, als eine starke und gleichmäßige Philosophie; dann werden wir durch ein Feixen dem Gelächter entgehen.

14.

Bronnens Lustspiel, stark in der Gestaltung, schwach in der Idee und dünn im Kosmischen, eher episch als dramatisch, obwohl jede Szene steht, und das Ganze ist höchst lustvoll.

16.

Gewiß ist es so: es gibt keine andere Seite. Aber die lieben in der Hoffnung auf sie, in Armut und Entbehrungen, die haben die Hoffnung, denn die andere Seite gibt es nicht. Die aber wissen darum und auf unserer Seite die Seligkeit haben wollen, die entdecken, daß es keine gibt.

Im Dickicht
Bronnen
Charité
Jessner
Das kalte Chicago
Aufzeichnungen

Autobiographische Aufzeichnungen
1920 - 1954

Um 1920

...

Natürlich verlief sein Leben nicht immer gleich, obwohl er ein Pedant war. Er dachte nicht immer an den Film, und seine Visionen betrafen nicht immer Papierscheine. Nur die Visionen waren Gewohnheiten von ihm. Ebenso hieß das Mädchen nicht andauernd Marie, es wechselte im Gegenteil andauernd seinen Namen, was albern und störend genug war. Welch ein Unfug, jedem Mädchen einen andern Namen aufzuhängen! Hieß etwa jedes Hemd anders, die Hemden waren doch auch gleich, folglich auch der Name! Mit den Ansichten verhielt es sich ähnlich – übrigens das Kapitel Ähnlichkeit! Man konnte geradezu in Kolonnen denken, soviel ähnliche Dinge gab es! – Fiel es etwa irgendeinem Zeitungsmenschen ein, jeden Tag die gleiche Zeitung zu drucken? Und wer konnte alle Zeitungen lesen und all den Kitsch sondieren? Tagsüber studierte er Medizin, und abends lehrte er Marie und so weiter.
[Fragmentarisch]

Ich gehöre nicht zu den nützlichen Gliedern der menschlichen Gesellschaft, die sich strecken, wenn sie an Anerkennung denken, und Wollust haben, wenn sie Reibung verursachen. Aber Verstand haben sie gar keinen. Sie wollen nur hinein in die menschliche Gesellschaft. Man soll sie abschneiden.

Ich, Jüngling, sage mir:
Der Himmel ist heute wieder so bleich – als ob er wieder die ganze Nacht gevögelt hätte!
Es ist alles so unzüchtig! Die Hunde!

Ich bin an einem Weiher entlanggelaufen: Was das für Erinnerungen weckt!
Es ist alles so unsittlich!
Hunde allein sprechen Bände!
Ich kann mich nicht mehr grad hinlegen abends im Bett! Die Bettdecke bildet einen Spitz! Oft denke ich dabei nur ganz wenig!

»Gegen die Korrektur eines Stückes ist der Staatskonkurs die reinste Hochzeitsnacht!«
»Du hast eine Ahnung vom Staatskonkurs!«
»Und du hast eine Ahnung von einer Hochzeitsnacht!«

Doktorarbeit:
Die Kritik im Lichte unserer Klassiker.
Abfällige (gute) Kritiken der Zeitgenossen über die Klassiker!

Ich gehe ganz langsam. Ich weiß, daß ich in der falschen Richtung laufe. Jede Richtung ist falsch. Mir eilt's gar nicht.
Wenn man ein Trottel ist, macht einem das Gehen Genuß. Es macht mir solang Genuß, bis mir das Nicht-Gehen Genuß macht. Ich gehe wie auf Eiern.
Ich kann mich auch hinlegen ins sch [–] Gras. Eines Tages lasse ich mir nurmehr die Haare wachsen und fange Fliegen indessen (daß die Fliegen einen Zeitvertreib haben).

Ich habe immer, wenn ich Leute sah, die vor Schmerz oder Kummer die Hände rangen oder Anklagen ausstießen, gedacht, daß diese den Ernst ihrer Situation gar nicht in seiner ganzen Tiefe erfaßten. Denn sie vergaßen vollständig, daß nichts half, es war ihnen noch nicht klar, daß sie von Gott nicht nur verlassen oder gekränkt waren, sondern daß es überhaupt keinen Gott gab und daß ein Mann, der, allein auf einer Insel, Aufruhr macht, wahnsinnig sein muß.

ETWAS ÜBER MICH

Man hat mir gesagt, ich soll etwas über mich schreiben, aber ich tue es nicht. Denn wenn es auch nur einigermaßen wahr sein soll, was ihr über mich lest, dann müßtet ihr erkennen können, auf was für Irrtümer ich verfallen bin, als ich über mich schrieb. Aber das kann ich euch nicht zumuten, weil ihr viel zu dumm dazu seid, meine Lieben! Wenn ihr aber die *Meinung* eines bedeutenden Mannes über mich hören wollt, brauche ich euch nur zu sagen, daß ich eine ausgezeichnete Meinung von mir habe. Ich habe sowenig einen Fuchs gestohlen wie jener Spartanerknabe, gegen den nur der Tod sich unfair benahm.

[Fragmentarisch]

Vierzig Jahre und mein Werk ist der Abgesang des Jahrtausends. Ich habe die Liebe zu den Untergehenden und die Lust an ihrem Untergang.

Die Sprache ist dazu da, um die Taten zu verurteilen. Dies ist ihre einzige Rolle. Aber sie füllt sie nicht einmal aus.

TOD MEINER MUTTER

Meine Mutter ist gestorben am 1. Mai. Der Frühling erhob sich. Schamlos grinste der Himmel.

DER BELEIDIGTE

Gewiß: ich bin sofort heimgegangen.

Er hatte mich den ganzen Tag durch seinen blassen Himmel beleidigt. Aber am Abend war das Maß seiner Vergehen voll. Ich ging heim.

(Es gelang ihm, eine Bauernkapelle in einem Wirtshausgarten zu veranlassen, mit Blasinstrumenten Walzer zu spielen, als ich vorübermußte ... Das war schmutzig!)

Ich habe eingesehen. Man liebt mich nicht. Ich kann wie ein Hund verrecken, sie trinken Kaffee. Ich bin überflüssig hinter meinen Gardinen.

Ich konnte mich nicht mehr retten, schwarze Kolosserhunde tauchen an den Straßenbiegungen auf.

Die Wolken winken ab, das himmlische Konzert findet unter Ausschluß meiner Persönlichkeit statt.

Das schwarze Wasser fließt immer noch unter der Brücke durch, ich habe rasch hinabgeschaut. Die Blasmusik spielte mit geblähten Backen (es wird mehrere Coitusse geben diesen Morgen!); ich dachte vom Wasser: Wenn sie spielen, geht es etwas besser.

Ich bin, mit offenem Hemd auf der Brust, ohne Gebete im Gaumen, preisgegeben dem Stern Erde, der in einem System, das ich nie gebilligt habe, im kalten Raum umgeht.

Meine Mutter ist seit gestern abend tot, ihre Hände wurden allmählich kalt, als sie noch schnaufte, sie sagte aber weiter nichts mehr, sie hörte nur zu schnaufen auf.

Ich habe einen etwas beschleunigten Puls, sehe noch klar, kann gehen, habe zu Abend [gegessen.]

[Fragmentarisch, 2. 5. 1920]

Es waren Knochen, die sie in ein Laken legten. Er reist ab, vor Erde sie deckte. Wozu dem Selbstverständlichen zusehen?

[Mai 1920]

Einer sieht eine gemeine Person und sagt: »Meine Mutter, z. B., war niemals, keine Minute ihres Lebens, niemals, so gesund wie diese. Das gehört dazu.«

Meine Mutter:
Ich liebte sie auf meine Weise, aber sie wollte auf die ihre geliebt sein.

Ich bin wieder lustig, denn nun habe ich gesehen, daß dem Guten nichts geschehen kann. Er bezahlt. Das ist doch so einfach. Man verlangt ihm die wahnsinnigsten Preise ab, aber der Gute lacht ihnen ins Gesicht und bezahlt sie, sie, die Preise und die Schlechten und ihren Ruin und ihre traurige Höllenfahrt. Mit einem schlechten Menschen streiten? Was nicht gar! Gott hat ihn verworfen, man muß zusehen, ihn vom Halse zu bringen, nichts ist zuviel dafür.

Er liest Zarathustra. Begeistert liest er nur einen Teil. Er hatte große Angst, das andere könne seine Illusion zerstören. Denn er liebte auch die Zweifel, die in ihm noch bestanden. Die durften nicht widerlegt werden, wenn nicht die Sache banal werden sollte.

Wiewohl ich erst 22 Jahre zähle, aufgewachsen in der kleinen Stadt Augsburg am Lech, und nur wenig von der Erde gesehen habe, außer den Wiesen nur diese Stadt mit Bäumen und einige andere Städte, aber nicht lang, trage ich den Wunsch, die Welt vollkommen überliefert zu bekommen. Ich wünsche alle Dinge *mir* ausgehändigt, sowie Gewalt über die Tiere, und ich begründe meine Forderung damit, daß ich nur *ein*mal vorhanden bin.
[Fragmentarisch]

MAXIME

Sich in schwierigen Situationen sämtliche Möglichkeiten auf-
schreiben und dann durchdenken. Im Anfang mit Punkten,
die die Annehmbarkeit bezeichnen. (Vorschläge zur Bekämp-
fung der Gefühlsverschwommenheiten.)

Das Leben als Leidenschaft! Ich betreibe das so. Es liegt auf
der Hand, daß sie mich zugrund richtet!

Um 1921

Heute gegen Morgen hatte ich einen Traum, der mich stundenlang beunruhigte, weil er so außerordentlich realistisch und ungesucht war. Wir waren in größerer Gesellschaft, und ich wollte am End allein sein, und da stopfte ich Otto und einige andere mit List in ein übervolles Auto. Sie fuhren endlich los, und ich ging mit der M[arianne] zurück ins Haus. Wir waren aber kaum oben, als ich rasche und schwere Tritte auf der Treppe vernahm und sehr unmutig wurde, weil ich mir sofort dachte, daß Otto wieder einmal nicht allein sein könnte, und so war ich nicht erstaunt, als es Otto wirklich war. Aber er ging – mit rotem Gesicht – ganz rasch und ohne mich zu beachten an mir vorüber ans Gangfenster, das in einen tiefen und dunklen Lichtschacht hinausführte, sah hastig hinunter, beugte sich vor, stieg, ohne ein Wort zu sagen, in einem einzigen Riesengang, also von der Treppe aus über den Gang an mir vorbei, auf das Fensterbrett und sprang fast mit dem Ausdruck der Bedachtsamkeit, soweit es seine Hast zuließ, hinunter. Ich erschrak furchtbar, umarmte die Marianne und dachte: »Jetzt ist es soweit.«

Um 1923

Es soll mit der Vorsehung kein Spiel getrieben werden. Es soll ein Tatbestand festgestellt werden. Es gibt welche, die gut leiden können. Ich kann besser klagen, oder ich bilde es mir wenigstens ein. Die Klage muß von denen erhoben werden, die am wenigsten leiden.

Ich habe die denkbar besten Verträge mit Vertrieben, Bühnen, Verlagen. Ich kann mich weder über die Presse noch über das Publikum beklagen. Wenn ich im Romanischen Café auftauche, werden sie an vielen Tischchen gell. Aber ich kann nicht leben.

Ich fahre nicht Auto und besuche nicht Spielhöllen. Ich kann mit meinen Einnahmen meinen Lebensunterhalt nicht mehr bezahlen. Die Miete ist mir zu hoch, sie verschluckt die Monatseinnahme meiner Frankfurter Aufführung. Ich nehme an, daß die Öffentlichkeit zu sehr mit ihren eigenen Nahrungssorgen beschäftigt ist,

[Fragmentarisch]

Entschuldigen Sie, aber ich schreibe etwas auf, und da ich gerade nicht in Form genug bin, etwas Sinnloses zu unternehmen, mache ich einen Brief daraus, und ich schreibe etwas auf, weil ich einen leeren Kopf habe und das das Ungesündeste für mich ist, was es gibt. Ich glaube, daß die meiste Literatur (zumindest aber die von mir fabrizierte) von einem Mangel an Gedanken herrührt. Ich meine einen Mangel an Gedanken für den Hausgebrauch, wirklichen, angenehmen Ketten, die weitergehen. Wir können nur an der Hand von Vorgängen zu ein paar armseligen Gedanken gelangen. Es ist leichter, diese Vorgänge zu erfinden, als die Gedanken darüber ohne sie in den Kopf zu kriegen. Anstatt daß ich mich, wie es meine Bestimmung wäre, in ein Sofaeck zurückziehen könnte und fähig wäre, einige scharfe und befriedigende Behauptungen nebst den dazugehörenden scharfsinnigen und unerläßlichen Schlußfolgerungen aufzustellen (denn es muß doch über die Dinge des Planeten so viele und freie Ansichten geben!!), muß ich Kognak trinken, Frauen sezieren, kurz: ein Leben führen! Ich glaube, daß die Behauptung einiger fünfzigjähriger Leute, sie trieben Literatur, weil sie für das Leben nicht geeignet seien, ein armseliger Schwindel ist. Ich, jedenfalls, stürze mich hauptsächlich deswegen in das »Leben«, weil ich zu wenig Befähigung für die Literatur habe.

Ich dachte, daß ich etwas Anregung durch den ›Galigai‹ haben würde, aber ich habe es bisher über die wirklich matten Vergnügungen an Militärmusik und einem Band ›Der verräterische Blutfleck‹ nicht hinausgebracht. Bleibt Homolka, der mit einer entsetzlichen Schilderung eines Mannes mit etwa elf Krankheiten mir für zwei Stunden unter die Arme griff.

Mit Kindern kann man, auch wenn sie so erstklassig wie meine Tochter sind, mit Ausnahme von fotografieren wenig anfangen. Sie sind zu weise und zu defektlos, um interessant zu sein; dem Normalen, An-sich-Befriedigenden gegenüber aber versagt die Beobachtung. Übrigens hat sie die Unermüdlichkeit und den abnormen Konsum von ihrem Vater geerbt. Sie hat Augen, die sie zu einer großen Tragödin machen müssen, wenn sie nicht einfach nur die Merkmale des Unglücks sein werden.

[*Fragmentarisch*]

Wie komme ich, ein Mann aus Augsburg mit vielfachen Gaben, die Welt zu sehn und darzustellen, auf diese Märkte, Cafés und Amüsierbuden, und unter solche Menschen?

Ich habe das Zuchthaus an den Nagel gehängt. Damit dürften die letzten Reste bürgerlicher Existenz in die berühmten Binsen gegangen sein. Ich befinde mich auf dem Vormarsch.

1924

Juli 24

Armbanduhr
Hose aus Cord
Ledermütze
Hemden aus Khaki und Rohseide
Aga-Kleinauto
Schwarzer Gummimantel
Unterwäsche
Feuerzeug
Jumper [?]
Zeissfoto

Juli 24

Pläne:
Flucht Karls des Kühnen . . . .   ?
Galgei . . . .   Regie
Gösta [Berling] . . . .   Geld
Mortimer Fleischhacker . . . .   Studium
Dickicht . . . .   Position
Film . . . .   lernen
Mahagonny-Oper . . . .   Mar [iannc]
Hannibal
John I'm happy
Exzentrikposse

Lernen:
Chauffieren
Moderne Jamben
Stückkomponieren
Fotografieren
Schifahren
Segeln
Reiten
Zeitunglesen auf Geld
Sprachen
Geldwirtschaft
Technik
Anatomie
Englisch
Jiu-Jitsu

1925

ANREDE

Du hast einen Cocktail vor dir, den du selber gemacht hast, eine starke schwarze Zigarre, einen Stuhl für dein Hinterteil, einen Stuhl für die Füße und einen Ausblick, wie er für dich geeignet ist, und du bist nicht zufrieden, Bidi.
In Kalifornien sind Erdbeben, in Galizien ist eine Überschwemmung. Du kannst im Kaffeehaus Zeitungen, im Bett Kriminalromane lesen. Amundsen mußte, ohne den Pol erreicht zu haben, umkehren. Du konntest bisher noch jede Gemeinheit durchführen, die dir nicht zu anstrengend war.
Du bist nicht zufrieden.
Deine Freunde sagen zu dir »Käptn«, und wer mit dem Hut auf dem Kopf zu dir kommt, der geht ohne Fuß weg.
Und du bist es nicht zufrieden.
Was du noch kaum zu wollen anfängst, das hat Eile, zu geschehen.
Du bist listig genug, angenehm zu sein. Du weißt, daß man das Rindfleisch mit Essig ißt, und kannst A und B sagen und C und auch Zet, wie es dir besser und vorteilhafter erscheint.
Denn es ist deine beste Zeit jetzt, die dir zu wenig ist, und dein guter Tag, den du nicht erkennst.
Was dir zu kalt ist, war dein Sommer; wenn es dir zu dunkel war an deinem Tag, jetzt kommt die Nacht.
Und vor du zerschlagen bist, wirst du schon zufrieden sein.

ANTWORT
Ich bin unlustig.
Ich habe, was ich will, und sehe nichts Besseres.
Ich will nichts lieber als etwas anderes. Ich will nicht lieber essen als nicht essen, grün ist nicht rot, sauer und mild gibt keinen neuen Geschmack. Das alte Gras, auch das ich noch

gar nicht gesehen habe, ist mir zu alt. Das Leben ist zu kurz, und es vergeht zu langsam.

Ich bin nicht zufrieden; darum bin ich nicht zufrieden.

Nachts in Baden, Juli 25

Nach Genuß von etwas schwarzem Kaffee erscheinen auch die Eisenzementbauten in besserem Licht. Ich habe mit Erschrekken gesehen (auf einem Reklameprospekt einer amerikanischen Baufirma), daß diese Wolkenkratzer auch in dem Erdbeben von San Franzisko stehenblieben, aber im Grund halte ich sie doch nach einigem Nachdenken für vergänglicher als etwa Bauernhütten; die standen tausend Jahre lang, denn sie waren auswechselbar, verbrauchten sich rasch und wuchsen also wieder auf ohne Aufhebens. Es ist gut, daß mir dieser Gedanke zu Hilfe kam; denn ich betrachte diese langen und ruhmvollen Häuser mit großem Vergnügen.

Ich glaube: die Oberfläche hat eine große Zukunft.

In den kultivierten Ländern gibt es keine Moden. Es ist eine Ehre, den Vorbildern zu gleichen. Ich freue mich, daß in den Varietés die Tanzmädchen immer mehr gleichförmig aufgemacht werden. Es ist angenehm, daß es viele sind und daß man sie auswechseln kann.

Ich habe kein Bedürfnis danach, daß ein Gedanke von mir bleibt. Ich möchte aber, daß alles aufgegessen wird, umgesetzt, aufgebraucht.

Ich habe das Gefühl, ich dürfe nichts sagen, sonst verfiele ich einem Strafgericht; es sei nicht erwünscht, von mir etwas gesagt zu hören. Die Gefährlichkeit jeglicher Äußerung von meiner Seite war mir außerordentlich klar. Wenn ich aber nachdachte, was ich nun zu sagen hätte und was man von mir um keinen Preis zu hören wünschte, so konnte ich (so eigentümlich dies vielleicht klingen mag) nichts finden.

Es leuchtet wohl ein, daß so etwas sehr beunruhigen muß.

Ich habe jedesmal nachgeprüft, ob ein momentaner Fehler meiner Konstitution vorlag, wenn ich plötzlich mit meinen Mitmenschen nicht zufrieden war. Einige Male war dies nicht der Fall, meines Wissens, aber auch in diesen Augenblicken hatte ich nichts Eigentliches gegen die Menschen vorzubringen, vielleicht deswegen, weil mir eher der ganze Typus verfehlt schien. Ich glaube, der Mensch ist eine Rasse, die im Schöpfungsplan nicht vorgesehen war, welche Tatsache im Laufe ihrer nur wenige Jahrtausende dauernden Lebenszeit nur von wenigen Exemplaren erkannt wurde, die übrigens selber noch nicht die Stufe der Ichthyosaurier erreicht haben können. Ich möchte damit, wie man sich wohl denken kann, keinem Menschen persönlich zu nahetreten.

Ich würde zu keiner anderen Gruppe weniger gern gehören als zu der der Unzufriedenen.

An dem Tag, wo in der Literatur nichts mehr zu holen ist, verlasse ich sie.

Wenn wir einen Tunnel machen wollen, müssen wir immer erst den Berg machen. Und den Berg machen, das ist das schwierige, und der Tunnel ist das geniale.

Ob aus dieser Generation etwas wird, das hängt davon ab, ob sie sich informiert. Dies ist sehr schwierig, wegen der Zeitungen, die versprechen zu informieren, aber in Wirklichkeit nur reagieren.

Kochel, Ende Juli

Ich schwanke sehr, mich der Literatur zu verschreiben. Bisher habe ich alles mit der linken Hand gemacht. Ich schrieb, wenn mir etwas einfiel oder wenn die Langeweile zu stark wurde. ›Baal‹, das entstand, um ein schwaches Erfolgsstück in den Grund zu bohren mit einer lächerlichen Auffassung des Genies und des Amoralen. ›Trommeln‹, um Geld zu machen (es ist danach, hat aber kein Geld gemacht). Mit ›Dickicht‹ wollte ich die ›Räuber‹ verbessern (und beweisen, daß Kampf unmöglich sei wegen der Unzulänglichkeit der Sprache). Und ›Edward‹, weil ich den Marlowe inszenieren wollte und er nicht ausreichte. Die Balladen, um George und Otto in Schwung zu bringen für einige Stunden des Abends, der in Augsburg sehr trocken verläuft, und die Sonette aus purer Langeweile. ›Mann ist Mann‹ nur für das Theater, aber das Theater ist nichts, wo keine Appetite sind. Würde ich mich entscheiden, es mit der Literatur zu versuchen, so müßte ich aus dem Spiel Arbeit machen, aus den Exzessen ein Laster. Ich müßte einen Plan aufstellen und ihn ausführen, um Tradition zu bekommen in der Arbeit, die Inspiration durch manuelle Gewohnheit und die Lust des Abarbeitens. Ich müßte Mühe daran setzen, einen

Stil zu wählen, der mir ermöglicht, das Abzuwickelnde auf die mir leichteste Weise zu formulieren. Meine Appetite müßten geregelt werden, so daß die wilden Anfälle ausgemerzt und die Interessen auf lange Dauer ziehbar wären, so etwa, daß ich Stücke sehr rasch schreiben könnte, aber nicht müßte. Dieses letztere ist die Fähigkeit der Klassiker. Sie erzielt Plastik. Lionardo konnte sein Interesse beliebig lang erhalten. Was den Stoff betrifft, so habe ich genug, um die vierzig zulässigen und nötigen Stücke zu schreiben, die den Spielplan eines Theaters für eine Generation bestreiten (aber ich glaube immer noch, daß man die Form ohne das Theater nicht festlegen sollte). Als heroische Landschaft habe ich die Stadt, als Gesichtspunkt die Relativität, als Situation den Einzug der Menschheit in die großen Städte zu Beginn des dritten Jahrtausends, als Inhalt die Appetite (zu groß oder zu klein), als Training des Publikums die sozialen Riesenkämpfe. (Die amerikanischen Historien allein ergeben im Minimum acht Stücke, der Weltkrieg ebensoviel, und was für ein Stoff und Ideenreservoir für Lustspiele ist die Produktion der deutschen Klassiker von ›Faust‹ bis ›Nibelungen‹! Aber welche Fülle des Stoffes bietet überhaupt die Bearbeitung, ermöglicht durch die neuen Gesichtspunkte!)

Ich sitze nicht bequem auf meinem Hintern: Er ist zu mager!
Das Schlimmste ist: ich verachte die Unglücklichen zu stark.
Ich mißtraue den Mißtrauischen, habe etwas gegen die, denen
es nicht gelingt, zu schlafen...
Mein Appetit ist zu schwach. Ich bin gleich satt!! Die Wollust
wäre das einzige, aber die Pausen sind zu lang, die sie braucht!
Wenn man den Extrakt ausschlürfen könnte und alles verkür-
zen! Ein Jahr vögeln oder ein Jahr denken! Aber vielleicht ist
es ein Konstitutionsfehler, aus dem Denken eine Wollust zu
machen; es ist vielleicht zu etwas anderm bestimmt! Für *einen*
starken Gedanken würde ich jedes Weib opfern, beinahe jedes
Weib. Es gibt viel weniger Gedanken als Weiber. Politik ist
auch nur gut, wenn genug Gedanken vorhanden sind. (Wie
schlimm sind auch hier die Pausen!) Der Triumph über die
Menschheit: das Richtige tun zu dürfen, unnachsichtig, mit
Härte!
Als ich, nach einer in jeder Hinsicht betrübenden Woche
meinem ältesten Freund sagte, ich sei niedergedrückt, lachte er
und sagte überlegen: »Das bist du nicht oft!« »Nein«, sagte
ich. »Aber ich weiß, daß die Eroberer von Weltreichen geneigt
sind, beim Verlust einer Pfeife Selbstmord zu begehen. So
wenig hält sie.«

Ich möchte gern eine Kunst machen, die die tiefsten und wich-
tigsten Dinge berührt und tausend Jahre geht: Sie soll nicht so
ernst sein.

Ich habe mich immer mit Menschen abgegeben, ich verstehe es nicht. Es war eine solche ausschließliche Sucht von mir, Menschen zu treffen, daß ich sonst nichts beachtete und selbst Gedanken, die nicht ganz direkt etwas über Menschen aussagten, nicht verstand. Mit beinahe 30 Jahren sind Maschinen, Philosophien, Geldgeschäfte mir noch fremd, ich schiebe sie sozusagen einfach auf – bis zu welcher Zeit, weiß ich nicht. Ich konnte einen Hang zu einem gewissen praktischen Stuhl, einer angenehmen Lampe, einem Boxball in mir entdecken, ich freue mich jedesmal wieder, wenn ich diese Dinge sehe – ich benutze sie fast nie, ich würde nichts für sie tun. Es ist möglich, daß es vielen Leuten so geht, aber mir scheint es nicht natürlich. Die Tiere haben sicherlich nicht dieses Interesse an ihren Artgenossen, und ich will es bei mir bekämpfen – denn zu alledem habe ich keine besondere Wertschätzung für die Leute.

Möglich, daß ich, einen unaufhaltsamen Aufstieg meiner Art vor Augen, wirklich noch ein Bankkonto anlege und meinem Sohn eine Tracht anstrengender Prügel zukommen lasse; aber dafür ist der Gedanke langweilig wie eine Flasche Lebertran, daß von unseren Eigenschaften alle der Reihe nach verschwinden sollen, die nicht unbedingt nötig sind, und damit ein Haufe unnützlicher, aber erheiternder Dinge: die Kunst, das Fußballspiel und Alfred Kerr.

Für alles, was als gut und schön bekannt war, zeigte er frühzeitig vollstes Unverständnis. Er konnte weder die Werke seiner Zeitgenossen noch die der Klassiker verstehen, und da bei ihm, wo das Verständnis ´fehlte, zur rechten Zeit sich Kampflust einstellte, *hat er dem Ansehen des deutschen Geisteslebens stark Abbruch getan.* Über dies hinaus gelang es ihm durch einfache Verwendung von Intelligenz, seine eigenen

Werke für das Bürgertum leicht unverständlich zu gestalten.
Eine gewisse natürliche Würdelosigkeit bewahrte ihn vor den
Folgen der Popularität. In ihm beweint der Deutsche Automo-
bilklub sein marxistischstes Mitglied. Wenn es heute unmöglich erscheint, eine Zeile Schillers zu lesen, so ist das *nicht
zuletzt* sein Verdienst. Vertreter einer mehr und mehr mecha-
nisierten Welt, flach bis zum Exzeß ...

[Fragmentarisch]

Saint Cyr / Ende Mai 1928

Ich lese aus Mangel an Schundromanen die Bekenntnisse des Augustinus. Sie sind in einem sehr guten Stil geschrieben, d. h., dieser Schriftsteller versteht sich selbst sehr gut auszudrücken, sein Stil ist also sowenig stetig gut wie er selber oder seine Ansichten. Da er ein besonders praktisch veranlagter Mann zu sein scheint, wird sein Stil immer gleich schlecht, wenn er ins Faseln kommt und mystisch wird. Sehr komisch ist bei ihm die so typische Haltung aller Gelehrten ihren Entdeckungen gegenüber: eine eifersüchtige, geizige, ja schadenfrohe Haltung. Er behandelt seine Religion wie sein Steckenpferd. Sehr viel erwartet er sich von der Keuschheit. Was die betrifft, glaube ich übrigens, daß wir eine ganz mangelhafte und plumpe Anschauung über die Gewinne haben, die man aus ihr ziehen kann.

Um 1930

Oft wundere ich mich selber, daß mein Gedächtnis so schwach ist. Alle meine Angelegenheiten, auch die gefährlichsten, vergesse ich umgehend. Selbst die Geliebte meiner Jugend, der ich sehr zugetan war und die mir wegen einer merkwürdigen Gleichgültigkeit meinerseits entglitt, kommt mir heute in der Erinnerung vor wie die Gestalt in einem Buche, das ich gelesen habe.

Ich habe mich schwer an die Städte gewöhnt. Ich hatte kein Geld und zog immerzu um. Dann wohnte ich einen Monat lang in einem schon fertig gestellten Zimmer. Die Zimmer waren zu häßlich und zu teuer. Um es in ihnen auszuhalten, hätte ich viel schwarzen Kaffee und Kognak trinken müssen, aber ich hatte nicht einmal genügend Geld zum Rauchen. In einer guten Zeit wäre es amüsant gewesen, durch alle diese Zimmer durchzugehen und diese Nachtlager morgens zu vergessen. Aber in dieser Zeit hatte niemand genug ego in sich, um etwas machen zu können. Man kam dazu, sich selber zu bewohnen, und dadurch kam eine Spaltung in einen selber hinein; wahrscheinlich deshalb habe ich immer das Gefühl gehabt, ich sei eine besonders provisorische Sache. Als ich später etwas Geld hatte, wollte ich alles kaufen. Der erste Bedarfsgegenstand, den ich kaufte, war eine Axt. Um sie als Axt zu gebrauchen, hätte man sie schleifen lassen müssen. Ich benutzte sie also zum Einschlagen von Nägeln, und dazu war sie zu groß. Wie man merkt, kaufte ich auch Nägel. Langsam, jedoch unaufhaltsam wurde das Problem der großen Städte lösbar.
Vor Jahren hatte ich in dem Buch eines Franzosen über die Geschichte der Rassen mit Vergnügen gelesen, daß die Lasterhaftigkeit und die »moralische Krankheit« bei jugendlichen

Rassen oder besser in den Anfangszeiten (denn hier gab es bei jeder Rasse natürlich diese Wellenlinien, nämlich mehrere Jugenden und die dazugehörigen Alter) stärker sind. Die Exzesse der alten Germanen können nicht mehr länger totgeschwiegen werden.

[Fragmentarisch]

1.

Große Appetite gefielen mir sehr. Es schien mir ein natürlicher Vorzug, wenn Leute viel und mit Genuß essen konnten, überhaupt viel wünschten, aus den Dingen viel herausholen konnten usw. An mir mißfiel mir mein geringer Appetit. Freilich hatte auch ich heftige Wünsche, dies oder das zu besitzen, aber sie waren plötzlich und unregelmäßig, statt stetig und verläßlich, wie sie mir gefallen hätten. Und vor allem: hatte ich, was ich mir gewünscht hatte, so war ich so bald satt; so daß ich geradezu Unbehagen spürte vor einem Teller mit begehrten Speisen, ich könnte ihn nicht aufessen können, da mein Magen zu klein war. Die Frage war also: Wie sollte ich große und stetige Appetite bekommen?

2.

Ich war mir auch zu weich. Ich vermied Entschlüsse, besonders solche, die anstelle eines bekannten Sichtbaren ein unbekanntes Vorgestelltes setzten. Ich war unfähig, Beziehungen von mir aus abzubrechen.

[Fragmentarisch]

Nicht für Gesellikeit		sondern für Männergespräche
" " Liebe	"	" Wollust
" " gut essen	"	" Hunger stillen
" " Spielen	"	" Arbeiten
" " Muße	"	" Faulheit
" " Mädchen	"	" Frauen

In meinem Schlafzimmer, das klein ist, habe ich zwei Tische stehen, einen großen und einen kleinen, ein hölzernes altes Bett, das nicht länger als ich, aber etwas breiter ist, wenngleich nicht so breit wie die meisten anderen Betten, zwei niedere normannische Stühle mit Strohsitzen, zwei chinesische Bettvorleger und einen großen Manuskriptschrank aus Holz mit Leinwandzügen. Darauf habe ich einen Filmvorführungsapparat, eine Projektionslampe und eine Heizsonne stehen sowie einen Gipsabguß meines Gesichtes. In zwei eingebauten Schränkchen sind meine Kleider, Wäsche und Schuhe. An Wäsche habe ich * Hemden, Bettzeug, um * mal das Bett zu beziehen, sieben Anzüge, acht paar Schuhe. An der Decke ist eine Lampe und auf dem Tisch am Bett eine zweite. Das Zimmer und die meisten dieser Dinge gefallen mir, aber des Ganzen schäme ich mich, weil es zuviel ist.

1

Seit langem schon denke ich, daß ich nicht recht imstande bin, mich unter den Menschen und Dingen zurechtzufinden, und daß ich doch dazu besser imstande sein könnte. Diese beiden Gedanken zusammen haben mich zu vielen Nachforschungen und Versuchen gebracht, zu denen mich einer allein bestimmt nicht veranlaßt hätte; denn wenn ich zum Beispiel nur gedacht hätte, ein Leben wie das meine sei nicht zu meistern, so wäre eine Religion oder eine der mannigfachen skeptischen Haltungen der Philosophen ausreichend gewesen, mich zu beruhigen. Hätte ich nur gedacht, ich müßte meine Aussichten verbessern, so würde ich mich mit dem Erwerb einiger schlauer Handgriffe begnügt haben und wäre in jene so

* Zahlenangaben fehlen im Manuskript.

häufige Betriebsamkeit verfallen, die aus allem das Beste herausholt und damit im Grunde alles sein läßt, indem sie sich eben an sein Bestes hält. So aber hielt ich meine zwei Gedanken immer beisammen und wurde so weder die Unruhe los noch die Vorsicht: ich wollte alles so betrachten, daß ich mich zurechtfände, weder länger noch kürzer; ich wollte mich nicht zu lange beim Unvermeidlichen aufhalten, noch zu früh etwas für vermeidlich erklären.

2

Es war besonders schwierig, meinen Gedanken immer festzuhalten, daß ich mich nicht auskenne, und gerade das war besonders notwendig.

[Fragmentarisch]

MOSKAUER REISE

Der Spruch über der Grenze – vorn: die Begrüßung der ausländischen Genossen; hinten: »Die Revolution bricht alle Grenzen«. Literarisierung.

Dann, im Schlafwagen, der geräumiger ist als der europäische, beginnt der Orient. Es sind alte, prunkvolle Wägen, notdürftig instand gehalten, faute de mieux. Später fragen uns die russischen Genossen, was für Gefühle wir bei der Überschreitung der Grenze hatten, und bringen uns so etwas in Verlegenheit.

Am Bahnhof Tretjakow, Reich, Lacis, Piscator, Deutsch (für den verreisten Kolzow), Fotografen. Wir sind mit Eisenstein gefahren, der krank ist.

Abends bei Reich, der Professor ist, Prorektor an einer Universität für Theaterwissenschaft. Ein Zimmer, in zwei Teile geteilt, aber ganz angenehm. Eier, Brot, Butter, Tee, Kaviar. Erinnert an Schwabing, ist jedenfalls nicht schlimmer (3 Personen, darunter 1 Kind). Vorn Komsomolzenklubs. Nachts elf noch großer Verkehr auf den Gängen.

Dienstag vormittags mit Piscator, der sehr vermeckert ist, aber gut verpflegt wird. Beklagt sich über mangelnde Ordnung – mit Recht, greift aber viel zu wenig ein, verläßt sich und wird verlassen, statt verläßlich zu sein. Fährt abends nach Odessa. Arbeiter auf Straße in auffallend guter, freier Haltung, sehen ganz gut aus, anders als in Europa geschildert, keineswegs hungernd.

Mit Tretjakow im Auto durch die Stadt. Geheimdruckerei. Leninmausoleum.

Nachmittags Brik. Große Wohnung, sehr gut eingerichtet. Gespräch über Schädlinge.

Abends Wachtangow-Theater: ›Turandot‹. 1000. Aufführung. 13 Jahre alte Inszenierung.

[UTTING]

Etwa fünfzig Meter von meinem Grundstück entfernt erhebt sich über die Gesträucher wie eine breite, grüne Wolke eine riesige Erle, die ich auch noch zu meinem Besitz rechne, da von einem bestimmten Punkt meines Gartens aus ihr vielleicht vollkommenster Anblick gewährt ist. Gleichsam um ihre Schönheit erst voll zu zeigen, steht hinter ihr eine in ihrer Art ebenso schöne Fichte von dunklem Grün, eine kleine, zapfenbehangene Zacke über der wogenden Erle.

Der Garten ist auf welligem Gelände angelegt, so daß man von seinen Enden die Enden nicht sieht. So wirkt er, der keineswegs sehr groß ist – nicht über ein Tagwerk –, wie ein gewaltiger Park.

Die Bäume sind in Gruppen gepflanzt. Sieben oder acht bilden eine Wand, mitunter erwecken zwei oder drei den Eindruck eines einzigen Baumes, ihr Blätterdach ist ihnen gemeinsam. Etwa in der Mitte des Gartens halten sich wunderbare, fast schwarze Fichten auf. Es ist, als träte man in einen kleinen Wald. Sie umgeben einen etwas finsteren Karpfenteich.

Die vielen und außerordentlich schönen und verschiedenen Pflanzen sind so gescheit angeordnet, daß der Garten keineswegs allzu reich bepflanzt wirkt. Die Anordnung verbirgt glücklich seinen wirklichen Reichtum. Es gibt auf dem welligen Gelände die schönsten Wiesen. Darauf stehen kleine Büsche von lang blühenden Blumen in halber Männerhöhe und einfarben. Je nach den verschiedenen Einblicksmöglichkeiten sieht man den einen oder den andern. Von einer bestimmten Stelle aus sieht man nachts, fast erschreckt, einen schneeweißen.

Ich bin Stückeschreiber.

Eigentlich wäre ich gern Tischler geworden, aber damit verdient man natürlich zu wenig. Die Bearbeitung der Hölzer hätte mir Spaß gemacht. Gibt es doch heute kaum mehr wirklich gut gebeiztes oder gelacktes Holz, diese schönen Täfelungen und Geländer früherer Zeiten, diese hellen Tischplatten aus Ahorn, dick, wie eine Hand breit ist, die wir vergilbt in den Zimmern unserer Großeltern vorfanden, geglättet durch die Hände ganzer Generationen. Und was habe ich für Schränke gesehen! Wie waren da die Kanten eingeschliffen, die Türen eingelegt, die Fächer abgesetzt, und was waren das für herrliche Maße! Solch ein Möbel sehend, kam man auf bessere Gedanken. Was konnten diese Verstorbenen aus dem hölzernen Griff einer Gabel machen! Auch noch in unserer Zeit erblickt man Gutes. In der Bond Street, in London, sah ich in einem Schaufenster eine große Kiste für Zigarren, sechs einfache Ahornbretter mit einem Eisenhaken, aber wie sah das aus! Jede Zigarre kostete eine Guinee. Bei flüchtigem Hinblicken konnte man angesichts dieser schmucklosen Kiste glauben: Dieser Tabak ist so köstlich, daß für die Verpackung auch nicht ein Schilling gespendet werden konnte, eine Guinee ist der niederste Preis, der genommen werden kann, da verhungern schon die Pflanzer. Beim zweiten Blick sah man, daß die Firma es für angemessen gehalten hatte, solche Kenner edlen Tabaks auch mit der Kiste zufriedenzustellen.

Ich bin jetzt 36 Jahre alt und habe diese Jahre nicht müßig verbracht; das kann ich sagen, wenn ich weniger meiner Leistungen und mehr meiner Mühen gedenke und wenn ich für manches zur Entschuldigung anführe, daß ich in einer Zeit lebe, wo man nicht nur leicht Zeit vergeudet, sondern auch um solche bestohlen wird. Ich habe nicht für mich gelebt, sondern in großer Öffentlichkeit, denn seit meinem 21. Lebensjahre bin ich durch literarische Werke und manche Unternehmung, die damit zusammenhängt, bekannt geworden. Auch habe ich schon Schüler und habe oft andere beraten oder geleitet. Dies alles erwähne ich nur, um dem einigen Nachdruck zu geben, daß ich sage: »Ich kenne mich im Leben nicht aus.« Dabei bin ich nicht etwa unpraktisch, schwebe keineswegs in großen Höhen, meide durchaus nicht das »Getriebe der Welt«, bin kaum ein »unschuldiges Gemüt«. Ich habe vorteilhafte Verträge abgeschlossen, die mir ein meinen Wünschen entsprechendes Leben ermöglichten, ich besitze Häuser, einen Wagen, ich unterhalte eine Familie, beschäftige Sekretäre, und das, obwohl der Charakter meiner Arbeiten ein eher marktfremder genannt werden muß. Aber selbst wenn ich unpraktisch wäre, in dem Sinn, wie ich mich ratlos genannt habe, sind auch Praktischere ratlos, ich weiß es.

[Fragmentarisch]

Wenn ich bedenke, wozu mich das begeisterte Mitgehen geführt hat und was mir das oftmalige Prüfen genützt hat, so rate ich zum zweiten. Hätte ich mich der ersten Haltung überlassen, dann lebte ich noch in meinem Vaterland, da ich aber die zweite Haltung nicht eingenommen hätte, wäre ich kein ehrlicher Mensch mehr.

Es ist ein bitterer aber guter Entschluß, etwas *der Zeit* zu überantworten. Andrer Wind, andre Gesichter — aber manchmal: gleiche Gesichter. Es gibt Gespräche, die sich, abgebrochen, durch Lappalien, nach Jahren und auf anderen Erdteilen fortsetzen lassen. Diese Eigenschaft sieht man allerdings diesen Gesprächen nicht an. Und deshalb kommt es natürlich vor, daß »die Probe der Erdteile und Jahre« bitterlich ausfällt.

Als ich schon jahrelang ein namhafter Schriftsteller war, wußte ich noch nichts von Politik und hatte ich noch kein Buch und keinen Aufsatz von Marx oder über Marx zu Gesicht bekommen. Ich hatte schon vier Dramen und eine Oper geschrieben, die an vielen Theatern aufgeführt wurden, ich hatte Literaturpreise erhalten, und bei Rundfragen nach der Meinung fortschrittlicher Geister konnte man häufig auch meine Meinung lesen. Aber ich verstand noch nicht das ABC der Politik und hatte von der Regelung öffentlicher Angelegenheiten in meinem Lande nicht mehr Ahnung als irgendein kleiner Bauer auf einem Einodshof. Bevor ich mich der Literatur zuwandte, hatte ich schon im Kriegsjahr 1917 ein Gedicht gegen den Krieg geschrieben, die »Ballade vom toten Soldaten«, [...]. 1918 war ich Soldatenrat und in der USPD gewesen. Aber dann in die Literatur eintretend, kam ich über eine ziemlich nihilistische Kritik der bürgerlichen Gesellschaft nicht hinaus. Nicht einmal die großen Filme Eisensteins, die eine ungeheure Wirkung ausübten, und die ersten theatralischen Veranstaltungen Piscators, die ich nicht weniger bewunderte, veranlaßten mich zum Studium des Marxismus. Vielleicht lag das an meiner naturwissenschaftlichen Vorbildung (ich hatte mehrere Jahre Medizin studiert), die mich gegen eine Beeinflussung von der emotionellen Seite her stark immunisierte. Dann half mir eine Art Betriebsunfall weiter. Für ein bestimmtes Theaterstück brauchte ich als Hintergrund die Weizenbörse Chicagos. Ich dachte, durch einige Umfragen bei Spezialisten und Praktikern mir rasch die nötigen Kenntnisse verschaffen zu können. Die Sache kam anders. Niemand, weder einige bekannte Wirtschaftsschriftsteller noch Geschäftsleute – einem Makler, der an der Chicagoer Börse ein Leben lang gearbeitet hatte, reiste ich von Berlin bis nach Wien nach –, niemand konnte mir die Vorgänge an der Weizenbörse hinreichend erklären. Ich gewann den Eindruck, daß diese Vorgänge schlechthin unerklärlich, das heißt von der Vernunft nicht erfaßbar, und das heißt wieder einfach unvernünftig waren. Die Art, wie das Getreide der Welt verteilt wurde, war schlechthin unbegreiflich. Von jedem Standpunkt aus außer demjenigen einer Handvoll Spekulanten war dieser Getreidemarkt ein einziger Sumpf. Das geplante Drama wurde nicht geschrieben. Statt dessen begann ich Marx zu lesen, und da, jetzt erst, las ich Marx. Jetzt erst wurden meine eigenen zerstreuten praktischen Erfahrungen und Eindrücke richtig lebendig. [...]

Die Erfahrungen, die ich im Augenblick mache, sind nicht
ohne Wert. Ich dachte, das Filmschreiben lernen zu können,
sehe aber, daß ich dazu nicht mehr als einen Vormittag brauche; die Technik ist auf einer ganz primitiven Stufe. Dagegen
lerne ich etwas anderes. Obgleich Kortner mich ganz auf
gleich und gleich behandelt, bringt es doch die Art meiner
Arbeit mit sich, daß ich als Angestellter zu fühlen beginne. Ich
habe mir den Stoff, den ich bearbeite, nicht selber gewählt,
habe auch gar keine Beziehung dazu und weiß nicht, was aus
meiner Arbeit wird, wenn sie auf den Markt kommt. Ich habe
nur meine Arbeitskraft zu verkaufen, was damit gemacht
wird, geht mich nichts an. Mein Interesse ist dem der Arbeit-
geber durchaus entgegengesetzt. Da ich auf Wochenlohn
gesetzt bin, ist es für mich nicht gut, wenn die Arbeit rasch
fortschreitet, ganz im Gegenteil. Ich merke sogar schon, daß
ich gegen Abend häufig die Uhr ziehe: ich will weg, das
eigentliche Leben soll jetzt beginnen. Es ist von der Arbeit
ganz getrennt, übrigens reizlos. Jedoch verliere ich in »meiner« Zeit keinen einzigen Gedanken an die Tagesarbeit. Wenn
ich zusammen mit einem kleinen Engländer, der als Überset-
zer mitarbeitet, weggehe, vermeiden wir auch streng, noch
etwas zu berühren, was an unsere Arbeit erinnern könnte. Ich
fühle mit ihm, wenn er am Sonntag nicht arbeiten will, streng
solidarisch. Kortner scheint dieses aufkeimende Klassenbe-
wußtsein gemerkt zu haben, denn er äußert jetzt häufig am
Telefon, wenn er Verabredungen absagt, er sei Angestellter
und müsse eine Arbeit abliefern – genau wie jeder Boß es tut.
So oft wie möglich macht er sich auch über seine Auftraggeber
lustig, weist auf ihre Minderwertigkeit und Faulheit hin, aber
dann schweigen wir beiden.
Beim Mittagessen – ich esse dort und Hanna Kortner ist sehr
nett – hört alles wie mit einem Schlage auf, da bin ich wieder

der große Dichter. Danach habe ich das Vorrecht, mich niederlegen zu können, aber dann, nach dem Kaffee, ändert sich die Situation wieder. Das Papier, auf das ich dies schreibe, ist übrigens von meinem Arbeitsplatz: ich habe es mitgenommen.

ÜBER FORTSCHRITTE

Es befriedigt mich, die Fortschritte, die ich erzielt zu haben
glaube, als auf dem Rückzug erfochten mir vorzustellen. Vor-
ausgegangen waren dem Rückzug immer, oder fast immer,
Vorstöße. Ich begann z. B. mit den einfachsten, gewöhnlich-
sten Arten der Lyrik, dem Bänkelsang und der Ballade,
Formen, welche von den besseren Dichtern schon längst nicht
mehr gepflegt wurden. Ich zog mich zurück auf den freien
Vers, als der Reim nicht mehr ausreichte für das, was zu sagen
war. Im Drama fing ich an mit einem fünfaktigen Stück mit
einer Mittelpunktsfigur, einem Plot ältester Art (dem Enoch-
Arden-Motiv) und einem aktuellen Milieu. Nach einiger Zeit
war ich soweit, daß ich sogar die Einfühlung aufgab, an die
selbst die weitest Fortgeschrittenen noch fest glaubten. Ich gab
das Alte, bei aller Liebe zum Neuen, nicht ohne zähes Daran-
festhalten bis zum Scheitern auf. Als ich für das Theater mit
der Einfühlung mit dem besten Willen nichts mehr anfangen
konnte, baute ich für die Einfühlung noch das Lehrstück. Es
schien mir zu genügen, wenn die Leute sich nicht *nur* geistig
einfühlten, damit aus der alten Einfühlung noch etwas recht
Ersprießliches herausgeholt werden konnte. Übrigens habe ich
nie etwas von Revolutionären gehalten, die nicht Revolution
machten, weil ihnen der Boden unter den Füßen brannte.
Ein Fehler?
Ich habe immer nur Widerspruch ertragen.

LIEBE ZUR KLARHEIT

Meine Liebe zur Klarheit kommt von meiner so unklaren
Denkart. Ich wurde ein wenig doktrinär, weil ich dringend
Belehrung brauchte. Meine Gedanken verwirren sich leicht,
das auszusprechen beunruhigt mich gar nicht. Die Verwirrung
beunruhigt mich. Wenn ich etwas gefunden habe, widerspre-

che ich sogleich heftig und stelle unter Kummer gleich wieder alles in Frage, dabei freute ich mich eben vorher noch kindisch, daß wenigstens etwas mir einigermaßen gesichert schien, wie ich mir sagte, für bescheidene Ansprüche. Solche Sätze wie der, daß der Beweis für den Pudding im Essen liege, oder der, daß das Leben die Daseinsweise des Eiweißes sei, beruhigen mich ungemein, bis ich von neuem in Ungelegenheiten gerate. Auch Szenen, die zwischen Menschen vorfallen, schreibe ich eigentlich nur auf, weil ich mir sie sonst nur so sehr undeutlich vorstellen kann.

GLÄUBIGKEIT

Die Gläubigkeit der proletarischen Klasse an ihren Endsieg gefällt mir sehr. Ihre damit eng verbundene Gläubigkeit an so manches andere, was man ihnen sagt, beunruhigt mich allerdings.

TAFEL
Uns haben geholfen:
aus Deutschland
Suhrkamp, Müllereisert und Weiskopf.
in Österreich
Karl Kraus.
in Dänemark
Ruth Berlau.
in England
Fritz Kortner
und
in Amerika
Jerome.
in Schweden
Georg Branting
Naima Wifstrand, Ninnan Santesson
und Alwa Anderson.

In einer Weise geht es mir besser als vielen andren, besonders was Erinnerungen betrifft; denn mein Gehirn ordnet es mit den Kunstgriffen der Ästhetik, so daß ich schönere und bedeutendere Bilder sehe als die meisten andern. Freilich scheint dafür mein Gedächtnis schlechter als das vieler, die ich kenne.

Bidi hieß »der Alte«, obwohl er nicht vierzig war und hatte kein graues Haar, und so nannten ihn die Bauern zweier Länder, aber Steff, der klügere, hatte keinen Namen, hier nicht und dort nicht.

Brecht ist Arier, sein Bruder ist heute noch Universitätsprofessor in Deutschland. Brechts Frau, die unter ihrem Mädchennamen Helene Weigel Schauspielerin am Staatstheater und bei Max Reinhardt war, ist dagegen Jüdin; was allein für Brecht ein Grund gewesen wäre, aus Deutschland zu emigrieren. Jedoch gehörte er schon Jahre vor Hitlers Machtantritt zu den Bekämpfern der Nazis, und seine ganze literarische Produktion wäre unter dem Naziregime ganz unmöglich. Einer politischen Partei hat er nie angehört und gehört er auch jetzt nicht an. Gegen die Nazis hat er Gedichte veröffentlicht und ein Stück ›Furcht und Elend des dritten Reiches‹ geschrieben, das in 27 selbständigen Szenen, die in Wohnungen, Kliniken, Gerichtssälen, Konzentrationslagern, Schulen, Fabriken, Kasernen usw. spielen, die Unfreiheit nahezu aller Schichten des deutschen Volkes unter der Diktatur zeigt. Gegenwärtig arbeitet er an einem satirischen historischen Roman über das Ende der römischen Republik, ›Die Geschäfte des Herrn Julius Cäsar‹. Er ist Mitglied des Penclubs. Persönlich befreundet ist er mit Lion Feuchtwanger. W. H. Auden und Archibald MacLeish werden wohl ebenfalls für ihn eintreten. Außerdem die amerikanische Schauspielerin Stella Adler, Fritz Kortner und der Filmregisseur Fritz Lang. Er hat keinen kommerziellen Agenten. Außer dem Stück ›Furcht und Elend des dritten Reiches‹ hat er fertiggestellt ein Stück ›Leben des Physikers Galilei‹ (über freie Forschung) und ein Parabelstück ›Der gute Mensch von Sezuan‹ (das zeigt, wie schwer und teuer es ist, in unserer Zeit ein guter Mensch zu sein). Ferner ein kleines satirisches Buch (in der Art am ehesten dem ›Candide‹ Voltaires vergleichbar), in dem ein Flüchtling von einem Land in das andere flieht, da überall zu viele Tugenden verlangt werden. In dem einen Land braucht man, um dreimal am Tag essen zu können, eine Energie, mit der früher Reiche erobert werden

konnten, in dem andern muß man, damit das Regime weiter-
herrschen kann, ihm helfen, die ganze Welt zu erobern, im
dritten braucht man zu viel Freiheitsliebe, da zu viel Unfreiheit herrscht usw. usw. Der Flüchtling sucht ein Land, wo man
mit mittleren Tugenden und einigen bescheidenen Lastern
halbwegs leben kann.

[ÜBER DEN TOD VON MARGARETE STEFFIN]
29. 5. 41 (Donnerstag)
Vormittags packe ich für sie, auch Helli hilft.
Sie sucht ihren kleinen Ring, findet ihn nicht. Sie ist aber
zuversichtlich.
Ich weiß, daß ihre Überführung lebensgefährlich ist.
Mittags fahre ich mit ihr in einem alten Krankenauto in das
Sanatorium ›Hohe Berge‹ in Moskau. Sie muß mehrmals Sau-
erstoff nehmen, sieht sehr müd und verändert aus und sagt oft:
»Schreib mir.«
Es ist aber noch nicht sicher, ob wir Fahrkarten bekommen.
Ich kaufe einen Ring und besuche sie um 5 Uhr. Sie ist sehr
ruhig, und wie gewöhnlich gehe ich fast heiter weg.
Ich habe ihr gesagt, daß ich fahren werde, Billetts bekommen
habe. Sie lächelt und sagt mit tiefer Stimme: »Das ist gut.«

30. 5. 41 (Freitag)
Mittags um 12 bin ich im Sanatorium mit einem kleinen
Elefanten, der sie sehr freut.
Ich habe ihr ein Kopfkissen mitgebracht. Sie sagt: »Ich
komme nach, nur zwei Dinge können mich abhalten: Lebens-
gefahr und der Krieg.« Sie ist wieder ruhig und lächelt, als ich
gehe, ohne Anstrengung.
Sie sagt: »Du hast mir solche Dinge gesagt, daß ich ganz
ruhig bin.« 5 Uhr fahre ich ab nach Wladiwostok.
Den ganzen Juni geht kein anderes Schiff mehr. Der Eintritt
Amerikas in den Krieg steht bevor. Auch Flugverkehr nach
Wl [adiwostok] gibt es nicht.

Die nächsten Tage kein Telegramm.

Am 4. 6. 41 früh 9 Uhr stirbt sie. Sie hat um 8 Uhr ein Telegramm erhalten und war sehr ruhig.

Ich erfahre es um 10 Uhr, jenseits des Baikalsees (4 Uhr
Moskauer Zeit).«

Fast ein Jahr fühle ich mich jetzt schon bedrückt durch den
Tod meiner Mitarbeiterin und Genossin Steffin. Wirklich darüber nachzudenken habe ich bis [her] vermieden. Ich fürchte
nicht so sehr den Schmerz, als daß ich mich seiner schäme.
Aber vor allem habe ich nicht genug Gedanken darüber. Freilich weiß ich, ich kann den Verlust nicht verschmerzen, höchstens ihn mir verheimlichen. Manchmal habe ich sogar einen
Schluck Whisky getrunken, wenn ihr Bild vor mir aufstieg. Da
ich das selten tue, wirkt schon ein Schluck stark auf mich. Ich
bin der Meinung, daß solche Mittel ebenso tauglich sind wie
andere, die für respektabler gelten. Sie sind gewiß äußerlich,
aber ich kann keine innerliche Lösung dieses Problems sehen.
Der Tod ist zu nichts gut.

Nicht alle Dinge müssen zum besten dienen, keine uner-
forschliche Weisheit etabliert sich in derlei. Es kann keinen
Trost geben.

Mein Sohn, so jung er ist, erst neunzehn Jahre zählend, hat
doch schon viele Länder gesehen, und das nicht als Tourist. Er
ist in Berlin geboren, einer Stadt, deren er sich, wie er behaup-
tet, gut erinnert; er wird sie nicht mehr zu Gesicht bekommen,
auch wenn er dahin zurückkehren sollte. Von Berlin wurde er,
als der Anstreicher zur Macht kam, nach der Tschechoslowa-
kei geflogen; von da kam er nach Österreich, wo uns alle ein
weiser Freund mit den Worten begrüßte: »Die Ratten bestei-
gen das sinkende Schiff«, von da nach der Schweiz, von da
nach Dänemark. Wir wohnten fünf Jahre auf einer Insel in
einem Fischerhaus. Auf dem Strohdach lag ein Ruder, damit
das Stroh in den Frühjahrsstürmen nicht wegflöge. Je ein Jahr
wohnten wir dann in Schweden und Finnland, und am Ende
fuhren wir über Sibirien und den Pazifischen Ozean nach
Kalifornien. Der Krieg folgte uns wie unser eigener Schatten.
Dieses Länderwechseln hatte nichts so Befremdliches, als man
denken könnte. Es besaß einen klaren Grund in den Erobe-
rungen unsrer Landsleute und erfolgte in einer Welt mit
erleichterten Kommunikationen. Wir waren nicht wohlha-
bend, jedoch auch nicht mittellos. Und wir fanden überall
Freunde. Ein junger Mensch, der nacheinander 3 Sprachen zu
lernen hat, lernt die Sprache als ein Mittel, sich auszudrücken,
kennen, nicht nur als unmittelbaren Aus [druck]
[Fragmentarisch]

[KINDHEITSERINNERUNGEN]
Auf der einen Seite der Wiese standen Holunderbüsche. Die
Arbeiterfrauen der Kolonie schnitten im Frühjahr die Zweig-
lein mit den Beeren, tunkten sie in Pfannen mit Milchteig und
buken Holderküchlein. Wir benutzten die langen grünen

Schößlinge als Peitschen in unsern unaufhörlichen Kämpfen.

Im Klostergarten der Ursulinerinnen sahen wir die Klosterfrauen in ihren dicken, bis zum Boden reichenden schwarzen Röcken arbeiten; manchmal hoben sie erschöpft die Gesichter für einige Sekunden, eingebunden mit den steifen weißen Hauben, schweißglänzend. Ab und zu stahlen wir die Bohnenstangen, gute Spieße.

Drei alte Kastanienbäume standen auf der Wiese. Der in der Nähe des Hauses war ein wenig verkrüppelt und der kleinste. »Er wird nicht«, sagten wir, »die Schneiderin, Fräulein Grande, schläft hier heraus, mit dem stinkenden Atem.« Die Kastanienschelfen haben Stacheln; gespießt auf Pfeile, bewirken sie Verwundungen. Unsere Bögen bauten wir aus Weidenstöcken, die wir in den Lechanlagen holten; die Pfeilschäfte waren Binsen, ebenfalls von dort bezogen, und um sie vorn zu beschweren, höhlten wir kleine Stücke von Holunderästen. Um zu den Kastanienbäumen zurückzukommen: Wir sammelten die Kastanien im Herbst und verkauften sie sackweise in der Vorstadt. Wir arbeiteten zu zweit: einer kletterte in den Baum und schüttelte, der andere klaubte auf und hielt andere Sammler weg. Es kam immerfort zu blutigen Kämpfen.

In den Schulferien veranstalteten Schorsch, Otto und ich unsere Feldzüge auf der Wiese. Jeder verfügte über eine Zinnsoldatenarmee von 10 bis 15 Divisionen, 40 Mann stark und Artillerie. Die Dörfer waren Pappestückchen, aufgebaut, die Flüsse markiert mit Zweigen. An strategisch wichtigen Punkten hatten wir Festungen mit kleinen Erdwällen und Bastionen aus Zigarrenkistenbrettern. Ganze Armeen wurden durch das Gras über 15 Meter lange Strecken bewegt. Es gab strenge Regeln, etwa daß jeder Zinnsoldat nur um seine eigene Länge bewegt werden durfte. Nur so konnten vorteilhafte Umgehungen ausgeführt werden und wohldurchdachte Pläne lohnen, aber die Regeln wurden ständig durchbrochen; dann mußten die Feldherren selber sich erheben und, über ihre

Schlachtreihen steigend, einander mit Fäusten zur Ordnung rufen. Die Geschütze waren kleine Bleikanonen, mit denen man Pulverkracker abschießen konnte. Sie waren verhältnismäßig teuer, so machte Schorsch, der ärmste von uns, eine epochale Erfindung. Mit der Reißsäge schnitt er aus Zigarrenkisten viereckige Brettchen aus, durchlochte jeweils eines für den Pulverkracker und leimte ein anderes im rechten Winkel dazu an, damit das Geschütz stand. Schorsch bestand darauf, daß die Erfindung als Patent behandelt werden sollte; sie gab ihm aber eine zu große militärische Überlegenheit: wir waren gezwungen, sie zu stehlen. Sämtliche Geschütze an einem Frontabschnitt wurden von beiden Seiten zugleich abgeschossen, so daß geschickte Massierung das Gefecht entscheiden konnte. Sank nämlich die Anzahl der noch stehenden Soldaten auf die Hälfte der gegnerischen ab, wurden sie als Gefangene einkassiert. Für die Überschreitung der Flüsse mußte Pontonmaterial mitgeführt werden, aus Kieseln bestehend. Waren sie getroffen, wurden sie aus dem Gefecht gezogen. Die Dörfer dienten als gute Deckungen; besetzt – wurden sie angezündet. Mit nur kleinen Eßpausen krochen wir vom Morgen bis zum Abend auf dem Grasboden herum, und mancher Feldzug dauerte acht Tage. Die persönlichen Streitigkeiten gingen oft in beträchtliche Tiefe. Einer von uns, genauer gesagt: ich, stürzte einmal ins Haus, tauchte auf im Abortfenster, riß gefangenen Zinnsoldaten die Köpfe ab und warf sie dem Besitzer vor die Füße.

Um 1952

Mitunter, das war immer so, gerate ich in eine gewisse geistige Unruhe und schließe mich ab, begebe mich in eine Art Höhle und lese dort die Kriminalromane. Das bedeutet nichts, meine Beziehungen zu meiner Umwelt werden dadurch, außer zeitweise, nicht geändert. Ich habe das nicht in der Hand.

Von Natur bin ich ein schwer beherrschbarer Mensch. Autorität, die nicht durch meinen Respekt entsteht, verwerfe ich mit Ärger, und Gesetze kann ich nur als vorläufige und fortwährend zu ändernde Vorschläge, das menschliche Zusammenleben regulierend, betrachten.

1953-1954

Die Freundin, die ich jetzt habe und die vielleicht meine letzte ist, gleicht sehr meiner ersten. Wie jene ist auch sie leichten Gemüts; wie bei jener überrascht mich tiefere Empfindung. Diese Frauen weinen, wenn sie gescholten werden, ob mit Recht oder nicht, einfach weil sie gescholten werden. Sie haben eine Sinnlichkeit, die niemand zu erregen braucht und niemandem viel hilft. Sie suchen allen zu gefallen, lassen sich aber nicht jeden gefallen, dem sie gefallen. Meine jetzige Freundin ist wie meine einstige am lieblichsten, wenn sie genießt. Und von beiden weiß ich nicht, ob sie mich lieben.

In mein Arbeitszimmer tretend, traf ich die Geliebte heute mit einem jungen Mann an. Sie saß neben ihm auf dem Sofa; er lag, etwas verschlafen. Mit einer gezwungen heiteren Bemerkung über »allerdings sehr mißverständliche Situationen« stand sie auf und war während der folgenden Arbeit ziemlich betreten, ja erschrocken. Erst zwei Tage darauf, als wir mehr oder weniger wortlos und ohne die üblichen Freundlichkeiten nebeneinander gearbeitet hatten, fragte sie, ob ich über sie ärgerlich sei. Ich warf ihr vor, sie schmiere sich an ihrer Arbeitsstätte mit den nächstbesten Männern herum. Sie sagte, sie habe sich nichtsdenkend für ein paar Minuten zu dem jungen Mann gesetzt, habe nichts mit ihm usw. Ich lachte.
Ich finde, daß ich die Achtung für sie verloren habe; sie kommt mir billig vor. Nicht ohne alle Erleichterung konstatiere ich das völlige Verschwinden meiner Verliebtheit. Sie aber ist immer noch bestürzt, verteidigt sich nicht, benimmt sich ganz, als sei sie eben überrascht worden in einer törichten, unnötigen Affäre und versucht nur eines: wo immer es

möglich erscheint, meinen Rat zu erfragen. Rat kann ich nicht verweigern oder für mich behalten.

Das erste untrügliche Zeichen des Alterns geben uns die Augen, denke ich. Es ist nichts weiter als das Gefühl, daß die Augen eben nicht mehr jung sind.

Natürlich war ich auch begabt, vor vierzig Jahren besonders. Jüngere Leute sind meistens begabt; das sind Geschlechtskrankheiten.

In Erwägung, daß ich nur ein paar Wochen im Jahr für mich arbeiten kann
In Erwägung, daß ich, arbeitend, auf meine Gesundheit achten muß
In Erwägung, daß bei dem Schreiben von Stücken und dem Lesen von Kriminalromanen jede menschliche Stimme im Haus oder vor dem Haus eine willkommene Ausrede für eine Unterbrechung bildet
habe ich beschlossen, mir eine Sphäre der Isolierung zu schaffen, und benutze dazu das Stockwerk mit meinem Arbeitszimmer und den kleinen Platz vor dem Haus, begrenzt durch Gewächshaus und Laube.
Ich bitte, diese Regelung nicht als allzu bindend aufzufassen. Prinzipien halten sich am Leben durch ihre Verletzung.

Anhang

Editorische Notiz

Der Ausgabe liegen vier handgeschriebene Tagebücher aus dem Beginn der zwanziger Jahre zugrunde, die einzigen, die von vielen aus noch früheren Jahren erhalten geblieben sind. Aufgenommen wurden außerdem Selbstzeugnisse Brechts, die entweder in Notizbüchern niedergeschrieben sind oder auf losen, im Nachlaß verstreut liegenden Blättern in Maschinenschrift stehen. Sie beginnen ebenfalls um 1920 und erstrecken sich über einen weiten Zeitraum bis in Brechts letzte Lebensjahre. Während er sich in den »Arbeitsjournalen« der Jahre 1938 1955 ausschließlich mit seiner Arbeit, literarischen Problemen und dem politischen Zeitgeschehen auseinandersetzt, überwiegt in den Aufzeichnungen des jungen Brecht das Private. Auch für diese Tagebücher könnte gelten, was H. O. Münsterer, ein Jugendfreund Brechts, in seinem Erinnerungsbuch* über ihm bekannte Aufzeichnungen aus der Zeit vor 1920 schreibt. Er rühmt ihre »sprachliche Schönheit«, empfiehlt aber, »die Urteile über die Umwelt ... mit Vorsicht zur Kenntnis« zu nehmen, da Brechts Äußerungen »oft erschreckend ungerecht« gewesen, »... dann allerdings auch wieder abgemildert« worden seien. – Jedes Tagebuch schließt mit einem kurzen Resümee ab, die beiden letzten mit einer Übersicht, die für Brecht bedeutsame Namen, Werktitel und Ereignisse verzeichnet, wobei allerdings auch Namen vermerkt sind, die im Text gar nicht vorkommen. Drei Tagebücher (das erste, dritte und vierte) befinden sich im Nachlaß Brechts, der im Bertolt-Brecht-Archiv aufbewahrt wird; das zweite stellte Hanne Hiob, die Tochter Brechts, für diese Edition zur Verfügung. Zwischen dem ersten und dem zweiten Heft liegt eine Zeitspanne von vier Monaten, und es kann angenommen werden, daß es für diese Periode noch ein weiteres gegeben hat, das verlorengegangen ist. Münsterer spricht von Tagebüchern, die »zumeist auf lose Folioblätter miserablen, holzhaltigen, braunvergilbten Papiers« geschrieben waren. Die Tagebuchtexte der vorliegenden Ausgabe dagegen stehen in Heften, die wahrscheinlich von Brecht selbst gefertigt sind. Es sind unterschiedlich starke Hefte, etwa 20,7 cm hoch und 16,2 cm breit. Sie bestehen aus in der Mitte gefalteten Folioblättern und sind mit einem Heftdeckel aus bräunlichem bzw. blauem, manchmal unregelmäßig geschnittenem Karton versehen. Das verwendete Papier, das – bei der Knappheit in der Nachkriegszeit – sicherlich die Haindlsche Papierfabrik, bei der Brechts Vater in leitender Stellung tätig war, lieferte, ist holzfrei und heute, nach mehr als fünfzig Jahren, nur schwach gegilbt. Brecht benutzte die deutsche

* Hanns Otto Münsterer, Bert Brecht. Erinnerungen aus den Jahren 1917-1922. Verlag der Arche, Zürich, 1963.

Schreibschrift, die er fast sein ganzes Leben lang beibehalten hat. Die Seiten sind voll beschrieben; nirgends ist ein Rand gelassen.

Zur Textgestaltung sei bemerkt, daß offensichtliche Flüchtigkeitsfehler und falsch geschriebene Namen, auch unrichtige Datierungen korrigiert wurden. Orthographie und Interpunktion wurden den heute geltenden Regeln vorsichtig angeglichen; Schreibeigenheiten Brechts blieben dabei erhalten. Die von Brecht fast durchweg benutzten Spitzklammern (gelegentlich auch eckige Klammern) wurden durch Rundklammern ersetzt. In eckige Klammern sind Zusätze des Herausgebers gesetzt. Ein Strich in eckigen Klammern steht statt eines nicht lesbaren Wortes, ein Fragezeichen in eckigen Klammern für eine fragliche Lesart, drei Punkte in eckigen Klammern für eine Auslassung. Von Brecht unterstrichene Wörter und Texte sind im Druck kursiv wiedergegeben.

Die Anmerkungen zu Personen beziehen sich vorwiegend auf den Verwandten-, Freundes- und Bekanntenkreis Brechts. Ein vollständiges Namenregister folgt im Anschluß an die Anmerkungen. Einige Personen, die im Leben Brechts jedoch keine wesentliche Rolle gespielt haben, konnten nicht ermittelt werden. Sie sind im Register nur mit ihrem Nachnamen bzw. ihrem Vornamen, so wie Brecht sie angibt, genannt. Ein Werkregister verzeichnet alle in den Texten vorkommenden Titel Brechts.

Anmerkungen

15. 6. 20

Schlechtes Stück – Hiermit ist ›Trommeln in der Nacht‹ gemeint, dessen 4. Akt Brecht immer wieder umarbeitete. Die verschiedenen Versionen sind nicht erhalten.

Bi – Paula Banholzer, Brechts große Jugendliebe und Mutter seines Sohnes Frank. Brecht widmete ihr sein Stück ›Trommeln in der Nacht‹. Sie heiratete 1924 einen Arzt.

Gedanken an Mamma – Brechts Mutter, Sophie Brecht (geb. 1871), war am 1. 5. 1920 nach langer Krankheit gestorben.

16. 6. 20   S. 11

Baal – Carl Zeiß, aus Frankfurt a. M. kommend, war mit Beginn der Spielzeit 1920/21 als Generalintendant an die Bayerischen Staatstheater verpflichtet worden. Sein Vorgänger, Viktor Schwannecke, und der Schauspieldirektor Albert Steinrück (beide von der Räteregierung 1919 in diese Ämter eingesetzt, aus denen sie auf ihren Wunsch vorzeitig wieder ausschieden) hatten Brechts Stück zur Aufführung angenommen.

Gutherz – Gerhard Gutherz, Dramaturg der Bayerischen Staatstheater in München.

17. 6. 20   S. 11

Cas – Rudolf Caspar Neher, Schulfreund Brechts. Sie waren bis zum Tode Brechts eng miteinander befreundet. Neher hat sich als Maler und Bühnenbildner einen großen Namen erworben. Er schuf die Bühnenbauten zu Aufführungen vieler Brecht-Stücke.

21.-26. 6. 20   S. 12-13

Hedda – Hedda Kuhn, Freundin Brechts. Er lernte sie, die ebenfalls Medizin studierte, Ende 1917 in München kennen. 1919 ging sie zur Fortsetzung ihres Studiums zunächst nach Freiburg, dann nach Berlin, wo sie Brecht bei seinen ersten Aufenthalten in der Hauptstadt in vielerlei Weise behilflich war. Sie heiratete 1922 den Arzt Dr. Wollheim, der im Februar 1922 Brechts Aufnahme in die Charité veranlaßt hatte.

Gesichte – Es entstanden zu dieser Zeit: ›Das Tanzfest oder Der Augenblick der ewigen Verdammung‹ und ›Absalom reitet durch den Wald oder Der öffentliche Mann‹ – beide Manuskripte tragen die Bezeichnung: aus den ›Gesichten‹ des Bertold [!] Brecht. Siehe GW*, 11, S. 15 ff.

* Bertolt Brecht, *Gesammelte Werke*. Herausgegeben vom Suhrkamp Verlag, Frankfurt/M., in Zusammenarbeit mit Elisabeth Hauptmann. Doppelaus-

Himmlische Possen – In Brechts Essay ›Zur Ästhetik des Dramas‹ heißt es:

»Ich könnte mir eine himmlische Posse im Stil des Greco vorstellen, worin es sich um idealische Vorkommnisse handelt, eine Ideendichtung voll Leiblichkeit und Bosheit.« Siehe GW, 15, S. 55.

Eine weitere Eintragung steht in einem Notizbuch [BBA 364/25]:

»Posse. Der arme (dicke) Mensch, der Angst hat.

Dazu die beiden Riesenthals rechts und links auf Türmen, die himmlische Späße machen und einander mit Felsen bombardieren.

Einmal reinigt einer seinen Fußnagel, der andere die Zähne, nach der schrecklichsten Szene.

Dem einen wurde das Bein abgeworfen vom andern, darüber lacht der andere.

Schluß: Der Eine: Ich kriege den Brand. (Gelächter)«

Englischer Garten – Stadtpark in München

George – Georg Pfanzelt, Brechts Freund, auch »Orge« genannt. Brecht schätzte ihn sehr und legte großen Wert auf sein Urteil. Pfanzelt war 4½ Jahre älter als Brecht. Er bereitete sich damals auf die Verwaltungslaufbahn vor. Später war er Verwaltungsdirektor des Augsburger Krankenhauses. Hervorstehend war seine musikalische Begabung. Brecht widmete ihm 1922 den Erstdruck des ›Baal‹ bei Kiepenheuer.

Die Fleischbarke / Operette – Einige Angaben dazu aus Brechts Notizbuch [BBA 364/18 f.]:

»Drei Akte auf einem hölzernen Segelkasten, auf dem 4 Nigger, 1 Weißer und 1 mulattische Frau vor der Pest geflohen sind. Die Frau ist dreckig und geliebt, der letzte Kampf geht um *sie* in dem immer schaukelnden Schiff. Sie sind besoffen, singen und tanzen, und ein Knabe ist auf dem Mast, ganz oben, und in ruhigen Augenblicken, vor den Akten und dazwischen, kommt seine Stimme von oben herunter, ruhig und hell: Er erzählt die Geschichte dieser sechs Menschen. Aber am Schluß versteigert der weiße Klumpfüßige die ganze Barke samt der Bemannung.«

Der Versteigerungstext des Klumpfüßigen und die Erzählungen des Knaben im Mast sind im Entwurf im Nachlaß erhalten.

Aufsatz über K. Valentin – Der erwähnte Entwurf befindet sich nicht in dem vom Bertolt-Brecht-Archiv aufbewahrten Nachlaß.

Otto – Otto Müller, der sich dann, angeblich auf Vorschlag Brechts, »Müllereisert« nannte. Zwei Jahre jünger als Brecht und einer seiner engsten Freunde. Er studierte Medizin und ließ sich später als Arzt in Berlin nieder. Er gehörte zu den Ärzten, die Brecht in seinen letzten Lebensjahren behandelten; er hat auch das Bulletin über Brechts Tod mitunterzeichnet.

gabe: Dünndruckausgabe in 8 Bänden, Werkausgabe in 20 Bänden. Frankfurt 1967. GW zitiert nach der Werkausgabe in 20 Bänden.

27. 6. 20   S. 13

Galgei – Von diesem Stück, dessen Grundidee einige Jahre später in ›Mann ist Mann‹ übernommen wurde, sind größere Fragmentteile im Nachlaß vorhanden. Zur Fabel notiert Brecht [BBA 460/08]:

»*Galgei auf der Schaukel.* Ein einfacher Mann wird von einer zweifelhaften Sorte von Spaßvögeln getrieben, die Rolle eines Andern zu spielen. Es ist ein vitaler Typ. – Aus dem Tischler Joseph Galgei wird der Butterhändler Pick. Usw. Usw. Im Umriß fertig.« Frühere Titel des Stückes lauten: ›Der dicke Mann auf der Schiffschaukel‹ und ›Klamauk‹.

Ligarch ist eine Hauptfigur des Stückes.

Hanne – Gemeint ist wahrscheinlich das Stück ›Sommersinfonie‹, in dem eine Hanne vorkommt.

1. 7. 20   S. 15

Stück über Jesus – Aus Brechts Notizbuch [BBA 364/23]:

»*Der Gehenkte (Jesus)*

Farbige, leuchtende, saftige Bilder, aufleuchtend, ungewiß, voll Metaphysik (wie die Prozesse [–]), ohne Zielstrebigkeit; drinnen ein trunkener Schwärmer, irr gaukelnd, mit Kokoschkagesicht, zart gegliedert, Moissi, kindlich, sein Leben auslebend, stolz, rein, absolut. Dann am Schluß dunkle Szenen: Er hat gesagt . . .

1) Mit Maria, die ihn holen will

2) Vom hochzeitlichen Kleid

3) Warum belehrt er Pontius nicht?«

Stück über Bi – Möglicherweise gehören die Textentwürfe unter dem Titel ›Die Bälge‹ [BBA 1087/16-17, 47-61], die Brecht zu dieser Zeit schrieb, dazu.

6. 7. 20   S. 16

Feuchtwanger – Lion Feuchtwanger (1884-1958), Schriftsteller. Brecht lernte ihn Anfang 1919 kennen, als er ihm sein Stück ›Spartakus‹ brachte, das er dann auf Vorschlag Martha Feuchtwangers in ›Trommeln in der Nacht‹ umbenannte. Feuchtwanger war zu dieser Zeit Dramaturg an den Münchener Kammerspielen und Lektor im Drei Masken Verlag. Er war einer der Förderer des jungen Brecht bei dessen Versuch, das Theater zu erobern.

7. 7. 20   S. 17

Sauve qui peut – (franz.) Rette sich wer kann!

8. 7. 20   S. 19

E. Weiß – Es könnte Edith Blass, die damalige Freundin Caspar Nehers, gemeint sein.

9. 7. 20   S. 19
Johst – Hanns Johsts Stück ›Der König‹ war am 22. 5. 20 im Schauspielhaus
Dresden uraufgeführt worden. Regie: Paul Wiecke.
Suhrkamp – Brecht hatte Peter Suhrkamp schon das Jahr zuvor kennengelernt.

12. 7. 20   S. 19
»Die das Viele behalten . . .« – Dieser in Anführungszeichen stehende Text
ist höchstwahrscheinlich von Brecht.

15. 7. 20   S. 20
Drucklegung Baal – Der Verlag Georg Müller, München, hatte den Satz
fertiggestellt. Da ein Eingreifen durch die Zensur befürchtet wurde,
entschied er sich dann, das Werk nicht zu drucken. Er stellte Brecht jedoch
den fertigen Satz kostenlos zur Verfügung.
Italienische Komödie – Es handelt sich um ›Der Amerikaner oder Die
entzauberte Stadt‹. Eine melancholische Komödie in 4 Akten von Lion
Feuchtwanger. Drei Masken Verlag 1921.
Kragler – ist die Hauptfigur in ›Trommeln in der Nacht‹.

18. 7. 20   S. 21
Psalm – ›Ich weiß, ihr Herz ist schlecht‹ ist nicht erhalten.
Gabler – Gablers Taverne, am mittleren Lech gelegen. Hier traf sich Brecht
häufig mit seinen Freunden und sang seine Lieder zur Gitarre. Münsterer
schildert die »Stätte der großen Brechtfeste« als ein Nebenzimmer, zu dem
vom Schankraum einige Stufen hinaufführten, mit Bauernmöbeln und
allerlei ausgestopftem Getier ausgestattet.

19.-24. 7. 20   S. 21
Ballade auf vielen Schiffen – siehe GW, 8, S. 219

27. 7. 20   S. 22
Zarek – Otto Zarek, Schriftsteller, damals Dramaturg der Münchener
Kammerspiele. Sein ›David‹, ein dramatisches Gedicht in 5 Akten, wurde
1921 bei G. Müller, München, gedruckt.
Piratenfilme – Unter dem 15. 2. 21 erwähnt Brecht die Arbeit an den ›Seeräubern‹; am 18. 3. 21 notiert er den letzten Teil des Filmes von ›Hanna
Cash‹. Ob die Drehbücher fertiggestellt wurden, ist ungewiß. Im Nachlaß
ist nichts davon erhalten.

28. 7. 20   S. 23
Szene Saul-David – Diese und 2 weitere Szenen sowie Notizen und
Entwürfe befinden sich im Nachlaß.

30. 7. 20 S. 23
Unold – Es war das Schwabinger Atelier des Malers Max Unold.

3. 8. 20 S. 24
Trommeln – Die verschiedenen Fassungen der 3. und 4. Szene existieren nicht mehr.

4. 8. 20 S. 24
Kinderlied vom Brot – Unter dem Titel ›Ballade vom Brod‹ erstveröffentlicht in: Das Dreieck, [Berlin], I, 4/5. Januar 1925, S. 11. Der in der Hauspostille unter dem Titel ›Vom Brot und den Kindlein‹ abgedruckte Text ist eine Neufassung des Gedichts. Siehe auch GW, 8, S. 172. Andere Kinderlieder aus dem Jahre 1920 sind nicht erhalten.

5. 8. 20 S. 25
Sinfonie – Gemeint ist das Stück ›Sommersinfonie‹. Der genannte Text befindet sich nicht im Nachlaß, aber zahlreiche andere Entwürfe in Notizbuchern aus den Jahren 1919-1921, die jedoch die Fabel des Stückes nicht erkennen lassen. Münsterer erinnert sich der Arbeit an der ›Sommersinfonie‹ im Jahre 1919, »bei der sich dauernd Änderungen ergaben und verschiedene Arbeitsschichten übereinander lagerten. Als Mittelpunkt des mit Jahresende ›beinahe abgeschlossenen Werkes‹ erscheint die aus Petron bekannte Geschichte der Witwe von Ephesus, die in der Gruft ihres verstorbenen Mannes verhungern will, dann aber vom Galgenwächter getröstet wird und schließlich, als der Kadaver des Gerichteten gestohlen worden ist, die Leiche des Gatten dafür aufhängen läßt . . .« Eine Notiz Brechts über die Bearbeitung der Fabel von der Witwe von Ephesus, die »in großen Umrissen fertig« sei, ist vorhanden; das »beinahe abgeschlossene Werk« muß als verloren gelten.

7. 8. 20 S. 25
Lendecke-Stil – Otto Friedrich Carl Lendecke (1886-1918), Bildhauer, Maler und Illustrator. Er arbeitete vorwiegend für Modejournale (›Die Damenwelt‹, ›Die Dame‹), aber auch für den ›Simplicissimus‹, schuf dekorative Ölgemälde für den Londoner Schönheitssalon der Helene Rubinstein und modellierte Frauenfigürchen für die Karlsbader Porzellanmanufaktur.

17. 8. 20 S. 26
Hebbels Gedichte – Brecht hatte schon 1913 von seinen Eltern eine 5bändige Hebbel-Ausgabe erhalten, die sich noch heute in seiner Bibliothek befindet: Hebbels Werke in zehn Teilen, herausgegeben mit Einleitungen

und Anmerkungen versehen von Theodor Poppe (= Goldene Klassiker-
Bibliothek, Hempels Klassiker-Ausgaben in neuer Bearbeitung). Berlin-
Leipzig-Wien-Stuttgart: Deutsches Verlagshaus Bong & Co., o. J. – In Bd.
3-4 steht eine Widmung in der Handschrift seiner Mutter: »Zu Deinem
Geburtstag 1913 von Deinen treuen Eltern« und in Bd. 9-10 [Tagebücher]
die Notiz: »Ostern 1913«.

19. 8. 20   S. 28
B. T. – Der Name konnte nicht ermittelt werden.

20. 8. 20   S. 29
David bei den Adlern – Im Nachlaß nicht vorhanden.

21. 8. 20   S. 30
Hebbels Tagebücher – Siehe Anmerkung vom 17. 8. 20
Plärrer – Zweimal im Jahr veranstalteter Schaubudenmarkt auf dem
Kleinen Exerzierplatz, den Brecht oft und gern besuchte; sein ›Plärrerlied‹
und Gedichte wie ›Vom Schiffschaukeln‹ und ›Fracht‹ [GW, 8, S. 27 u. 77]
geben Zeugnis davon. Noch in seinen letzten Lebensjahren erinnert sich
Brecht des alljährlichen Herbstplärrers. Siehe ›Bei Durchsicht meiner ersten
Stücke‹ in GW, 17, S. 950.

22. 8. 20   S. 31
Rosmarie – Rose Marie Aman, Brechts Jugendfreundin, die er 1916 kennen-
lernte. Ihrer gedachte er in dem ›Sentimentalen Lied Nr. 1004‹, das er auf
seiner ersten Reise nach Berlin am 21. 2. 20 schrieb und das unter dem
späteren Titel ›Erinnerung an die Maria A.‹ bekannt geworden ist. Siehe
GW, 8, S. 232. Erstveröffentlichung in: ›Junge Dichter an die Front‹, III,
3, 15. Dezember 1924.

24. 8. 20   S. 32-33
Hallelujasinger – Vermutlich ist die Heilsarmee gemeint.

26. 8. 20   S. 33-36
Die Schlacht bei den Baumwurzeln – Das Gedicht ist nicht erhalten.
Goger Gog, der Zinnsoldat – Das Gedicht ist nicht erhalten.
Brecht erinnerte sich später wieder des Namens; er nannte den Straßen-
räuber im ›Turandot‹-Stück Gogher Gogh.
Wenn George und Buschiri . . . – Hier erstmalig gedruckt.

27. 8. 20   S. 36-37
Schicksal eines Mannes . . . – Brecht hat sich nicht weiter mit dem Stoff
befaßt.

28. 8. 20   S. 38-39
Vater – Berthold Friedrich Brecht (1869-1939). Vom kaufmännischen Angestellten hatte er sich in seinem Betrieb, der Haindlschen Papierfabrik, zum Direktor emporgearbeitet.
Fräulein Marie – Marie Roecker. Sie kam zur Familie Brecht als Hausdame im Jahre 1910, als die Mutter schon kränkelte, und blieb im Hause bis zum Tode von Brechts Vater im Jahre 1939.
Ina – Brechts Wolfshündin.
Ballade von den Geheimnissen – Siehe ›Ballade von den Geheimnissen jedweden Mannes‹ in GW, 8, S. 218.
Ballade von meiner Mutter – Siehe ›Lied von meiner Mutter‹ in GW, 8, S. 79.

29. 8. 20   S. 39-40
Hartmann – Rudolf Hartmann, Brechts Schulkamerad, gehörte auch zum Freundeskreis. Er war nicht nur für das Schafkopfen, sondern jede Art Kartenspiele zuständig. Er studierte Jura und war später Staatsanwalt am Amtsgericht.
Dr. Brüstle – Verantwortlich für die Redaktion des ›Erzählers‹, der Literaturbeilage der Augsburger Neuesten Nachrichten. Er erkannte frühzeitig Brechts Begabung und veröffentlichte die Arbeiten, die er ihm brachte.

30. 8. 20   S. 40
Ballade von den Mitmenschen – Siehe ›Vom Mitmensch‹ in GW, 8, S. 190.
Bi nach Kimratshofen – Siehe Anmerkung vom 9. 9. 20

31. 8. 20   S. 41
Die Neger singen Choräle . . . – Im Nachlaß befindliches, unveröffentlichtes Gedicht.
Der besoffene Wald singt einen Choral – Nicht erhalten.

1. 9. 20   S. 45
Traum des Branntweinverkäufers – Siehe ›Vorbildliche Bekehrung eines Branntweinhändlers‹ in GW, 8, S. 198. Das Lied wurde später in das Stück ›Happy End‹ von Dorothy Lane (Pseudonym v. Elisabeth Hauptmann), zu dem Brecht die Lieder schrieb, aufgenommen.
Geyer – Georg Geyer, Brechts Schulkamerad, ebenfalls zum Freundeskreis gehörig. Brecht schätzte besonders sein Klavierspiel und war ihm ein guter Zuhörer. Geyer studierte Medizin und lebt jetzt als Facharzt der Röntgenologie in Berlin.

R. i. p. – Requiescat in pacem – (lat.) Er ruhe in Frieden!
Der Mann auf der Hochzeit – Das Gedicht ist nicht erhalten.

3. 9. 20   S. 47
Junges Deutschland – ›Das junge Deutschland‹ war ein 1917 unter dem
Patronat Max Reinhardts von Heinz Herald gegründeter Verein zur
Förderung junger Talente. Bis zu seiner Auflösung im Jahre 1920 wurden
in Sonntagsmatineen im Deutschen Theater in Berlin Stücke von Oskar
Kokoschka, Reinhard Sorge, Walter Hasenclever, Reinhard Goering, Fritz
von Unruh, Paul Kornfeld etc. aufgeführt. Seine Nachfolge trat 1922 die
›Junge Bühne‹ an.
Amor fati – (lat.) Liebe zum Schicksal.

4. 9.   20   S. 49-50
tabes dorsalis – (lat.) Rückenmarkschwindsucht.
Brüder Faßnacht – Die Aufführung der ›Großen Deutschen Volkspassion‹
fand als Gastspiel im Augsburger Metropoltheater statt.

5. 9. 20   S. 50-52
Der dicke Cas ist gestorben – Siehe GW, 8, S. 92.
Malvi – Außer diesem Tagebuchtext gibt es einige kurze Entwürfe in
Notizbüchern des Jahres 1920.

8. 9. 20   S. 57
Ludwigsbau – Konzert- und Stadtsaal im Stadtgarten Augsburgs.

9. 9. 20   S. 57-58
Frank – Sohn Brechts und der Bi, geboren 30. 7. 1919 in Kimratshofen, wo
er auch in Pflege gegeben wurde. Später lebte er bei einer Schwester Helene
Weigels in Wien, bis er 1935 von seiner Mutter nach Augsburg zurückge-
holt wurde. Nach dem Schulbesuch erhielt er eine kaufmännische Ausbil-
dung. Zum Kriegsdienst eingezogen, fiel er 1943 in der Sowjetunion.
Operette – Auf das Vorhaben ist Brecht nicht wieder zurückgekommen.

10. 9. 20   S. 59
Es ist kein Geheimnis . . . – Es handelt sich um den 4. Akt von ›Trommeln
in der Nacht‹.

11. 9. 20   S. 59-60
Sumurum – Von Ernst Lubitsch nach der Pantomime von Freska und
Holländer gedrehter Film mit Pola Negri, Paul Wegener und Harry

Liedtke in den Hauptrollen – einer der großen Ausstattungsfilme, die damals große Erfolge waren.

Schwank – Aus der Zusammenarbeit mit Klabund wurde nichts.

Mormonenpapst – Eine kleine Eintragung im Notizbuch [BBA 450/35] ist erhalten:

»Mormonenpapst auf dem Dach seines Hauses. Er benützt einen Montgolfier, erhebt sich in die Luft ... Das Volk auf den Knien: der Prophet oben bläst das Feuer an, auf dem Bauch liegend! – Ein armer Teufel geht natürlich wieder drauf (wie jedesmal, bei jedem Wunder!) Sie bitten ihn, zurückzukommen, wie er schon nicht mehr höher kann.«

12. 9. 20   S. 60

Preysing-Palais – Graf Preysings Stadtpalais in München. Erbaut 1. Hälfte des 19. Jh. Heute von der Regierung zu Repräsentationszwecken benutzt.

14. 9. 20   S. 63

G. Parkers Erziehung – Von diesem Film befindet sich keinerlei Material im Nachlaß.

Aichers – Schauspielerehepaar Rudolf Aicher und Annie Aicher-Simson, beide damals am Augsburger Stadttheater engagiert.

Hans im Glück – 1919 geschrieben. Das nahezu vollständige Manuskript – nur die Schlußszene ist nicht ausgeführt – ist erhalten. Szenengliederung: 1) Frau gegen Haus 2) Haus gegen Wagen 3) Wagen gegen Karussell 4) Karussell gegen Frau 5) Frau gegen Gans 6) Gans gegen Freiheit 7) Freiheit gegen nacktes Leben 8) Nack [tes Leben] [hier bricht Brecht ab]

Warschauer – Frank Warschauer studierte ebenfalls in München und lebte dann zumeist in Berlin als Literat und Filmkritiker.

15. 9. 20   S. 66

Lorimer – George Horace Lorimer (1867-1937); Geschäftsmann, Reporter, Verleger, Schriftsteller. Als Reporter arbeitete er 1898 für die Saturday Evening Post und wurde ein Jahr später ihr Verleger. Die stark heruntergewirtschaftete Zeitung wurde unter seiner Leitung sehr erfolgreich. Seine beiden bekanntesten Bücher sind: ›Letters from a Self-Made Merchant to His Son‹ (1902) und ›Old Gorgon Graham‹ (1904).

Synge – John Millington Synge (1871-1909). Die Werke dieses irischen Dichters beschäftigten Brecht auch noch später. ›Die Gewehre der Frau Carrar‹ tragen den Vermerk: Unter der Benutzung einer Idee von J. M. Synge. Gemeint ist das Stück ›Riders to the Sea‹. Auch die Bearbeitung des Stückes ›The Playboy of the Western World‹ für die Inszenierung am Berliner Ensemble im Jahre 1956 erfolgte noch unter Mitwirkung Brechts.

23.-24. 9. 20   S. 67-68
stuprandi causa – (lat.) der Vergewaltigung wegen
Bez – Otto Andreas Bezold gehörte zum Freundeskreis Brechts. Ihm ist die
›Ballade an meinen Totenschädel‹ (1918) gewidmet, ein noch unveröffentlichtes Gedicht Brechts, das H. O. Münsterer nach Brechts Tod in Abschrift
dem Bertolt-Brecht-Archiv schickte. Bezold verübte, um Brecht gefällig zu
sein, wie Münsterer in seinem Erinnerungsbuch berichtet, »einen kleinen
Einbruch in einen Karner und entwendete ein paar Totenschädel«, von denen
Brecht einen erhielt, wofür er sich mit dem Gedicht bedankte.

9. 2. 21   S. 75
Steinicke – Kunstsaal Steinicke in München-Schwabing
Marianne – Marianne Zoff, Sängerin. Mit Brecht von 1922-1927 verheira-
tet. Beider Tochter Hanne, 1923 geboren, jetzt als Schauspielerin Hanne
Hiob bekannt.

15. 2. 21   S. 76
Seeräuber – Siehe Anmerkung vom 27. 7. 20

18.-19. 2. 21   S. 77
Kraal 3 – So nannte Brecht sein Mansardenzimmer im Hause der Eltern in
der Bleichstr. 2.
Siebentischwald – Südlich von Augsburg gelegen.

25. 2. 21   S. 78
Totenmahlszene – Die Szene ist nicht erhalten.

27. 2. 21   S. 79
zurückgetoggenburgert – Anspielung auf Schillers Gedicht ›Ritter Toggen-
burg‹, der bei seiner Rückkehr vom Kreuzzug das von ihm geliebte
Mädchen im Kloster wiederfindet und sich nahe diesem eine Hütte baut, um
jederzeit »die Liebliche«, wenn sie sich am Fenster zeigt, zu sehen. So sitzt
er Stunde um Stunde, Tag um Tag, Jahr um Jahr, und noch im Tode ist sein
Auge auf das Fenster gerichtet.

28. 2. 21   S. 79-80
Klette – Werner Klette bemühte sich, Brechts Drehbücher bei Filmprodu-
zenten unterzubringen.
Stuart Webbs – Zu Beginn der zwanziger Jahre drehte die Stuart-Webbs-
Film-Company Serien mit Abenteuern des Detektivs Stuart Webbs, den
Ernst Reicher spielte, der auch der Produzent war.

1. 3. 21   S. 81-82
Das drehbare Bordell –

                                              Der Film hieß zum Schluß
2. 3. 21   ›Das Mysterium der Jamaika-
Die drehbare Weinbude –   Bar‹ – siehe ›Texte für Filme‹
                                              I, S. 77 ff.
3. 3. 21
Das Geheimnis der Weinbude –

6. 3. 21   S. 84
Flandern – Caspar Neher war bis 1917 Frontsoldat in Flandern.

7. 3. 21   S. 84
Franziskas Abendlied, Der Taler – Von Frank Wedekind; vgl. ›Lautenlieder‹, München 1920. Frank Warschauer schenkte sie Brecht zu Weihnachten 1921.

8. 3. 21   S. 84
Ballade vom verliebten Schwein Malchus – Siehe ›Historie vom verliebten
Schwein Malchus‹ in GW, 8, S. 201.

10. 3. 21   S. 87
Dritte Szene zum Galgei – Die Szenen 1-3 stellte Brecht beim Einbinden
des ›Mann ist Mann‹-Manuskripts diesem voran und schrieb dazu: »Das
sind die Hauptmanuskripte des Lustspiels ›Mann ist Mann‹ oder ›Galgei‹
nebst dem viele Jahre vorher geschriebenen ›Urgalgeianfang‹. Ich schenke
es am Ende des Jahres 1925 Beß Hauptmann, die dieses ganze Jahr ohne
Lohn mit mir gearbeitet hat. Es ist ein schwieriges Stück gewesen, und sogar
das Zusammenstellen des Manuskriptes aus 20 Pfund Papier war Schwerar-
beit; ich brauchte dazu 2 Tage, ½ Flasche Kognak, 4 Flaschen Selters,
8-10 Zigarren und alle Geduld, und es war das einzige, was ich allein gemacht habe.« Das Manuskript befindet sich im Nachlaß von Elisabeth
Hauptmann bei der Akademie der Künste der DDR.

18. 3. 21   S. 93
Hanna Cash – Siehe Anmerkung vom 27. 7. 20

21. 3. 21   S. 94
Der Orangenfresser – Siehe ›Der Brillantenfresser‹ in ›Texte für Filme‹ I,
S. 49 ff.

22. 3. 21   S. 96

Grieslewildwest – Griesle ist die Flußniederung zu beiden Seiten des Lechs
bei Augsburg, eine damals noch unbebaute Gegend.

23. 3. 21   S. 97

Aber unter der Beleidigung . . . – Hier erstmalig veröffentlicht.

29.-31. 3. 21   S. 101

Heinrich Eduard Jacob – Schriftsteller und Herausgeber der 1921-23
erschienenen Literaturzeitschrift ›Der Feuerreiter‹, in der unter dem 4. 4. 22
Brechts Novelle ›Ein gemeiner Kerl‹ und unter dem 1. 12. 22 die ›Ballade
von des Cortez Leuten‹ erstmalig abgedruckt wurden.

4. 4. 21   S. 103

Prozeß – Brechts Kritik in der Augsburger Zeitung ›Volkswille‹ vom
12. 1. 21 über die ›Judith‹-Aufführung im Stadttheater zog eine Beleidigungsklage der Schauspielerin Vera-Maria Eberle nach sich. Die Gerichts-
verhandlung am 14. 4. 21 führte zu einem Vergleich, laut dem sich Brecht
zur Bezahlung sämtlicher Kosten und Zurücknahme der beleidigenden Aus-
drücke bereit erklärte. Der Text des Vergleichs erschien in drei Augsburger
Zeitungen, wogegen sich Brecht verwahrte. Er veröffentlichte eine Gegen-
erklärung, daß er nicht daran denke, den vom Anwalt der Klägerin unbe-
rechtigt publizierten Vergleich zu erfüllen, und daß er noch immer auf dem
Boden seiner Kritik stehe. Diese Erklärung trug ihm zusätzlich eine Privat-
beleidigungsklage seitens des Anwalts der Klägerin ein. In der Verhandlung
vom 20. 9. 21 wurden Brecht bezüglich der Klage der Schauspielerin Eberle
eine Geldstrafe von 100 Mark oder 10 Tage Haft und der des Anwalts 150
Mark oder 15 Tage Haft auferlegt.

5. 4. 21 und ff.   S. 103

Frankenwährung – Der Maingau stand damals als Folge des verlorenen
Krieges unter französischer Besatzung. Die Entwertung der Mark hatte
begonnen. Genußmittel und Luxusartikel waren nur für Franken erhältlich.
Hagemann – Karl Hagemann, Schriftsteller und Bühnenleiter, damals
Intendant des Staatstheaters in Wiesbaden.

12. 4. 21   S. 104

Der Brillantenfresser – Siehe Texte für Filme‹ I, S. 49 ff.
Auf einem dem Manuskript beigelegten Personenzettel machte Brecht
Besetzungsvorschläge: [Fritz] Kortner (Latte), Marianne [Zoff] (Anna),
[Otto] Wernicke (Der Dicke), [Max] Nadler (Der Kaschemmenfritze),
[Wolf] Beneckendorf (Der Schnapphermann), [Kurt] Horwitz (Der

Dotter), Chadschi Günther (Der junge Herr), [Sybille] Binder (Die Dame).

15. 4. 21   S. 106
Liebesmatch und *Preisfilm* – Diese beiden Filme, die Brecht, wie eine Notiz [BBA 450/39-40] ausweist, Werner Klette zum Vertrieb übergeben hatte, müssen als verloren gelten.

25. 4. 21   S. 111
Frankfurter – Eugen Frankfurter, Geheimer Kommissionsrat. Fritz Kortner nennt ihn in seinem Buch ›Aller Tage Abend‹, S. 131, den »sagenumwobenen Vertreter aller Großen des deutschen Theaters und der internationalen Oper«. Er managte bedeutende Auslandsgastspiele.

7. 5. 21   S. 116
Auer Dult – Münchener Jahrmarkt im Stadtteil Au.

19. 5. 21   S. 121
Sophie Barger – weibliche Hauptfigur in ›Baal‹.

22. 5. 21   S. 125
Pestkaufmann – Auch unter dem Titel ›Das Lazarettschiff‹ von Brecht notiert. Einige Punkte zu diesem Stückvorhaben in seinem Notizbuch [BBA 438/9-11]:
»*Der Kaufmann.* Südamerika. Die Pest im Hinterland. Die Schiffe müssen abfahren. Sonst kommt die Ware nicht hinaus. Die Beamten, die nicht mitkommen. Aber auch Makart blieb. Szene. Die Schiffe gehen dann unter. Es wird bekannt unter den zerlumpten Insassen der Faktorei, die darauf warteten. Der Streit im Innern. Die entfesselten Leidenschaften (die Pest kommt aber). Er profitiert. Gelbe Lederhäute, violette Himmel und Seide. Früchte, Steinbrüche, Branntwein, Gewebe. – Der Todkranke. Er läßt den Pfarrer holen. Er ist wie ein Kind. Der arme Mann. (Er wiederholt ein Wort, das er zu einem Armen sagte. (Drauf wird Gott sagen: er wiederholt seine einstige Antwort). Er gibt Ordres. Die Leiche in den Sarg, auf das Meer. Keinen Kalk, versenken. Daß nicht einmal die Pest wieder ausbricht. – Der Friseur, der im Rasieren entsetzt an die Pest denkt.«
Flibustierfilm – siehe Anmerkung vom 27. 7. 20.
Der grüne Garraga – 2 Szenen, die in einer chilenischen Fischerkneipe spielen, wohin Fischer, vom Fang heimkommend, einen schmächtigen jungen Burschen mit grünlichem Gesicht mitbringen, befinden sich als handschriftliches Manuskript im Nachlaß. Die oft geäußerte Meinung, es handele sich beim ›Grünen Garraga‹ um einen Vorläufer des ›Galgei‹, läßt sich nicht aufrechterhalten.

28. 5. 21   S. 129-130
Sentimentales Lied Nr. 1004 – Siehe Anmerkung vom 22. 8. 20.
Reklamefilmchen – Angaben zu solchen Filmen enthält ein Notizbuch
[BBA 435/48-49]:
»*Kakao.* Schiff geht unter, weil Mannschaft immer Kakao säuft. Der
Kakaofleck. 2. Schiff. Mann über Bord! Er beginnt, *gern* zu ertrinken. Die
Hand! (Rettungsboot), gefressen als Schokoladenstange von schmatzendem
Haifisch.
Zigarette. Vesuvwolke über Erdkugel. (Das Komitee, am Schluß Aschenbe-
cher voll von Zambesi-Zigaretten.) Sturm auf Zambesi-Fabriken (deren
Schlote alle Zambesi rauchen). Der Direktor ruft Caramboyelt zu Hilfe,
der mit Tank kommt (oben raucht der Tank). Caramboyelt findet keinen
Ausweg, raucht Zambesi und hat ihn: Er schüttet Säcke voll Zambesi in die
Menge, die rauchend heimgeht. Weltuntergang. Pferde neben Erdrissen
rauchen. Rauch bleibt: Zambesi-Rauch.«

29. 5. 21   S. 133
Psalm – ›Wir haben nicht mit den Lidern geblinzelt...‹ – Siehe GW, 8,
S. 100.

30. 5. 21   S. 134-135
Wenn man seine Haltung im Dschungel sah ... – Dieser Text scheint zum
›Bargan‹-Komplex zu gehören. Vgl. GW, 11, S. 37 – ›Bargans Jugend‹.

17. 6. 21   S. 138-139
Neue Bühne – Brecht sah die Münchener Aufführung des Stückes von
Georg Kaiser.

19. 6. 21   S. 139
Tante Marie – Marie Zais, geb. Brecht, 1871 in Achern geboren. 1939 in
den USA verstorben.

Juli 1921   S. 141-142
Drei im Turm – Siehe ›Texte für Filme‹ I, S. 11 ff.
Der Javameier – Siehe GW, 11, S. 62.

25. 8. 21   S. 143
Tapla – Abkürzung von Tahiti-Plateau.

29. 8. 21   S. 144
Die Ballade vom Liebestod – Siehe GW, 8, S. 253.

2. 9. 21   S. 145

Seemannslos – (›Stürmisch die Nacht und die See geht hoch . . .‹) – Zu dieser
Zeit sehr bekanntes Lied, das auch von Leierkastenmännern auf den Höfen
gesungen wurde. Brecht verwendete später das Lied als Motto im ›Dreigro-
schenroman‹ zum Kapitel ›Die Schlacht bei den Westindiadocks‹.

Der rote Sarafan – (›Näh nicht, liebes Mütterlein, am roten Sarafan‹) Russi-
sches Volkslied.

Apollonius von Tyrus – der Held eines mittelalterlichen Romans, erleidet
wechselvolle Schicksale. Er hat die blutschänderischen Beziehungen des
Königs Antiochus zu seiner Tochter erkannt, fürchtet dessen Rache und
flieht nach Kyrene, wo er die Hand einer Königstochter erwirbt. Als König
Antiochus stirbt, wird er sein Nachfolger. Auf der Fahrt nach Antiochien
verliert er seine Frau, die er tot glaubt, und später auch seine Tochter. Nach
14 Jahren Trennung finden sie einander wieder. – Der Roman soll griechi-
schen Ursprungs sein, ist jedoch nur in lateinischer Übertragung erhalten.
Er wurde in alle europäischen Sprachen übersetzt. In deutscher Sprache ist
die mehrfach gedruckte Bearbeitung von Steinhowel (1471) die bekannte-
ste.

15. 9. 21   S. 146

Marie Gottegebe – Brecht gibt einen von ihm ins Deutsche übertragenen
Titel an; der Originaltitel der deutschen wie der französischen Ausgabe
lautet ›Marie Donadieu‹.

Freiheit und *Die Feindseligen* – Erste Titel für das Stück ›Dickicht‹; unter
dem 16. 9. 21 hält er noch weitere dafür bereit.

19. 9. 21   S. 147-148

2 Prozesse – Siehe Anmerkung vom 14. 4. 21.

Soyka, Otto – Österreichischer Schriftsteller. Novellen und Romane oft mit
detektivischen Motiven.

Armstrongfilm – Gemeint ist vermutlich ein Film mit Billy Armstrong. Er
spielte eine Zeitlang an der Seite seines Kollegen Charlie Chaplin und arbeitete in der Folge für verschiedene Produzenten, u. a. für Mack Sennett,
unter dessen Regie 1920 die Filme ›By the Sea‹ und ›Down the Farm‹
entstanden.

                                                                            S. 149

Soyons amis, Cinna! – (franz.) Wir wollen Freunde sein, Cinna! Vgl.
Corneille, Cinna 5, 3.

27. 9. 21   S. 153

Mordtaten eines Priesters – Siehe Paul Johann Anselm von Feuerbach,
›Aktenmäßige Darstellung merkwürdiger Verbrechen‹ (1808/11). Der Titel

der von Brecht geschilderten Begebenheit lautet: ›Franz Riembauer – Tartuffe als Mörder‹.

28. 9. 21   S. 154

Qui mange du pape en meurt – (franz.) Wer vom Papste ißt, stirbt daran. – Papst Alexander VI. Borgia setzte ihm unbequemen Personen mit Gift gemischten Wein vor. Autor des Zitats nicht bekannt.

1. 10. 21   S. 157

Die geldjagende Menschheit – Das Stückvorhaben wurde nicht ausgeführt.

2. 10. 21   S. 158-159

odium vitae – (lat.) Lebenshaß, -überdruß.
Jüdin von Berlin – Gemeint ist Hedda Kuhn.
Peccavi – (lat.) Ich habe gesündigt.

3. 10. 21   S. 159-160

Pro domo – (lat.) in eigener Sache.
Gewiß, es sind Dickhäuter . . . – Dieser und die folgenden drei Abschnitte sind Texte zu ›Dickicht‹, die zum Teil und in etwas abgeänderter Form in die Szene ›Im Rupfen‹ der Erstfassung eingegangen sind. Siehe ›Im Dickicht der Städte‹, Erstfassung und Materialien. Ediert und kommentiert von Gisela Bahr. Edition Suhrkamp 1968.
Manuskriptpack – Kiepenheuer schickte das Manuskript ›Baal‹ zurück, das dann 1922 doch von ihm gedruckt wurde, nachdem sich Hermann Kasack, der als Lektor des Verlages tätig war, dafür eingesetzt hatte.

4. 10. 21   S. 160-161

Anleihen – Diese Anleihen aus dem Rimbaud-Band ›Sommer in der Hölle‹ brachten es mit sich, daß Brecht von Alfred Kerr später des Plagiats beschuldigt wurde. Brecht entgegnete darauf, daß die Stellen durch Anführungszeichen als Zitate kenntlich gemacht seien, die Bühne aber besitze »anscheinend keine Technik, Anführungszeichen auszudrücken«. Vgl. ›Eine Feststellung‹ in GW, 17, S. 969.
Danton Büchners – Büchners ›Dantons Tod‹ wurde im Augsburger Stadttheater gespielt.
Der in Pergament eingewickelte Teufel . . . – Garga im Gespräch mit Moti und dem Wurm. Der Text steht mit Abänderungen in der Rupfenszene der Erstfassung von ›Dickicht‹. Vgl. auch Anmerkung vom 3. 10. 21.

12. 10. 21   S. 165

Mond hing kahl im Lilahimmel – Unter dem Titel ›März‹ in einer Neufassung in GW, 8, S. 104, abgedruckt. Durch eine ungenaue Abschrift im

Nachlaß hat sich in allen Gedichtausgaben ein Fehler eingeschlichen. Die dortige erste Zeile der letzten Strophe gehört als vierte Zeile zur vorletzten Strophe.

15. 10. 21   S. 167

Besetztes Gebiet – Siehe Anmerkung vom 5. 4. 21.

24. 10. 21   S. 167

Kokottenstadt – Gemeint ist Wiesbaden, wo Marianne Zoff an der Oper engagiert war.

25. 10. 21   S. 168

Johanna – Zur Fabel notiert Brecht [BBA 460/7-8]:
»Ein anderes Stück (die Päpstin Johanna).
Matteo, der Kardinal-Viehhändler, ein finniger Bursche, dick, roh, zynisch, nicht ohne Innenlandschaft, holt zur Verdeckung seiner Viehschiebungen nach dem Tod des Papstes das Bauernmädchen Johanna, die ein Gesicht ›wie aus Erde gemacht‹ hat, die breit, starkknochig, katholisch ist und Sinn für Tatsachen, Rechnen, Macht, Zynismus hat, von seinem Gut in der Campagna und macht sie in einem Kardinalskolleg von Pferdedieben, Zutreibern und Wüstlingen zum Papst. Johanna, in Mannskleidern, erfaßt langsam ihre Rolle, sie langweilt sich, sie fühlt sich mißbraucht, schielt in Matteos Gesicht und beginnt, die ›verhinderte Jungfrau‹, das Ideale zu vertreten, das ein junger, bäuerlicher Kardinalsekretär, Enea, ›verkörpert‹. Matteo wittert Nachtluft. Aber, bei allen Heiligen, es ist das Ideal, nicht der Mönch: Das begreift der Viehhändler, er begreift nicht, daß *er* es ist, nicht das Ideale. Was sie auch tut, mit ihm, gegen ihn, ohne ihn, er ist es, der gemeint ist: Sie will den Mann in ihm aufspüren, sie hat es satt, Schachfigur zu sein. Matteo ist, kühl, rechnend, brutal, mit der Ordnung seiner Viehschiebungen beschäftigt. Als sie aber anfängt, ihn zu ruinieren, begreift er und, brutal, nimmt er sie. Aber es scheint wahrhaftig nur ein Irrtum von ihm gewesen zu sein, daß *er* es ist: nach der einen Nacht ihrer Liebestollheit sieht sie ihm in die Augen wie ihrem Kammerdiener, sie schenkt ihm das Vieh. Es ist nicht sonderlich gemütlich, beim Papst aus- und einzugehen; der Papst wünscht Zitrone mit Hering und verhält sich merkwürdig gleichgültig gegen die Anstrengungen Matteos, mit dem Kardinalskollegium fertigzuwerden. Dann flieht sie. Man holt sie zurück; die durch das Volk gedemütigten Kardinäle erwarten sie im Vatikan. Sie selbst hat Angst vor den Unruhen, Angst vor Matteo, einen dicken Leib. Es regnet auf der Straße, sie reitet in Rom ein, unter stürmischen Glocken hin. Im Konklave tagen die Händel, man unterwirft sich dem Papst, man öffnet die Fenster, ist katholisch, hört von den Gassen weißes Geschrei aufsteigen und erfährt,

daß der Papst auf offener Straße entbunden hat. Währenddem liegt in einem niedern Haus an der vatikanischen Straße die Bäuerin Johanna, schwerfällig, befriedigt und ruhevoll, neben einer hölzernen Wiege.«

26. 10. 21   S. 169

im Ton der Germania – Gemeint ist die kleine ethnographische Schrift des Tacitus, ›Germania‹, die in 27 Kapiteln über die Germanen und ihre einzelnen Stämme anschaulich berichtet. Sie gehörte schon zur Schullektüre Brechts im Lateinunterricht der 8. Klasse.

Reisebeschreiber – Der Name des amerikanischen Journalisten, den Brecht in seinem Tagebuch, da er ihm nicht einfiel, offengelassen hat, konnte nicht ermittelt werden.

16. 11. 21   S. 174

Ich lasse ihrem Mann den Film dort – Hier irrt Brecht: Olga Tschechowa (damals schrieb man noch »Tschechoff« oder »Tschechow«) berichtigt, daß Jarosy (Filmdramaturg) der Mann ihrer Freundin war, bei der sie in der ersten Zeit ihres Berlinaufenthalts wohnte.

quendam Kulka – einen gewissen Kulka: Georg Christoph Kulka, österreichischer Lyriker.

18. 11. 21   S. 175

Bassermann als Kean – Das Stück von Alexandre Dumas (père) wurde in der Bearbeitung von Kasimir Edschmid (›Kean oder Genie und Leidenschaft‹) im Deutschen Theater gespielt.

Klöpfer als Götz – Die Aufführung des ›Götz von Berlichingen‹ fand im Großen Schauspielhaus statt.

Dorsch in einem Vaudeville – Käthe Dorsch spielte in ›Kiki‹ von André Picard im Kleinen Schauspielhaus.

Chaplin – Es handelt sich um die Filme ›Die Chaplin-Quelle‹ und ›Charlie als Sträfling‹.

Bau W – Es konnte nicht ermittelt werden, wer oder was damit gemeint ist.

25. 11. 21   S. 176

Scala – Größtes Berliner Varieté in den zwanziger Jahren.

Matray und Sterna – Ernst Matray und Katta Sterna, ein sehr erfolgreiches Tänzerpaar der damaligen Zeit.

Maenz – Änne Maenz, Wirtin einer Berliner Künstlerkneipe.

2. 12. 21   S. 177

Wendeverlag – ›Die Wende‹, kleiner Schwabinger Verlag, 1917 gegründet.

Blüthner-Saal – Berliner Konzertsaal in der Lützowstraße.

Jaap Kool – geb. 31. 12. 91 in Amsterdam, studierte in Paris, schrieb
Ballette und andere Instrumentalwerke sowie das Buch ›Tanz und Tänze
der Naturvölker‹ (1922). Für die Pantomime ›Die Schießbude‹ von Karl
Vollmöller, die im Oktober 1922 im Theater am Kurfürstendamm uraufgeführt wurde und in der wiederum das Tänzerpaar Matray und Sterna
mitwirkte, schrieb er ebenfalls die Musik.

3. 12. 21   S. 177
Trilogie ›Asphaltdschungel‹ – Es blieb bei der Absicht; von den drei Stücken
wurde keines ausgeführt.
Wanglun Alfred Döblins Roman ›Die drei Sprünge des Wang-lun‹.
Das Rad – Johannes Vilhelm Jensens Chicago-Roman, der Brecht Anre-
gungen für ›Dickicht‹ gab.

7. 12. 21   S. 178
Wenn wir Toten erwachen – von Henrik Ibsen. Die Premiere der Neuein-
studierung fand am 2. 12. 21 im Lessingtheater statt.

11. 12. 21   S. 179
Esther, die Rose von Saron – Vielleicht ist Esther Warschauer gemeint.

19. 12. 21   S. 181-183
Einer kann herkommen aus Tiflis – Unter dem Titel ›Epistel‹ in einer
Neufassung in GW, 8, S. 106, abgedruckt.
Früher dachte ich, ich stürbe gern ... – Mit kleinen Änderungen in GW, 8,
S. 278, abgedruckt.
Ich bin vollkommen überzeugt ... – Siehe ›Erster Brief an die Mestizen, da
erbittert Klage geführt wurde gegen die Unwirtlichkeit‹ in GW, 8, S. 106.

23. 12. 21   S. 183
Wilde Bühne – Berliner Kabarett im Keller des Theater des Westens in der
Kantstraße, geleitet von Trude Hesterberg. Nach ihrer Darstellung hatte
Walter Mehring Brecht zu ihr gebracht. Sie berichtet in ihrem Erinnerungs-
buch ›Was ich noch sagen wollte ...‹ (Berlin: Henschel 1972) über seinen
Auftritt im Januar 1922, für den er die ›Ballade vom Apfelböck‹ und die
›Legende vom toten Soldaten‹ gewählt hatte. Bei der letzteren »ging der
Tumult los. Ich mußte notgedrungen den Vorhang fallen lassen, um dem
Radau ein Ende zu machen, und Walter Mehring ging vor den Vorhang
und sagte jene bedeutsamen Worte: ›Meine Damen, meine Herren, das war
eine große Blamage, aber nicht für den Dichter, sondern für Sie! Und Sie
werden sich noch eines Tages rühmen, daß Sie dabeigewesen sind!‹«

Letzte Tage des Januar 22   S. 185
Blauer Vogel – Ein unter starker Beteiligung russischer Emigranten gegründetes Theater.

10. 2. 22   S. 186-187
Manuel Wasserschleiche – Im Notizbuch [BBA 460/65-66] gibt Brecht
eine kurze Handlungsskizze:
»Er verführt ein kleines Mädchen, das blutarm ist, mit Näscherei. Es wird
schwanger. Er hat einen Bruder, einen großen stämmigen Mann, den er
anekelt (was er beinah listig ausnützt). Während noch alles im Fluß ist,
seine Frau stützt sich auf seinen Bruder, wird er in der Waschküche mit
einem Landstreicher ertappt. Er ent-›rinnt‹ zu seiner Frau Schwester, die
ihm das Erhängen ›nahelegt‹. Er schläft aber ein, im neuen frischen Hemd.«
sua res, quae agitur – (lat.) seine Sache, um die es sich handelt.

Um 1923   S. 200
Romanisches Café – Treffpunkt Berliner Literaten und Künstler in den
zwanziger Jahren.

1925   S. 205
Reklameprospekt – Im Nachlaß Brechts befindet sich ein Heft mit eingeklebten Zeitungsausschnitten aus den zwanziger Jahren, darunter eine
Fotografie von Tokio nach dem letzten Erdbeben, die die amerikanischen
Stahlfabrikanten mit der Unterschrift ›Steel Stood the Test‹ [Stahl blieb
stehen] als Beweis für die Überlegenheit der Stahlkonstruktionen über
andere Bauweisen im Anzeigenteil der großen Zeitschriften erscheinen ließen.

1932   S. 218
Etwa fünfzig Meter von meinem Grundstück – Brecht beschreibt den
Garten seines 1932 erworbenen Grundstücks in Utting/Obb. Vgl. auch
›Zeit meines Reichtums‹ in GW, 8, S. 418 f.

1935   S. 221-222
Als ich schon jahrelang ein namhafter Schriftsteller war … – Text aus
einem Manuskript, das Brecht anläßlich seines Besuches in der Sowjetunion
wahrscheinlich für eine Veranstaltung in Moskau schrieb, auf der auch
einige seiner Gedichte in russischer Übersetzung gelesen wurden. – Bei dem
Stück, das ihn zum Studium des Marxismus veranlaßte, handelt es sich um
›Joe Fleischhacker‹, dessen Uraufführung Piscator im Theater am Nollendorfplatz für die Spielzeit 1927/28 unter dem Titel ›Weizen‹ angekündigt
hatte. Es ist unvollendet geblieben.

1936   S. 223

Filmschreiben – Fritz Kortner, der in London an der Herstellung des Dreh-
buchs für den Richard-Tauber-Film ›Der Bajazzo‹ beteiligt war, hatte auch
Brechts Mitarbeit durchgesetzt. Brechts Entwürfe wurden alle abgelehnt.
Hanna – Fritz Kortners Frau, die Schauspielerin Johanna Hofer.

1939   S. 227

Ruth Berlau – (1906-1973) Dänische Schauspielerin und Journalistin. Sie
lernte Brecht bei einem Besuch der Schriftstellerin Karin Michaelis 1933 in
Thurö kennen. In dem von ihr gegründeten Arbeitertheater halfen ihr
Brecht und Helene Weigel 1935 bei der Einstudierung der ›Mutter‹. Sie
folgte Brecht auf seinem Fluchtwege über Schweden, Finnland nach
Amerika und lebte später, nach Rückkehr Brechts aus der Emigration,
ebenfalls in Berlin. An folgenden Stücken hat sie mitgearbeitet: ›Der gute
Mensch von Sezuan‹, ›Der kaukasische Kreidekreis‹, ›Tage der Commune‹
und an der Bearbeitung des ›Hofmeister‹ von Lenz. An der Entstehung der
›Kriegsfibel‹ hatte sie großen Anteil. Auch an der Filmarbeit Brechts in
Amerika beteiligte sie sich. Sie schrieb zusammen mit ihm u. a. die Filmsto-
ries ›Bermuda Troubles‹ und ›Das Experiment‹.
Jerome – Victor Jerry Jerome, Schriftsteller. Brecht lernte ihn 1935 in New
York bei der Einstudierung seines Stückes ›Die Mutter‹ durch die Theatre
Union kennen. Jerome war damals Leiter der Agitpropabteilung der
Kommunistischen Partei. Er setzte sich für Brechts Interessen ein, als dieser
gegen die Verstümmelung und Entstellung des Textes für die Aufführung
Einspruch erhob.
Georg Branting – Schwedischer Sozialdemokrat, von Beruf Rechtsanwalt.
Er wirkte in verschiedenen antifaschistischen Komitees mit und half Brecht
bei der Beschaffung des Einreisevisums für Schweden.
Naima Wifstrand – Schwedische Schauspielerin. Sie übersetzte 1938 ›Die
Gewehre der Frau Carrar‹ ins Schwedische für eine Aufführung im Stock-
holmer Odeon-Theater, in der sie die Titelrolle spielte. Für ihre 1940
gegründete Schauspielschule engagierte sie Helene Weigel als Lehrerin.
Ninnan Santesson – Schwedische Bildhauerin. Sie stellte der Familie
Brecht ihr Haus in Lidingö für die Dauer ihres Aufenthalts in Schweden
zur Verfügung.
Alwa Anderson – Dr. Alwa Anderson, Stockholm, von der Sonntagszei-
tung, war Brecht bei der Beschaffung des Visums für Finnland behilflich.

1940   S. 228

Bidi – manchmal auch »Bity« oder »Biddy« geschrieben. Diesen Namen
gab sich Brecht schon in jungen Jahren, und so wurde er auch von seinen
Kindern genannt.

1941   S. 230-232

Margarete Steffin – (1908-1941) Berliner Arbeiterkind, trat frühzeitig der KPD bei. Sie wurde mit Brecht anläßlich der Uraufführung der ›Mutter‹ im Jahre 1932 bekannt, in der sie, als Mitglied einer Gruppe junger Schauspieler, die Rolle des Dienstmädchens übernommen hatte. Sie wurde seine Mitarbeiterin und blieb bei ihm auch während der Exilzeit in Dänemark, Schweden und Finnland; auf der Durchreise nach Amerika verstarb sie in einem Moskauer Krankenhaus. Sie war selbst schriftstellerisch tätig, schrieb einige Kinderstücke, übersetzte aus den skandinavischen Sprachen und aus dem Russischen und half Brecht bei allen Stücken, die in dieser Zeit entstanden. Brecht schrieb für sie die ›Lieder des Soldaten der Revolution‹ und den Gedichtzyklus ›Nach dem Tod meiner Mitarbeiterin M. S.‹; siehe GW, 9, S. 594 ff. und GW, 10, S. 826 ff. Die Gedichte, »gesammelt von meiner Mitarbeiterin Margarete Steffin, etwa von 1937 an in Dänemark, Schweden und Finnland«, faßte er unter dem Titel ›Steffinische Sammlung« zusammen; siehe GW, 9, S. 815 ff.

1954   S. 238

Natürlich war ich auch begabt – Die Notiz schrieb Brecht in den fünfziger Jahren bei Durchsicht seiner frühen Stücke auf die Rückseite seines 1919 entstandenen Manuskripts ›Der Bettler oder Der tote Hund‹ – siehe GW, 7, S. 2745 ff.

In Erwägung . . . – Den Text hatte Brecht an der Tür seines Sommerhauses in Buckow angeschlagen.

Namenregister

Werkregister

272 Anhang

edition suhrkamp

Alphabetisches Verzeichnis der edition suhrkamp